教育不是灌输，而是点燃火焰。

苏格拉底

建构主义7D
精品课程开发

段烨　杨雪◎著

北京联合出版公司
Beijing United Publishing Co.,Ltd

图书在版编目（CIP）数据

建构主义 7D 精品课程开发 / 段烨，杨雪著 . —北京：北京联合出版公司，2021.5（2023.12重印）
ISBN 978-7-5596-4939-3

Ⅰ . ①建… Ⅱ . ①段… ②杨… Ⅲ . ①企业管理—职工培训—课程建设 Ⅳ . ① F272.921

中国版本图书馆 CIP 数据核字（2021）第 049103 号

建构主义 7D 精品课程开发

作　　者：段烨　杨雪
出 品 人：赵红仕
选题策划：北京时代光华图书有限公司
责任编辑：郭佳佳
封面设计：新艺书文化
版式设计：王江风

北京联合出版公司出版
（北京市西城区德外大街 83 号楼 9 层　　100088）
北京时代光华图书有限公司发行
文畅阁印刷有限公司印刷　　新华书店经销
字数 279 千字　　787 毫米 ×1092 毫米　　1/16　　23.25 印张
2021 年 5 月第 1 版　　2023 年 12月第 2 次印刷
ISBN 978-7-5596-4939-3
定价：98.00 元

推荐序

人生也需要“7D”开发

常言道：十年磨一剑，霜刃未曾试。

段烨老师又一本培训方面的著作面世了，希望这又是一本基于建构主义思维的有价值的书！

中国明代哲学家王阳明先生谈到教学方法时，曾曰：“圣贤教人如医用药，皆因病立方，酌其虚实温凉阴阳内外而时时加减之。要在去病，初无定说。若拘执一方，鲜不杀人矣。今某与诸君不过各就偏蔽箴切砥砺，但能改化，即吾言已为赘疣。若遂守为成训，他日误己误人，某之罪过可复追赎乎？”

意思是，圣贤教导人们就像医生用药，都是根据病情来开方子，考察病人体质的虚实温凉、病理的阴阳内外来时时增减药量的。关键只在治病，怎样用药本来就没有固定的说法。如果拘泥于一种药方，很少有不害人的。现在我同大家不过是针对各自的毛病努力磨炼，只要能够改正，那么我的话也只不过是累赘罢了。如果你们不知变通地死守我说的话，到时候误人误己，我的罪过还弥补得了吗？

与王阳明先生的这段话隔空呼应，建构主义者认为世界是客观存在的，对于世界的理解和赋予的意义却是由每个人自己决定的。我们是以自己的经验为基础来建构现实或者解释现实的，我们个人的世界是用自己的头脑创建的，由于我们的经验以及对经验的信念不同，我们对外部世界的理解便也迥异。所以，具有建构主义思维的培训老师更关注如何以原有的经验、心理结构和信念为基础来建构知识。

王阳明又说："知是行的主意。""主意"即是主导性意识，"行"是在"知"的指导下进行的，"知"的价值必须通过"行"的实践活动才能得到真实体现。在这一意义上，"行"即是"知"的体现，是"知"的价值的实现方式。

再比如，阳明心学里"事上磨"的方法与段烨老师一贯强调的以解决问题为导向的课程设计原则是一样的；"两君（钱德洪和王畿）相取，则平常之人，均可以引入圣道"与段烨老师学员建构的思想、重在学习活动的开发、学习小组的建立、情境案例的设计等，均有异曲同工之妙。这也是我成为建构主义教学的热忱研究者和积极实践者的重要原因。

段烨老师是我多年的挚友，他与团队伙伴呕心沥血研发出来的 7D 技术，正如他的为人那样：严谨、规范、充满正义且境界高远！我们每个人的人生又何尝不需要一个 7D 模型来计划和管理呢！作品如人品，我坚信，这本书一定会在中国培训界再次树立起一个标杆——笔直、挺拔，让人们看见前进的方向！

李安

中国人民大学哲学博士

专注阳明心学管理研究与实践数十年

见证、创造历史

这一切都是风景，是我们人生旅途上的一段经历。

人生是旅途，阅读是旅游，读者是游客，作者就是导游。

很高兴再一次与读者一起出发。

出发之前，作为导游，首先介绍一下旅游路线——阅读的导航路线。

第一，整体上是“总—分—总的三维设计”结构

按照“导课、正课、结课”的课程结构，本书分为三部分：

导课部分是第一章“基于建构主义的课程开发”。介绍关于建构主义及课程开发的基本理念。

正课部分是第二到第八章，一共七章，按照 7D 模型，逐一阐述。

结课部分是第九章“数字化时代的课程开发趋势”，介绍几种常见的课程开发模型，浓缩了众多内容。

第二，正课的结构 PRM 模型

七章正课的内容都是按照经典 PRM 模型展开的，每一章的第一部分是 P（现象呈现），是“存在的问题”；第二部分是 R 是“原因分析”，这是理论部分；第三部分是 M，是相关的解决方案，这是每一章最重要的内容。

第三，正课的整体介绍

正课部分的七章按照 7D 内容一一对应。

第二章“1D 主题设计”，是次重点。按照主题设计的五步流程逐步展开，其中“问题的三种分类”有些突破。

第三章“2D 结构设计”，是次重点，也是难点。一直以来，结构设计都是课程开发的痛点。这一章最大的突破是增加了“基于概念图的结构设计”，培训行业很少用到这项技术，如果掌握了这个工具，应该会获得意外的惊喜。

第四章“3D 内容设计”，是本书最重要的内容。一共九部分，篇幅占全书的三分之一。这一章最大的突破是为“知识点开发”“案例开发”“学习活动开发”分别提供了独特的开发模型。尤其是学习活动开发，每一类学习活动独立成一个章节，进行深度剖析。可以说填补了行业空白，也弥补了我以前创作的遗憾。

第五章“4D 成果设计”，这一章的内容行业运用较少，行业内相关资料也不多。提供的方法简单实用，而且成效明显。

第六章“5D 材料设计”，这一章涉及的“PPT 制作”，读者可找到的相关书籍和课程非常多，因此增加了“课程八件套”内容。

第七章“6D 亮点设计”，重点是“课程内容的创新性设计”，运用这些方法，可以让课程脱颖而出。

第八章“7D 综合设计”，重点是课程系统化设计的五种方法，可以让课程成为有机整体，在技术上显示特色和实力，成为真正的精品课程。

七章内容按照重点依次排序：3D 内容设计、2D 结构设计、1D 主题设计是核心内容，其次是 7D 综合设计和 6D 亮点设计，最后是 4D 成果设计和 5D 材料设计。

7D 技术为精品课程开发提供了一套完整的操作系统，包括原理及理论、操作模型及流程、方法及工具，还有各个行业的实践案例提供参考。可以说是“道—法—器”的完整融合。

第四,三维模块化的设计

整本书都按照“任务驱动”的模式，正课的七章都进行了“三维设计”，每一章都有导课、正课、结课。在结课部分有重点回顾、工具展示和课后作业，促使读者学以致用。另外，某些重要部分也是三维设计。这些都便于碎片化阅读，希望读者每次阅读都有收获。

第五，亮点设计

为便于读者阅读，本书还加入了新的形式："7D 小贴士”作为导课；“7D 小布丁”，是短小精悍的理论金句；“7D 小课堂”，补充重要的教学理论；“7D 小花絮”，补充创作背景。

这里只对课程做简单的介绍，更多的风景期待读者自己去发现。

从 2011 年开始，我每年都坚持出版一本书。从 2017 年开始，我停止了写书，不过一直没有停止创作。这几年，我和格诺威的团队伙伴一直在为企业提供 7D 技术相关的服务，其间积累了大量的案例，可以说这 4 年经历为本书的创作奠定了坚实的基础。

因此，非常感谢与我们合作的所有企业客户。粗略统计，我们团队的伙伴为包括中国联通、华为技术、中国建筑、中石化、京东等中国 500 强中 300 多家企业提供服务。此外，我们还服务于众多中小企业。书中的案例全部来源于此，是客户们提供了内容，我们只是集结成册。

这里还要感谢一直保持合作的培训机构，2019 年格诺威公司做了重大的战略转型，将以前的技术部独立出来，成立“湛卢坊教育科技有限公司”，专注自主版权课程的开发和师资培养，与全国培训机构同行合作，共同为中国企业客户提供服务。我入行 14 年以来一直与该机构保持合作关系。

还要感谢遍布全国各地的鹰隼部落的伙伴，以及湛卢坊版权课程合伙人，我们作为一个团队共同为客户服务。

要特别感谢杨雪老师对本书的贡献。感谢江蓉来对“可视化思维学习路径图”部分的帮助，王紫霄对“建构主义 5M 精品微课开发”部分的帮助，崔连吉对“C-FOCU 组织经验萃取”部分的帮助，康飞虎对“基于导师制的深度定制课程项目”部分的帮助，李晓燕对“五线谱混合学习项目设计”部分的帮助，这些都是他们擅长的课程，也都提出了宝贵意见。感谢公司的“政委”、阳明心学专家李安老师为本书作序，以及公司其他老师提供了很多案例支持。

最后还要感谢我的家人，在书稿最后冲刺的一个多月时间里，我无论白天还是晚上都全情投入，经常写到半夜一两点，或者半夜三更突然起床写书稿。那段时间影响了家人的生活和休息，感谢他们对我的理解与支持。家，永远是我的港湾。

此时，我坐在办公室，

这座城市依然是阳光明媚，车水马龙，热闹非凡，

这又是一幅何等壮观的社会风景。

人生旅途，享受风景！

那么，我们一起出发！

去创造属于我们的历史！

段烨

重庆湛卢书院

目录 /CONTENTS

01

基于建构主义的课程开发

建构主义教学的核心要素 003

建构主义教学的概念 003

建构主义的核心理念 003

学习效果金字塔 007

讲授 008

阅读 008

视听结合 009

示范 009

讨论 009

实践练习 010

教授他人 010

课程开发常见的七种错误 011

目标不精准——没有明确课程的价值 011

结构不合理——课程缺乏整体的逻辑结构 012
内容不丰富——课程内容匮乏、单一 013
成果没强化——无法凸显课程的价值 014
材料不完整——没有相关的配套资料 014
亮点不突出——平庸无特色，缺乏吸引力 015
整体不统一——课程缺乏整体设计感 015

02

1D 主题设计（Theme Design）：聚焦学习痛点

主题设计常见问题 019
需求不明确 019
目标不清楚 020
标题不规范 021
好课程的三个指标 022
效果好 022
效率高 023
效用长 024
确定课程主题的流程 025
明确课程开发的方向 025
基于业务的问题收集 029
对问题进行分类整理 037

对问题进行分析 040

确定课程主题 043

课程名称设计中常见的三类问题 043

课程名称的规范化要求 044

课程名称的呈现方式 046

明确课程目标 047

课程目标的价值 047

课程目标的要求 047

课程目标的结构 047

设计课程大纲 048

03

2D 结构设计（Structure Design）：规划课程框架

结构设计的常见问题 055

逻辑不清 055

层次不明 055

主次不分 056

课程结构设计的原则和原理 057

“三中全会”原则 057

金字塔原理的基本含义 061

使用金字塔原理的困惑 062

基于概念图的全景式结构设计 065
概念图的含义 065
概念图的价值 066
概念图与金字塔原理的异同 068
概念图设计结构的 SACO 模型 071
基于金字塔原理的结构设计 080
确定主要任务 082
课程整体三段式 084
主要任务模块化 091
模块任务逐级细化 092
结构设计中的注意事项 099
课程时间和重点内容的规划 100
符合层级排列的要求 102
结构图中模块的多样性 103
三种模型的结合 103

04

3D 内容设计（Content Design）：开发课程内容

课程内容开发中常见的问题 107
知识点不严谨 107
案例不丰富 108

学习活动匮乏 108
点燃有意义学习的三个法宝 109
苏格拉底式教学法 110
有意义学习的含义 112
有意义学习五要素 112
点燃学习热情的三个法宝 114
知识点的开发 116
知识点开发的四个原则 116
知识点的开发流程 CNEB 模型 120
案例的开发 124
案例的相关概念 124
案例开发的四个原则 126
案例的开发流程 CCGO 模型 130
学习活动的含义及开发原则 146
学习活动的含义及价值 146
主题性学习活动的含义 147
学习活动开发的三个原则 151
学习活动的四种类型概述 155
问题讨论型学习活动的开发 156
问题讨论型学习活动的三个关键点 156
问题讨论型学习活动的开发流程 CISR 模型 159
开发问题讨论型学习活动的四个注意事项 169
技能演练型学习活动的开发 170
技能演练型学习活动的三个关键点 171
技能演练型学习活动的开发流程 STPS 174

开发技能演练型学习活动的三个注意事项 183
案例分析型学习活动的开发 183
案例分析型学习活动的三个关键点 183
案例分析型学习活动的开发流程 SCDP 模型 186
开发案例分析型学习活动的注意事项 196
成果展示型学习活动的开发 197
成果展示型学习活动的概念解读 197
成果展示型学习活动的开发流程 CSPG 模型 198
开发成果展示型学习活动的三个注意事项 203

05

4D 成果设计（Result Design）：强化学习收益

学习成果设计中常见的问题 209
对成果不够重视 209
缺乏正确的方法 210
成果设计的价值和设计原则 212
成果设计的含义 212
成果设计的三大价值 213
成果设计的四个原则 216
成果设计的类型及方法 217

学习成果设计的三种类型 217
学习过程中的成果设计的五种方法 221
课程结束阶段的成果设计的三种方法 223

06

5D 材料设计（Material Design）：制作学习材料

开发学习材料中常见的问题 231
材料单一不完整 231
材料缺乏整体规划 232
学习材料的功能不清晰 232
PPT 常见的错误及设计的原则 232
PPT 常见的问题 233
设计 PPT 的三个原则 234
制作 PPT 的五步流程 236
确定整体风格模板 237
规划各个层级模板 238
根据结构图设计内容 239
优化 PPT 241
巧用 PPT 备注 244
精品课程“八件套”的制作和整理 246

课程说明书的制作 247
调研工具的整理 249
课程简介的制作 249
教学指导图的设计 250
案例素材集的整理 250
学习活动集的整理 251
讲师手册的开发 251
学员手册的制作 252

07

6D 亮点设计（Lightspot Design）：创建课程特色

课程设计缺乏亮点的表现 257
课程名称缺乏特色 257
课程内容没有创新 259
教学理念不够先进 260
教学设计的三个阶段 260
行为主义“以教为主”阶段 261
人本主义“以学为主”阶段 265
建构主义“双主教学”阶段 266
课程的亮点设计 269
课程名称的亮点设计 269

课程内容的创新设计思路和方法 272
教学方法上的创新 276

08

7D 综合设计（Integrated Design）：促进学习转化

课程整体设计方面存在的问题 283
缺乏系统设计的三种表现 283
缺乏系统设计的三个原因 284
教学设计的三个思维 285
用户思维的要求和体现 285
系统思维的要求和体现 287
设计思维的要求和体现 289
课程系统化设计的五种方法 291
任务驱动法 292
问题贯穿法 292
案例链接法 294
场景设计法 295
要素建模法 296
课程的模块化“三维设计” 297
三维设计的三个具体要求 297
三维设计的时间规划 299

常用的八种导课方法 300
常用的五种结课方法 303

09

数字化时代的课程开发趋势

可视化思维学习路径图 309
可视化思维学习路径图的概念 309
可视化思维学习路径图的四步流程 310
建构主义 5M 精品微课开发 320
确定主题：意图性 320
设计结构：建构性 322
组织内容：真实性 324
编写脚本：主动性 324
制作成片：协作性 325
FOCU 组织经验萃取 327
经验萃取的概念和价值 327
组织经验萃取的分类 328
C-FOCU 经验萃取模型的理论来源 329
经验萃取的四个要点 333
基于导师制的深度定制精品课程开发 334
深度定制项目的两个要点 334
深度定制项目的两个特点 335

深度定制项目的四个价值 335
深度定制项目操作流程 336
五线谱混合式学习项目设计 341
传统学习项目设计中的常见问题 341
有意义学习的五要素 343
五线谱混合式学习项目设计 344

参考文献

01

基于建构主义的课程开发

7D 小贴士

本章是全书的导入部分，在课程开发结构中属于导课环节，主要讲解建构主义核心要素的一部分、理论如何融入 7D、学习金字塔，以及课程开发中常见的错误，同时对 7D 的内容进行了概括介绍。

建构主义教学的核心要素

建构主义教学的概念

建构主义是非常知名的学习方式及教学理论，近几年在国内培训界蓬勃发展。那么，到底什么是建构主义呢？

网络上常见的对建构主义的解释是：建构主义是一种关于知识和学习的理论，强调学习者的主动性，认为学习是学习者基于原有知识经验生成意义建构的过程，而这一过程常常是在社会文化的互动中完成的。建构主义的提出有着深刻的思想渊源，迥异于传统的学习理论和教学思想，对教学设计具有重要的指导价值。

建构主义的相关书籍和文章也非常多，它们对建构主义的解释不完全一样，但是意思相近。我们可以归纳为一句话：以学习者为中心、以技术为手段、以解决问题为目标的教学模式，即可称之为建构主义教学。

建构主义的核心理念

我们归纳的这个建构主义教学概念是以建构主义代表人物戴维·乔

纳森（David H. Jonassen）的理论作为基础，同时结合了其他教学专家的理论，重新组合而来的。接下来为大家进行解读。

一种教学模式一般包括三个主要要素：第一个要素是教学的主体是哪些人，第二个要素是教学的过程中使用什么样的教学方式和方法，第三个要素是教学的目的或者目标是什么。建构主义教学刚好应对了这三个主要要素。

第一，以学习者为中心

建构主义教学的主体是学习者。现在在教育培训行业，学习者是主体已是行业共识。

案例

一个课纲走天下

在“建构主义教学设计沙龙”，有个伙伴讲了一个案例。

有一次我们请一位老师来上课。上课之前，老师把他的课程大纲给我们看，我们发现老师有些教学方式不太适合我们企业的具体情况，就希望老师能够根据企业情况调整教学方式，这样能让教学更具有针对性。

很遗憾的是，这位老师说：“这门课程我讲了十多年了，给很多大企业都讲过。你们放心，我的经验非常丰富，就算是讲课大纲不改，我也能根据现场学员的情况随机应变，使课程达到很好的效果。”

大家对这个案例进行了深入讨论，最后一致认为，这位老师不肯根据企业情况修改课纲，没有做到以学习者为主体。

这个案例其实揭示了以学习者为中心的真正含义是因材施教：根

据学习者的需求、学习者的基础背景，有针对性地设计课程，实施教学。

以学习者为中心的核心要求就是对症下药，要根据学习者出现的问题给出一个解决方案。那么，如何了解学习者的问题所在和他们的现状?

这就需要在培训开始前对学习者进行最基本的需求诊断，然后制定相应的解决方案。同时在教学过程中，要根据学习者的情况，包括教学的进展、学习者的参与程度和学习状况，对教学方式和内容进行相应的调整，而不是一成不变地讲课。

第二，以技术为手段

可以说，教育培训是科学、是技术。在整个教学过程中，要采用技术性的工具方法，完整地实施教学。当然，有人说教育培训是艺术，我们也认可这种说法，但是在成为艺术之前，它应该先是一项技术。技术是可以被掌握的，技术也是可以产生学习迁移的。

什么叫学习迁移?就是学员在现场所学的内容换了一个地方依然可以使用，这是把所学内容变成工具的最直接表现。就像我们的手机，在这个教室可以用，换个地方还可以用，因为手机是作为工具存在的。

当然，工具的不断更新也对教学设计者提出了更高的要求。在具体的教学实施过程中，也可以用方法模型流程来完成教学。

第三，以解决问题为目标

解决问题是建构主义的核心内容。戴维•乔纳森说过，教学的根本目的就是让学习者学会用技术解决问题。实际上，本书对于建构主义概念的解释主要来自于这句话，落脚点是帮助学习者解决他们面临的问题。

解决问题是建构主义教学的根本目的，并且贯穿整个教学活动。从课程开发的各个环节到课程实施的各个流程，都要围绕着这个目的进行。

建构主义教学理论可谓博大精深，有兴趣的读者可以进行专门学习。《建构主义学习设计与课程开发》一书将建构主义归纳为“一二三四五”——一个目标、两个关键、三个转变、四个要素、五个原则，可供读者参考。

案例

表演型老师

在“版权课程合伙人”课程间隙，来自全国各地的学员进行分享，谈到让自己印象深刻的老师。

其中，H 老师分享道：“我印象中的这位老师有非常深厚的文学功底，普通话也非常标准。他是学播音主持的，能够把某个场景很快编写成散文，并现场朗诵出来，我们都非常佩服，女同学对他更是佩服得不得了。”

M 老师就问：“他的这些表演与课程主题相关吗？能够帮助学员理解课程内容吗？”

H 老师说：“我不能确定这些内容与主题的关系，那门课程最后学到了什么已经记不得了，我就是感觉这位老师太厉害了。”

大家讨论过后觉得：第一，这位老师并不是以学习者为中心，而是以自我表现为中心；第二，这位老师的教学过程中也没有技术手段，而是用了即兴表演的艺术手法；第三，那门课程最终没有解决学习者的具体问题。

学习任务

建构主义教学的最大启示是什么？

建构主义教学概念的三个要素对课程开发有何意义？

学习效果金字塔

有一个非常知名的研究成果，叫学习效果金字塔，也有人称之为“学习金字塔”。美国缅因州国家实验室根据学生的学习状况做了实验和调研，因为采用的学习方式不同，学习完成 24 小时后，学生的学习效果保持率是有区别的，呈现出金字塔的形状（见图 1–1）。

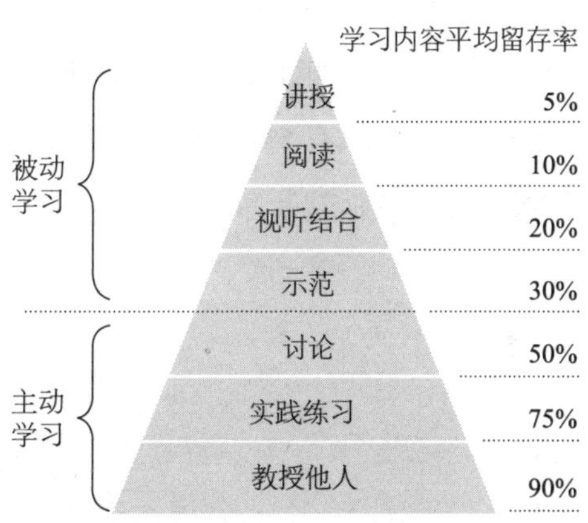

图 1–1 学习效果金字塔

通常大家认为金字塔是越往上越好，而这个金字塔反而是塔顶的学习效率最低。我们团队根据学习效果金字塔的内容设计了一个柱形图（见图 1–2）。接下来，我们解读一下这个实验结果，并结合在实际培训中所见，探讨如何让培训更加有效，如何让学习者获得更好的学习效果。

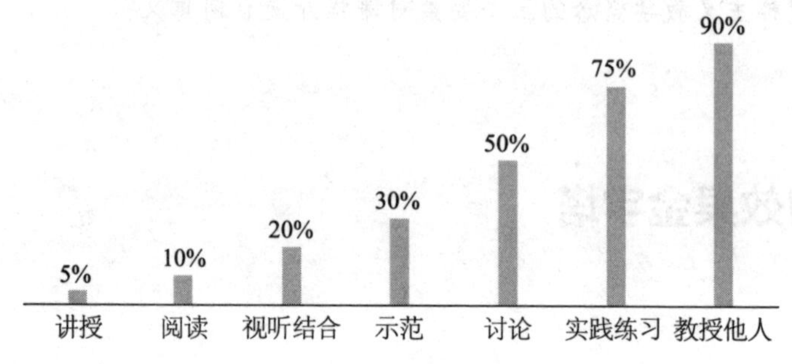

图 1-2 学习保持率（学习完成 24 小时之后）

讲授

讲授就是老师讲，学习者听。学习者单纯通过听讲，24 小时后能够记住多少内容？回顾一下，昨天这个时候你听到别人对你说过什么？到现在你还能记住多少？只有 5%。也就是说，如果老师在授课过程中只是单纯地讲授，没有其他辅助办法，学习者听讲，只能达到 5% 的学习保持率。

阅读

阅读可以达到 10% 的学习保持率。这告诉我们什么？老师在上课的过程中发现有学习者不听讲，在看手机、看资料，这并不代表学习者学不好。因为他独立阅读的效果可能会比单纯听老师讲课的效果要好。

视听结合

视听结合就是既要看又要听。老师借助一些辅助材料，比如 PPT、视频、音频等进行讲课。这样学习者 24 小时之后的学习保持率能够达到 20%，这已经很不错了。

示范

老师通过示范和演示的方式，让学员观察、观摩，这样的课堂现场感会更强。采用这种方式讲课，学习者 24 小时后的学习保持率能够达到 30%。

以上四种方式采用的是传统的以讲授为主的教学模式，都是以老师为主，学习者为辅。从学习者的角度看，这叫被动学习，也是浅层次学习，认知教育心理学家戴维·保罗·奥苏贝尔（David Pawl Ausubel）称之为“机械学习”。

讨论

讨论是建立学习共同体，进行讨论和探寻，让学习者在讨论中互相激发，不断补充。采用这种方式教学，学习者 24 小时后的学习保持率能达到 50%。

建构主义教学有一个非常重要的特征，就是一定要对学习者进行分组。这些小组就是学习共同体。

因此建议大家，在教学过程中无论遇到什么情况，一定要让学习者分组。不仅要让学习者分组，还要让学习者进行分组讨论，在学习共同体之间进行比赛，进行深度探讨。有了比赛，有了讨论，会让学习者更加投入；这也有助于学习者从多个角度理解相同的问题，从多方面理解概念，掌握知识。

实践练习

教学过程中采用让学习者实际操作的方式，尽可能让学员参与实战。当然有个前提，是教学内容和他们的实战相关。采取这种方式，能够让学习者在 24 小时后，学习保持率达到 75%。

在 7D 精品课程开发过程中，就是老师一边讲学习者一边做，老师讲一个知识点，学习者演练一个知识点，老师对学习者进行考核之后，再进入下一个知识点。

教授他人

只是学习的话，是否真的学会了不好衡量。可以让学习者把所学的知识讲出来或者做出来，同时验证一下应用情况：教会他人。能够做到应用知识，并把学到的知识教给别人，这就意味着他真正学会了，把老师教的东西变成自己的了。能够教会他人，意味着之前的学习非常有效。

案例

当老师，成长更大

我的女儿之前在游泳教练的指导下，学会了游泳。但是到了第二个暑假，她发现自己不会游了。怎么办呢？我就带着她回顾：当时教练是怎么教的？怎么吸气？怎么呼气？怎么用手？怎么用脚？她虽然回忆起了一些动作要领，但是还不够熟练。

我对她说："秋秋，我给你个任务，妈妈还不会游泳，如果你能教会妈妈游泳的话，你就更厉害了。"于是她开始试着教我，结果把我教会了，她自己也记得更牢了，游泳真正转化为她的一项技能了。

学习效果金字塔揭示了学习背后的秘密。这个原理可以运用在课程内容的设计、教学方法的制定等多个方面。

学习任务

以前的教学存在哪些不足？

如何运用学习效果金字塔设计自己的教学？

课程开发常见的七种错误

课程是人才开发和培养的一个很关键的要素，是知识和经验沉淀的重要载体。现在有越来越多的培训师和企业开始重视课程的开发与沉淀，但是在实际的课程开发过程中，又常常存在一些不足，归纳起来主要有七类问题。

目标不精准——没有明确课程的价值

课程一定是为需求开发的，是为解决某类问题而产生的，这应该是课程的根本目标。而现在有很多课程目标不明确，定位不够精准。

课程的价值就像是某种药物的价值，一定是能够治疗某种症状、解决某类问题的。没有可以包治百病的药物，如果有人说某种药能够包治百病，那这种药物要么不存在，要么只是虚假宣传。

定位精准的药物更容易找到用户和客户。人们认为药物定位精准，一定是在相关方面进行了深入研究。课程也一样，如果课程的目标不精准，用户和客户就会很难相信它在专业上的精准度。

所谓的课程目标不精准主要有两方面含义：一方面是课程的对象不精准，另一方面是课程的作用不精准。课程对象不精准是前因，很多课程面对的对象特别广，不聚焦，导致目标也不聚焦，课程的作用就随之变得不精准了。不清楚课程到底能解决什么问题，课程的价值也就不好界定了。

有一门营销类课程，培训目标是“通过培训提升店员的营销水平”，这个目标就不好衡量。如何界定店员的营销水平是否提升了呢？课程的内容也不聚焦，营销水平中包含的内容非常广泛，这门课到底是具体提升哪些技能呢？

结构不合理——课程缺乏整体的逻辑结构

逻辑清晰的课程不仅让老师在讲课时更顺利，也便于学习者对课程内容的理解更深刻。盖房子要有框架结构，结构科学合理，可以让房子更结实美观，课程也是，科学合理的结构可以让课程经得起推敲和考验。有些课程让人找不到背后的逻辑主线、层级关系，只是知识的堆砌。

比如，一门课程讲消防安全，列出了七个方面，但看不出为什么是这七个方面，又为什么是这样的排序。学习者找不到规律，在记忆的时候就比较困难。

案例 消防安全

1. 展厅严禁使用明火，严禁吸烟（举例说明违反规定的后果：罚款、拘留、追究刑事责任）。

2. 严禁圈占、遮挡、埋压消防设施设备（举例说明地埋式消火栓、壁挂式消火栓、地埋指示灯）。通知整改。

3. 消防通道：展厅通道规格（3 米、6 米、9 米）；严禁占用，摆放物品不得超出展位；展厅安全出口内严禁堆放物品，安全出口外严禁停放车辆；确保发生突发事件时安全通道畅通。通知整改。

4. 禁止使用电气焊。

5. 展位上空不得覆盖，如有覆盖，通知拆除；无法拆除的需加装灭火设备。

6. 防火卷帘门下严禁堆放物品。通知清除。

7. 展厅垃圾及时清理，不得过夜。

内容不丰富——课程内容匮乏、单一

我们常说某位老师的课程内容特别多，多是指理论知识很多，经验分享很多，但是如果一门课程全是讲理论、原则、工具，就让人感觉很枯燥、太干了，听起来比较吃力，学习者也不容易理解。

评估一门课程好不好，不仅仅要看它的专业性、理论性，还要看它能否让学员理解、记住并应用，能否激发学员的思考和参与，能否让学员融会贯通。

这就需要老师在课程设计和讲课的时候，匹配相应的课程内容和教学方法。尤其是讲规章制度、法律法条、流程规则类课程，比如“规章手册”“法律条文”，如果老师上课只是照着内容读一遍，那么，用这样的内容和形式上课，还不如让学习者自己去读。

成果没强化——无法凸显课程的价值

一门课程培训完有没有学习效果，是客户和学习者比较关心的。成果的呈现是学习者学习成就的体现，是客户评估培训效果的重要依据之一，也是体现培训价值的一种方式。而很多课程忽视了成果设计，仅仅有一个“课程评估”。学习者真正学到了什么，学到什么程度，不得而知。

案例

成果设计的价值

有一次我跟一家建筑企业的培训负责人交流，他说：“领导力类培训不如内训师课程开发类培训好做、有成就感。因为课程开发类培训在结束的时候，会呈现出一个个课程包，会有丰富的成果产出。而领导力类培训结束后，好像看不到成果输出。”

其实不然，任何培训课程在经过前期的成果设计后，都可以有丰富的成果输出，用以检验学习效果。

材料不完整——没有相关的配套资料

一门精品课程应该有很多资料支撑、辅助。实际上，很多老师的课程只是靠一个PPT走天下，最多还有个课程简介。而一个PPT可以承载的内容毕竟有限，还应该有其他的辅助材料、工具确保课程的顺利进行。比如，案例素材集汇集了支撑这门课程的多个案例，每个案例都有适用的培训对象，老师在不同的场合讲课时可以选用不同的案例。

亮点不突出——平庸无特色，缺乏吸引力

现在培训行业蓬勃发展，竞争越来越激烈，同质化的课程也越来越多，怎样在同类的课程中脱颖而出？应该把重点放在课程特色的提炼、课程亮点的设计上。然而很多课程没有自己的特色，要么直接“借用”别人的课程，要么只是几门课程的优选、排列组合，没有经过老师的重新建构，这样也就失去了竞争力。

整体不统一——课程缺乏整体设计感

有些课程模块之间比较散，前后逻辑性不强，也没有形成一个整体，这是由于课程缺乏整体设计。

课程的整体设计包括两方面：

一方面是指具体的课程设计，包括课程之间的关联性、课程内容和教学方面的关联性。有些课程内容缺乏逻辑联系，有明显的拼凑痕迹，很像“火锅式课程”——内容混在一起，杂乱无章。

另一方面是指在同一个项目中，课程之间缺乏关联，每门课程都是老师自己的，老师之间没有交流，没有共同研讨，导致整体内容不连贯，甚至有冲突。

本章小结

一、重点回顾

1. 理解建构主义教学的含义。

2. 掌握学习效果金字塔的含义和价值。

二、课后作业

1. 反思一下自己教学中常用的方法。

2. 总结自己在课程开发中常见的错误。

02

1D 主题设计（Theme Design）：聚焦学习痛点

7D 小贴士

课程的主题设计，是一门课程开发的方向，是课程开发的首要任务。聚集课程的学员对象、专注问题的焦点、明确课程的价值，是课程开发的基础。

从现在开始，按照任务驱动方式，读者可以给自己制定一个课程开发的任务，“一边读，一边做”，每个环节结束，本书都会有提示。读者可以按照节奏，跟着本书设计自己的课程。

主题设计常见问题

在主题设计阶段，大家常存在的问题有三大类：需求不明确、目标不清楚、标题不规范。在课程开发的最初阶段，如果不能解决这三个问题，将会影响到课程内容的设计。

需求不明确

这门课程想解决什么问题？有什么具体作用？学习者的需求是什么？问题在哪里？这就要求老师先做需求调查。如果你开发的课程内容与学习者的需求不匹配，就会出现问题。

如果老师在培训前不做需求调查，不了解学习者的具体情况，就像医生不做诊断就给病人开处方，那如何能够做到对症下药？所以老师如果不明确学习者的需求，就无法设计出对症的解决方案。

目标不清楚

这门课程具体要达成什么目标，学员学了这门课程会有什么收获、什么成果，这些不弄清楚，整个教学过程就会无从下手。

案例 **清楚目标，设计课程**

某企业要开发一门与建构主义相关的课程，他们商学院的负责人 C 老师跟我进行了电话沟通。

C 老师：老师，我们这些学员都是很优秀的培训师，是我们的一级讲师，领导希望他们感受一下建构主义的魅力。

我：你们希望达到什么成果呢？学员来自全国各地，最终希望能够从这门课中带着什么走？

C 老师：这些培训师多是用传统方式讲课，上课只管自己讲，现场氛围也不是太好，只是做了一些互动，但是学员参与度不高，所以他们希望整个课堂氛围能好一些。

我：那是希望让他们的课堂氛围变得更好一些，同时给他们提供一些建构主义教学方式方法、教学设计、教学工具？

C 老师：差不多是这样。

后来我们又进行了深度沟通，结合学员的需求定制了课程。

这个案例说明我们一定要把学习者放在中心位置。把学习者放在中心位置的最主要表现是了解学习者想要达到什么学习效果。以成果为导向，根据预期达到的成果设计课程内容。

标题不规范

课程开发现在已经是非常成熟的教学技术了。每一门课程的标题都是有标准、有要求的。我们在给企业做课程开发的时候，会发现他们内部的课程很多都是只有一个笼统的名称，比如企业文化、公司发展史、财务管理、营销技巧、团队建设等，而且有些课程只有内容，没有聚焦学习对象。

案例

规范标题让内容聚焦

我们给山东一家化工企业做内训师的培养系列项目，第一次培训的时候，他们要开发一门新员工入职培训课程。课程的对象是很清楚了，但是入职培训的内容很多，包括公司的规章制度、公司的发展史、员工的职业生涯规划，还有实际工作技能。课程用时只有一节课，三个小时，有限的时间内，学员能够掌握这么多内容吗？这就是标题不规范导致的内容不聚焦。后来我们指导他们重新进行了课程设计，形成“新员工入职培训之企业文化”“新员工入职培训之管理制度”等系列课程。每次培训都聚焦一个话题，进行有针对性的培训，取得了良好效果。

学习任务

课程开发前要思考

几个问题：第一，课程是否做了前期调研？第二，课程要实现的目标清楚吗？第三，课程的对象和培训内容聚焦吗？课程的标题是否规范？

好课程的三个指标

一门课程怎样才算好？不同的时代、不同的流派有着不同的看法。以前大家对好课程的评估有个“三声”标准，即笑声、哭声和掌声。能够得到这“三声”的课程就可以被认为是对学习者有触动的，是有效的。由这个标准延伸出课程设计的“三笑”标准，即笑料、笑点和笑声。不过，随着培训行业越来越成熟，大家对培训的认知也越来越细致，只是形式上的热闹已经不能满足需求了。

根据学习效果金字塔，我们认为，现在评估一门课程的标准应该是“三效”，即效果好、效率高、效用长。

就像以一种药物来治疗疾病，什么样的药物是好的？见效快，治疗彻底，而且效用长的药物。如果采用某种药物把病暂时治好了，但是三天两头还会犯病，这说明这种药物是治标不治本。培训的目的是帮助学员解决问题，也就是要有“药物治疗疾病”的效果。

效果好

如何评估一门课程的效果？很多课程采用的评估方式是在课程结束后给学习者发一份“课程评估表”，全靠一张表来判断，不同评估表上的内容大同小异。当然，这张表确实可以作为一个评估依据，但是仅有这张表远远不够。课程的效果怎么样，还是要看对学习者来说，课程是否帮助他们解决了问题，是否可以学得会，是否能够自己运用。这些是可以通过其他方式进行设计评估的。

课程效果的衡量依据其实很简单：培训前后对照。培训前需要解决什么问题，培训后是否解决了这些问题。这些问题解决了就是培训的效果好，如果问题还是没有解决，就是培训课程没有效果或者效果不好。

效率高

学习者大多工作繁忙，时间非常宝贵，参加培训课程都是牺牲了工作时间或者陪伴家人的时间。这就要求课程能够高效快速地帮他们解决问题，在尽可能短的时间内让培训产生效果，让他们把学到的知识尽快应用到实际工作中。

通常来说，影响培训课程效率的因素有两个。

第一是课程内容。内容太多，学习者吸收不了，就不能进行快速有效的转化。这就是所谓的“填鸭式”“灌输式”教学。

课程内容大多比较普遍，三小时左右的课程，PPT 有一百多页，上课的时候老师更多是在读 PPT，学习者基本没办法参与，导致浪费了时间，学习者很难有收获。

提高课程培训效率的一个有效途径是聚焦、专注，一次解决一个问题，一堂课解决最紧迫的问题，而不是求大求全。

第二是课程培训方法。很多企业还在用传统的课程讲授方式，采用单一的简单互动方式，以讲师为中心展开培训，学习者的学习效率很难提高。前文的学习效果金字塔部分对此有过专门的阐述：教学方式直接影响了学习效果。

高效的课程应该是聚焦问题，同时采用科学的培训方法。这是课程开发的时候必须考虑的因素。

效用长

一种好的药品不仅要有效，还要药效持久。如果药效短，就要增加用药频次，那样会增加很多成本和不便。培训课程也要讲究效用长短。培训行业有一句话：课上激动，课后感动，回到工作岗位一动不动。说的就是培训课程效果不持久，效用不长。如何让培训课程持续发挥作用呢？

一次好的培训、一门精品课程，关键在于引导学习者参与，让学习者产生真正的建构，做到有意义的深度学习，让知识内化，学习者产生新知，这样才能确保学习效果持久。

换句话讲，就是内因和外因结合。课程和老师都是外因，学习者才是内因，一门好课程能够激发学员学习的内因，是真正的赋能。这也是学习效果金字塔揭示的学习的秘密。课程效果跟培训方式、教学方法有关，也和后续的落地跟进有很大关系。

虽然对于好课程的标准，业内存在不同看法，但是“三效”标准可以作为一个参考，为课程开发提供一个依据，作为开发精品课程的基础。

学习任务

读者可以以“三效”作为指标，对照自己设计的课程，发现其中的差距和不足。

确定课程主题的流程

确定课程的主题是课程开发的基础，一门课程主题的确定通常需要五个步骤。

明确课程开发的方向

在开发一门课程之前，首先要确定方向，课程开发方向是由谁定的？在课程开发中有三个非常重要的角色：客户、用户、老师。

举一个生活中的例子。孩子生病了，家长带孩子去看医生，医生就相当于“老师”。因为是孩子生病，需要服药，所以孩子是“用户”。而看病是家长出钱，所以家长是“客户”。延伸到企业，在课程开发中，谁是客户？谁是用户？用户就是你要培训的学习者，来上课的人；客户是企业培训的相关负责人，部门的主管或者企业高层相关领导。

兼顾客户和用户

在课程开发的过程中，我们应该以用户为中心，但客户是出钱的人，同样要尊重客户的意见。

案例

课程中途调整主题

在广州的“建构主义 7D 精品课程开发”公开班，学员 Q 老师讲了一个案例。

有一次我给一家公司上课，前期也做了调研、访谈，最后确定课程讲的是非人力资源经理的人力资源管理（非人）课程。各个部门的主管参与，掌握一些用人、育人、留人的方式和方法。这门课程一共是两天时间，第一天上午下课后，该公司王总请我吃饭，其间给我提了一个建议。

王总说："Q 老师，你的课程挺好，教大家如何管人，这也是我们公司需要的，但是我认为，对我们公司来说最重要的是提升业绩，如何让这些主管带好团队，把业绩提高，才是我们最需要的。老师能不能把主题换一换？"

当时我就不知道怎么办了，如果按照王总说的临时改课程主题，我是做人力资源工作出身的，压根不懂营销、销售，怎么提升业绩我是搞不懂的。如果我不听王总的意见，他又是客户，这就很尴尬了。

还好当时他们副总和我比较熟，副总知道我的背景，他就跟王总讲："王总，不好意思，我们的课程已经安排好了，学员资料也打印出来了，而且已经上了半天的课，临时改变课程主题可能有点难度。要不这样，下次我重新做一个计划，请另外一位老师专门讲营销课。"

还好副总帮我救了场，不然就麻烦了。

相信很多老师和培训经理也都遇到过这种情况，组织的培训做到一半，领导不满意，要求把主题换掉。

为什么会出现这种情况，很可能是老师设计课程的时候只关注了学习者的感受，了解了学习者的需求，并没有了解部门主管或者高层领导的需求。关注了用户而没关注客户。

当然还有一种情况是只关注了客户，没关注用户。只按照领导的要求设计课程，没有对学习者的需求进行调研。这样的课程效果也不会好，学习者的参与度并不高。

所以培训经理或讲师做调研、定课程方向的时候，既要关注部门负责人甚至高管的要求，还要兼顾学习者的痛点、需求点。

客户的意见和用户的意见达成一致，才能真正确定课程开发的方向，方向正确，才能确保课程的价值。

结合三个角度

课程方向确定了之后，在具体开发某门课程的时候，还要注意以下几方面。

第一，课程的潜在需求

如果是开发公司内部培训课程，要从公司角度去了解课程的价值，分析一下公司以后有多少机会开设这门课程。

有的老师会根据自己的爱好来开发课程，并没有从公司角度去思考，这就导致课程价值不大。

案例

选择有市场的课题

有一次在给某轨道交通企业做“5D 精品课程开发”项目，其中学员 W 老师开发的课程主题是“跑步中如何保护膝盖”。W 老师介绍课程背景：他是一个马拉松爱好者，参加过很多次全国各地举行的马拉松比赛，他发现有很多马拉松爱好者，包括他自己在内，会因为跑步方法不对导致膝盖受伤，因此他决定开发这门课程。接下来是我们的对话。

我：你们公司是否有马拉松文化？有多少同事喜欢跑马拉松？

W 老师：我们公司没有这个文化，同事中好像喜欢马拉松的也不多。

我：那你这门课程是公司要求开发的吗？

W老师：公司没有要求，是我觉得这门课程很有意思，我也很有经验。

通过沟通，我跟W老师最后达成了共识：W老师先参与到其他小组中，开发公司要求的课程。掌握了相关技术后，再开发他喜欢的“跑步中如何保护膝盖”的课程。

因此，建议企业在规划课程开发项目、确定课程主题的时候，最好能够由上至下规划课程主题，安排课程开发任务，这样才能够确保开发出来的课程是企业所需的。如果是职业培训师开发的课程，就要分析行业需求，看看潜在市场需求。

第二，课程开发者的专业背景

课程开发者的专业背景是开发课程的基础。开发某门课程需要有两个背景：一是专业的理论，二是实践的经验。这要求课程开发者一定是领域专家，才能开发该领域的课程。理论和经验是基础，没有理论基础就是胡编乱造，只有理论没有实践，可能就是纸上谈兵。

案例

从业经历与课程的关系

关于培训师和从业经验的关系，行业内一直存在争议。一类观点认为：做得好与讲得好是两回事，某些人自己做得不一定很好，但是讲课讲得好。持这种观点的人大多受了讲师的影响，尤其体现在各种公开课中，讲师侃侃而谈，学习者如痴如醉。这类“只会讲，不会做”的讲师曾经风靡一时。

一类观点认为：培训师必须有相关经验，而且在某个领域做得很好的人才有资格当培训师。这就是所谓“实战型培训师”。培训行业某一段时间也涌现出了大量的“实战型”讲师，很多讲师都标榜自己是实战型的，以跟其他讲师区别开来。最近几年又涌现出了很多有知名企业背景的讲师，也广受欢迎。

经验很重要，没有经验，可能一切都沦为空谈。但是也不能上升到经验主义，不能把从业经验当作唯一指标。从业经验与课程讲授是两回事：做得好的人，不一定课讲得好。反过来，做得不好的人，也不一定课讲得差。当然，“做得不好，讲得很好”的情况可能也是存在的，但可信度又不太高。

第三，开发者的课程开发技术

想要开发出真正的精品课程，课程开发者必须掌握相关的技术。课程开发技术是决定课程质量的关键。教学理论如同导航系统，可以更加有效地帮助我们达到目标。选择适合自己的教学理论，就像选择导航系统。《建构主义学习设计与课程开发》一书中提到，建构主义的五大教学模式，每一种模式都蕴含了各项技术。课程开发者要根据自己擅长的选择最合适的开发技术。

课程开发者想要开发出真正的精品课程，在保证课程方向有市场潜力外，还要不断学习专业理论，丰富实践，不断修炼专业教学技术。

基于业务的问题收集

收集学习者存在的问题，需要兼顾客户和用户的需求。客户就是为此次培训买单的企业培训负责人、领导。用户是参加培训的人员。有时候用户和客户的需求是不一样的，在收集问题时，要包含这两方面：

一是客户方面，整个项目的负责人，或者企业的高管、部门负责人，他们认为接受培训人员存在什么问题？他们对这次培训有什么期待？这个需求通常通过前期的访谈、调研可以了解到。

二是学习者自身存在什么问题？前文提到过开发的课程就像药品或者处方，医生要针对病人的情况提供相应的解决方案。

关于课程需求调查的方法，同类书籍中内容非常多，本书仅介绍最常用的方法，而且主要针对对学习者的调查。

调研问卷法

通过设计问卷把课程内容罗列出来，让学习者从中选择，找到他们的需求重点。这种方法的优点在于涉及面广，能够最大程度让学习者都参与其中。

当然，它也有不足，调研问卷的结果有可能不够科学，有些学习者填写比较随意，参与性不是太高，收集起来的意见、反馈可能不太全面，不够真实。

现在做调研问卷通常会借助“培训宝”“问卷星”等工具生成二维码，让学员在手机上操作，所以要考虑填写的便捷性。但“选择题”容易使收集到的信息受限，所以可以在最后增加 1～2 道主观题、开放式问题，收集更多意见和需求。

测试法

测试就是把将要开发的课程变成考试题的形式，像学校里对学生进行考试一样，让学习者解答，通过这种方式评判学习者对于课题内容掌握得怎么样。测试法能够比较客观地评价出学习者学习后的真实水平。

需要注意的是，测试法适用于学习者对培训内容有一定了解、有一定基础，至少培训内容是“应该掌握的”的情况，比如企业规章制度、某项技术、企业文化等；不适用于全新的课程内容，否则，测试题很可能是学习者完全不会做的，这就会打击学习者的积极性。

案例 **根据内容和学习者选择调研方式**

我们在给一家航天系统企业做“内部导师技术”培训前进行需求了解的时候，发现如果把课程核心内容“导师七剑”变成测试题，让学员提前测试，估计大家很难填写，也得不到有价值的需求信息。因为学员对这个内容是完全陌生的。所以这种方式不适合做前测的需求了解。如果课程本身是学员工作岗位中的相关内容，就可以做个前测，准确把握学员在哪些方面没有掌握，从而抓到课程重点。对于全新的内容，我们采取了访谈方式来了解学员目前的工作方式和困惑，从而进行课程的设计、调整。

访谈法

访谈法是采用电话、视频，或者面对面对话的方式，了解参加培训的学习者的具体情况。这是最常用也最有效的方法。

访谈问到的基本上都是开放性问题，尽可能全面地了解学习者的真实问题和需求，这种方式相对来说更耗时，效率较前两种方法低一些，但是获得的信息比较宝贵，能够了解很多真实的问题。访谈法需要采用抽样的方式，一般针对核心人员进行访谈，同时可能需要兼顾被培训对象的上下级和平级人员。

案例 **全方位访谈更全面地了解问题**

在给某著名白酒企业做“专卖店店长培训项目”时，培训前，我们需要了解店长的相关职责和能力、目前存在的问题及不足。因此，针对店长、总经理（店长的上级）、店员（店长的下级）都做了访谈，全方位了解该企业对店长能力的要求和目前店长工作中存在的问题。

因为访谈大纲可以变成问卷，也可以变成测试题、测评题，所以是最基础的资料。那么，访谈大纲应该怎么设计？可以从 what（内容）、why（意义）和 how（怎么做）三个角度列举问题。

what，包括含义、概念、规定等知识点。

why，这个课程主题有什么意义、价值、作用。

how，有哪些方法、工具、流程、模型、注意事项等。

在设计问题的时候，也可以从简单逐渐到复杂，分为初级层次的认知问题和高级层次的认知问题。

初级层次的认知问题一般有直接的、明确的、无歧义的答案，便于了解学习者对知识的掌握程度。比如，公司的企业文化是什么？店长的工作职责有哪些？高级层次的认知问题通常没有唯一的正确答案，从不同角度可以有不同的回答，这类问题可以用以了解学习者对事情的态度和深层次理解。比如，如果社会没有了法律会怎么样？如何能够更好地践行企业文化？

案例

通过访谈找到差距

有一次我给一家房地产企业做课程开发辅导，一位 M 讲师要开发礼仪课，培训对象是企业内部负责接待的同事。这位老师的访谈问卷就是从 what、why 和 how 三个角度设计的。

第一个角度 what：你认为一位接待人员的接待礼仪包括哪些

内容？仪容是怎样的？仪态是怎样的？仪表是怎样的？

通过“是什么”的内容去问对方问题，看学习者对基本知识、概念是否了解，有哪些还不清楚。

第二个角度 why：为什么要学习礼仪？礼仪对企业有什么作用？礼仪对你的工作有什么价值？

从“为什么”的角度看学习者对这件事情的认知、意识。

第三个角度 how：你认为接待的时候，如何着装能让自己显得更职业？在接待的时候你要去打招呼，应该怎么做？

从“如何做”的角度看学习者实际操作技能掌握情况，找到学习者有哪些是不会做的。

从以上三个角度进行访谈，目的是了解学习者现在的基本状况：对知识点的掌握程度、对事物意义的认知，以及掌握的具体操作方法。而后对照标准和要求，从中找到差距，差距就是需要解决的问题。

what、why、how 是需求调查的基本思路，具体操作起来还有很多种变通方式。如果是知识类课程内容，可能需求调查的时候就没有 why 和 how，只有 what，比如公司的组织机构、规章制度等知识类课程内容。

了解学习者的真正需求，做到对症下药，是建构主义“以学习者为中心”的直接体现，是课程开发的基础，也是课程开发者及培训负责人应该掌握的基本功。在实施的时候，往往要多种方法结合，确保需求调查的有效性。

以“导师七剑”项目为例，我们来展示一次完整的访谈过程。

案例

访谈+问卷灵活变通

我们给航天系统的某企业做了一个“导师七剑”项目。一方面通过面谈的方式，对该企业核心人员进行访谈，了解更多信息；另一方面对全体参与人员进行了问卷调研。

因为项目的主题是“科研导师的七项技术”，是相对比较前沿的内容，学员此前并没有相关知识基础，培训行业中也没有相关内容。所以在访谈内容设计上要避免直接用课程中的知识点去问对方，要在措辞和语言上进行转化，变成学习者可以理解的问题。

依然是按照what、why、how的逻辑进行访谈内容设计。首先设计出的是访谈大纲，开放性问题较多。

“导师七剑”需求面谈大纲：

1. 您在本单位的工作年限是____。

2. 您在本岗位的工作年限是____。

3. 您平时主要工作内容是____。

4. 您认为带新员工对自己工作的价值有哪些？

5. 您带新员工的总数量为____，频次及每次带的数量各是多少？

6. 新员工来后，您是如何带教的？有什么样的流程？有没有什么计划？一般周期是多久？

7. 在带教过程中，您是否会清晰讲明工作标准？有没有让他讲一下，确保他听明白？

8. 在操作某项工作时，您是通过什么方式带教的？示范、讲解，还是其他的方式？

9. 在带教过程中，您是否对他进行了工作指导？采取什么方式？

10. 在带教中，如果他遇到麻烦，来向您请教时，您是如何支持他的？

11. 当发现他在工作实践中有问题时，您如何给予反馈和评价？直接指出问题所在还是共同探讨？

12. 对于带教成功与否是否有衡量标准？

13. 在带教过程中，遇到过什么困惑？

14. 是否遇到过新员工不积极的问题？如何处理？

15. 是否有一些辅助的带教工具？比如跟进表、测试表等。

16. 带教后，有没有跟新员工做总结复盘？采取什么方式？

17. 为了能更好地带教新员工，做好人才的培养，您希望从外力获得哪些协助？

18. 我们此次为大家组织的是导师制的导师技术，对于这门课程，您有哪些期待？

接下来要进行调研问卷设计，把前面提到的内容变成调查问卷方式，对参训的学习者进行全员调研。多采用选择题的方式，便于做答。根据访谈大纲，对问题进行调整，并提供可选择的答案选项。

“导师七剑”调研大纲：

1. 您在本单位的工作年限：

A.1 年以内　B.1～3 年　C.3～5 年　D.5 年以上

2. 您在本岗位的工作年限：

A.1 年以内　B.1～3 年　C.3～5 年　D.5 年以上

3. 您带教过的新人总数量：

A.1～5 人　B.6～10 人　C.1～15 人　D.16 人以上

4. 在带新员工方面，是否有明确的带教流程？

A. 个人的流程　B. 企业规范化流程　C. 没有明确流程

5. 在带教新员工过程中，向对方讲解后，是否会让他自己讲一下，确保他听明白？

A. 是　B. 没有注意

6. 在操作某项工作时，通过什么方式带教？

A. 做示范　B. 讲解　C. 都会采用　D. 还有其他方式 ____

7. 新员工在工作的时候，您是如何进行指导的？

A. 时时关注　B. 等他有问题来找我　C. 出现问题时再指导

8. 在带教中，如果他遇到麻烦，来向您请教时，您是如何支持他的？

A. 直接告诉他答案　B. 让他自己去思考想办法　C. 和他一起讨论找出解决方案

9. 新员工工作开展中，通常如何给予评价？

A. 多负向激励　B. 多正向激励

10. 对于带教成功与否是否有衡量指标？

A. 有　B. 无

11. 是否有一些辅助的带教工具？比如辅导跟进表、能力检核表等。

A. 无　B. 有　C. 有部分，但还需完善

12. 带教后，有没有跟新员工做总结复盘？

A. 很少做　B. 会总结

13. 在带教过程中，遇到过什么困惑？

14. 为了能更好地带教新员工，做好人才的培养，您希望从外力获得哪些协助？

15. 我们此次为大家组织的是导师制的导师技术，对于这门课程，您有哪些期待？

（出于版权保护，调研表中省去了一些内容。）

通过两种调查方式结合，该培训抓住了学习者的需求，按照需求制定了课程内容，在随后的教学中取得了良好的效果。

对问题进行分类整理

收集了问题，了解了情况，接下来就要对问题进行分类，了解问题的不同类型，然后进行分析。如果不对问题做分析，想当然地进行培训，就很有可能治标不治本。

问题的本质就是差距

戴维·乔纳森提出，所谓的问题其实就是差距或者落差。具体有下面几个要素（见图 2–1）。

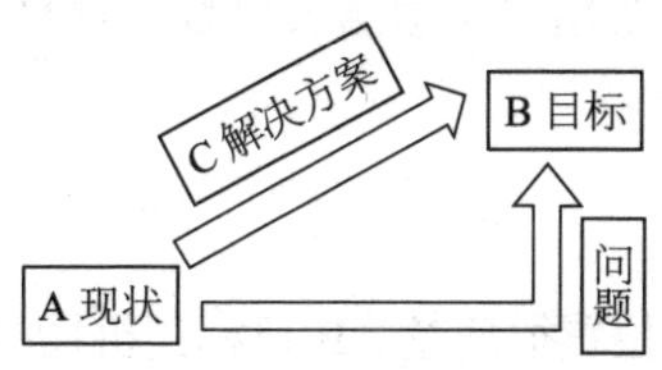

图 2–1　问题的要素

A 现状，B 目标，现状与目标之间的差距就是“问题”，由 A 现状到 B 目标的直接路径就是 C 解决方案。所以需要解决的差距、落差叫问题。

企业的问题是什么？就是现状与目标之间的差距——员工行为与企业要求之间的差距，企业行为与客户需求之间的差距，现有产品与标准之间的差距。

问题的三种分类

《建构主义学习设计与课程开发》一书引用了戴维·乔纳森的理论，对问题进行了分类，把问题分为“良构问题”和“劣构问题”。教学中通常把问题分为“良构问题”和“非良构问题”两类。但在近几年的实践中，我们发现仅仅这样分类还是不太清楚，经过查阅大量专业资料，结合不断的实践，我们把问题分为三类。

良构问题就是结构良好的问题，即 A 现状很清楚，B 目标也很清楚，那么 C 解决方案自然就很清楚。

劣构问题就是有一部分情况不清楚，一般分为两种情况：第一种，A 清楚，但 B 不清楚；第二种，A 不清楚，但 B 清楚。这时候 C 解决方案就比较麻烦，需要更多的人用更多的时间来共同解决问题。

病构问题即整个结构都是有问题的，A 不清楚，B 也不清楚，那么 C 解决方案就非常困难，需要大量人力、物力、时间才能解决。

在培训中，我通常用“从酒店去机场”这样一个生活中的案例解释几类问题。

良构问题

A 现状：酒店的位置很清楚。B 目标：机场的位置也很清楚。C 解决方案：从酒店去机场的方式也很简单，这样的问题就不需要认真讨论。

劣构问题

A 现状：酒店的位置很清楚。B 目标：机场的位置不清楚。或者 A 现状：酒店的位置不清楚。B 目标：机场的位置很清楚。那么 C 解决方案，如何从酒店去机场，就需要讨论和研究一下。到底是打车好呢，还是坐地铁好？还是有人开车送过去？

病构问题

A 现状：酒店的位置不清楚。B 目标：机场的位置也不清楚。那 C

解决方案，如何到达机场可能就是一个大问题。

> 模拟一个情景：假如我打通了滴滴司机的电话。
>
> 司机会问：请问你现在在哪里？你的定位准确吗？
>
> 我回答：对不起，我不清楚，也不敢确定定位是否准确。
>
> 司机又问：请问你是要去哪里？哪个航站楼？
>
> 我回答：我也不知道。
>
> 司机说：你在哪里都不清楚，去哪里也不清楚，我去哪里接你？

通过这个例子，大家就能更好地理解良构问题、劣构问题和病构问题的区别。

这个场景还阐明了一个情况，同样的问题——从酒店去机场，对于不同的人来说属于不同的问题。

结合到培训，培训是为了解决问题，培训能够解决什么问题呢？看看这个表格（见表 2-1）：

表 2-1 培训中会遇到的问题

问题类型	A 现状	B 目标	C 解决方案	方式
良构问题	清楚	清楚	清楚	自学：学习者自己学习
劣构问题	不清楚	清楚	不清楚	培训：师生共同商讨
	清楚	不清楚		
病构问题	不清楚	不清楚	不清楚	咨询：搜集更多的资源

课程开发者就像医生，首先要明白自己的职责，也要清楚自己的能力，有些病你是能治的，有些病你是治不了的。课程开发者在开发课程的时候，首先要明白：这门课程到底要解决什么问题？哪些问题是这门课程可以解决的？

7D小课堂

根据问题的三种类型，结合行业解决方案，可以做出归类：

良构问题比较简单，学习者可以通过自主学习解决，比如在线学习、公开课等方式。这是学习，解决“点”的问题。

劣构问题比较复杂，只靠学习者本人无法解决，需要协作学习，只有老师与学习者进行深入互动才能解决问题。这是培训，解决“线”的问题。

病构问题非常复杂，涉及组织的深层次问题，需要在机制、机构等方面全面深入才能解决问题。这是咨询，解决“面”的问题。

在培训过程中有时会出现学习者中途离场的情况，为什么会这样呢？可能因为以下几种情况：

第一，可能是老师讲的课程内容太过简单，对于学习者来说，属于良构问题。这些问题他们自己可以解决，如果老师太多纠缠于这些简单的问题，学习者会觉得这种培训是在浪费时间，因而离场。

第二，可能学习者感觉课程内容的难度太大，太过深奥，听不懂，对于他们来说课程内容是病构问题。他们当然就不愿意学习，因此而离场。

点燃的根本是激活旧知，因此需要了解学习者现有的状况，也就是A现状。这是点燃的基础，也是课程开发的基础。老师要在培训之前先了解学习者的状况，选择劣构问题作为课程的内容，同时选择与学习者相关联的案例，从而激活学习者。

对问题进行分析

来看一下确定课程主题的流程（见图2–2）。

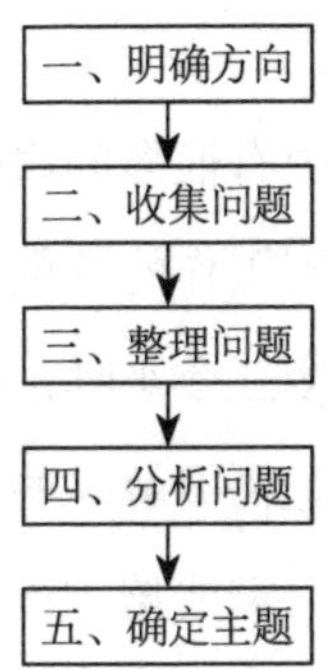

图 2-2 确定课程主题的流程

在 7D 教学实践中，我们通常通过问题分类，删除很简单的良构问题和复杂的病构问题，一共删除 10 个左右的问题。剩下 20 个左右的劣构问题，也就是存在不足但通过培训可以解决的问题。

但是劣构问题也不是都要解决的，要在有限的时间内聚焦，再对问题进行分析。如何分析呢？可以从五个角度进行。

第一，需求的真实性

首先看需求是不是真实存在的？学习者是否真的需要这方面的学习，还是为了适应公司的需要或者满足领导的任务要求来学习？学习者本身不一定需要学习这些课程，也说明课程没有触及学习者真正的痛点。学习者主观学习愿望不强，学习效果是很难保证的，所以必须确保课程是学习者的真实需求。

第二，需求的代表性

在前期调研阶段，采用访谈调研式抽样调查可能会存在一个问题：虽然讲师希望抽样的人具有代表性，但是在现实中他们更多是代表个人，并不能代表整个群体。课程的需求一定是要代表大多数人的，是被抽样者本人及他同一个层级的一群人都有的需求。

第三，需求的紧迫性

培训对象在工作、生活中有很多问题。有的问题可以缓一缓，慢慢解决；有的问题已经影响到工作的开展，必须尽快解决。企业内部培训，大多是一个小时，最多三个小时，在一个到三个小时时间内要聚焦问题，一定要找到最紧迫需要解决的、影响工作开展的、需求最大的问题。比如新员工培训，需要培训很多内容，企业文化、办公流程、发展规划、组织架构等，但是当下最紧迫需要解决的是了解企业文化，让新员工成为一个理念合格的员工，那就先解决这个问题，其他方面可以在后面解决。

第四，需求的价值性

经过访谈，在得到的所有反馈中，要找到哪些反馈的价值性更大一些。

价值性可以从两个角度来讲：其一是这些内容对学习者本人的价值，其二是这些内容对公司的价值。培训既要解决学习者（用户）本身存在的问题，也要解决企业（客户）存在的问题。哪些问题对于企业来说最重要？哪些问题对于员工来说最重要？需要两者兼顾才能有更大的价值。

第五，需求的可实现性

能够在有限的时间里获得期待的结果。

很多时候，尤其是企业内训师在开发课程的时候，主观愿望非常好，希望通过这门课程解决公司的问题，帮助公司发展，帮助员工提高能力，等等。这是好事，但是必须清楚地认识到，一门课程的功效是有限的，如果想要在短时间内产生更大的价值，就要想到可实现性。

在 7D 教学中，可以按照以上五个方面继续对调研问题进行删除，不是真实的、不具有代表性的、不紧迫的、没有价值的、实现不了的需求都删除。

本节主要内容归纳起来就是做需求调查。访谈大纲是基础，在这个基础上可以有多种变通方式，如变为问卷调查、内容测试法等等。需求调查表也是课程重要的八件套之一。

通过对问题的收集、分析等四个步骤之后，最终到了第五步“确定课程主题”，因为确定课程主题其实是找出解决方案，是重中之重，所以单独列为一节。

学习任务

把访谈大纲按照 what、why、how 三个基本思路设计 30 个问题。

确定课程主题

明确了课程的需求和要解决的问题后，我们就可以确定课程的主题了。确定主题后就要为课程设计一个名称，什么样的课程名称才是规范的？先来了解一下课程名称设计中常见的问题。

课程名称设计中常见的三类问题

第一，名字太长。一般来说，课程的名字不要超过七个字。因为超过七个字不容易记住，如果开发出来的课程名称都让人记不住，那课程的传播力、价值就会受到影响。

第二，课程名字太宽泛。像新员工入职培训、团队执行、市场营销、用电安全等都是很大的课题。题目太宽泛会导致课程内容不够聚焦。

第三，课程名字过于绝对或者夸张。比如“绝对成交”“巅峰销售”“完美执行”等。这样的课程名字虽然有噱头，但很可能会引起一些人的反感。

课程名称的规范化要求

标准的课程名称需要包含两个方面：对象 + 内容。通过课程名称就能看出课程的内容大概是什么，也能够想到应该是哪些人来参加培训。

课程就像药品，一种药品有好的名称可能更容易引起人们的注意。有一种药叫“小儿肺热清颗粒”，治疗对象是谁？小儿；治疗内容是什么？治疗肺热；什么剂型？颗粒。相当于把教学内容、教学对象、教学方法都包括了，这就很精准。

一个好的课程名称也要包含对象 + 内容，什么人做什么事，什么人参加什么培训，要说清楚。

课程的题目在设计时还可以细分为两类。

第一类是对象已经非常明确，同时课程内容很多，那么可以把内容进行分类，变成一个系列课程。

我们给一家保险公司做新员工入职培训课程开发，引导他们做成了一系列课程，而且让系列课程形成一个整体：公司制度、企业文化、公司发展史、职业生涯规划、财务管理等，形成新员工入职培训系列。

第二类是课程的内容主题是一样的，课程对象层级比较多，可以按照对象进行设计。比如“团队协作”这门课，不同的员工层级的课程目标、内容侧重点、授课方式肯定要有所区别，所以要进行细分。比如团队协作之新员工、基层主管、中层干部、高层领导等。

这一点可能很多第一次开发课程的人会有点不能接受，他们说：“老师，课程的内容都是一样的，全员都需要学习，所以对象就不需要再区分了吧。”但是比如在设计“团队协作”课程的时候，高层可能重在制定团队协作的制度、方案层面，中层重在操作、执行层面，而基层员工应该学习一些具体方法、工具。侧重点肯定是不一样的，区分对象之后，课程会更有针对性。

案例

对象区分，主题聚焦

在给一家销售企业做课程开发辅导的时候，一位老师开发的课程题目是“打造高销量门店——门店陈列技巧”，内容非常清晰，但是在课程开发中，我们发现课程内容既有店长需要掌握的，又有店员需要掌握的。因为工作内容和岗位职责的不同，比如店长在陈列方面很少有具体的基础动作，更多是在规划、分工、检查等，而店员更多的是具体的操作工作，两个群体需要掌握的技能是有区别的。

所以，在课程开发的时候，我们就建议这位老师把对象分开，进行内容的调整。最终形成了两门课程：“打造高销量门店——店长必备陈列方案”“高销量门店店员必备陈列技巧”。

大家在设定课程标题的时候，可以按照两个思路进行：第一，对象聚焦，内容分系列；第二，内容聚焦，对象分系列形成系列课程。两个思路都是以学习者为中心，以工作内容与能力要求为出发点进行规划的。

有的课程隐藏了对象，不一定非要在题目中显示出来。比如“建构主义 7D 精品课程开发”，这个题目中并没有对象，但其实是隐藏了对象——培训师、课程开发者等。比如“安全生产十要素”“五步搞定大客户”一类的课程名称，其实已经包含了对象。

课程名称的呈现方式

在符合对象 + 内容的标准基础上，课程的名称通常有三种呈现方式。

第一种：单标题，直接呈现对象 + 内容。比如“基层干部五项管理技能”“内训师授课技巧”“高效领导的委派攻略”。

第二种：双标题，也叫“两段式”。可以一句是对象、一句是内容，比如“安全七戒——施工现场的安全管理”“开启职场沟通之门——新员工入职培训”；也可以是广告词 + 内容，比如“不忘初心——党员干部的党性教育”“你的形象无价——销售精英的形象塑造”。

第三种：三标题，也叫“三段式”。包括广告词、内容、对象。比如“最优秀的人培养更优秀的人：导师七剑——企业（领导力、内训师、业务、科研）导师的核心技术”。

一般课程的名称尽量不要超过七个字，可以对一些比较长的课程名称进行简化，让课程名称更容易被记住。

课程的名称可以不断优化，形成亮点，从而脱颖而出。本书第七章中“课程的亮点设计”一节对此有详细阐述，可以结合阅读。

学习任务

看看你设计的课程名称是否符合标准：对象 + 内容，对象、内容有所聚焦。构思一下，你是否可以设计一个引人注目的课程名称？

明确课程目标

课程目标的价值

课程目标的提炼和呈现能让学习者清晰地知道自己要做什么，以及将要收获什么，学习了这门课程以后会有什么样的改变和提升。课程要有目标才能衡量教学效果，课程目标也便于课程效果的检验，依照目标的描述，可以检测学员是否真的学到了知识。

课程目标的要求

课程目标是对课程关键点的提炼、对重点内容的阐述，要明确、具体、可衡量。同时要站在学员的角度去分析，课程的目标是什么，学习课程之后的收益是什么。

课程目标的结构

布鲁姆教学目标分类法是一种教育的分类方法。教育目标可分为三大领域：认知领域、情感领域和动作技能领域。对应了培训内容的三大类别：知识、态度和技能。根据布鲁姆教学目标分类法，不同类别的知识所运用的动词标准是有所区别的，根据学习的层次变化，对目标的要求也逐步提升（见表 2–2）。

表 2-2 布鲁姆教学目标分类法

内容类别	动作	释义
认知领域（知识类）	知道、说出、写出、标明	所获的实际信息
	领会、解释、归纳、比较	把握知识的意义
	应用、论证、举例说明	知识应用于新情境
	分析	知识分解，找联系
	综合、编写、设计	整合知识，创造能力
	评价、评定、证明	对价值做出判断
情感领域（态度类）	接受、注意、觉察	愿意注意某事件或活动
	反应、主动参与	获得满足
	评价、欣赏	对知识做态度和信念上的肯定
动作技能类（技能类）	直觉、观看	通过感官感受动作
	模仿、演示	重复被显示的动作
	操作	学生独立操作
	准确	精确、无误地操作
	连贯	按规定顺序调整行为
	习惯	自动或自觉做出动作

在成人培训领域，学习目标的表述没有这么复杂，通常是结合知识、态度、技能三个方面，表述的结构是“动词+……”。比如：“理解……”“认识……”“转变……”“提高……”“改善……”。

设计课程大纲

课程简介是对整门课程的系统性概括，其核心部分是课程大纲。课程大纲是最核心的部分，首先要和访谈大纲内容对应，前面提出的问题，要在大纲内容中有回应。

7D 小布丁

需求调查是提出问题，课程简介是解决方案。

访谈大纲与课程简介的关系

访谈大纲是用来访谈学习者，了解其需求的，所以它的结构是提问式，描述用提问的方式呈现。

比如企业文化这门课程，访谈大纲可以这样问：请问你了解公司的发展史吗？这是封闭性问题。你列举一下公司发展史，或者说列举公司发展的几个重要阶段，公司的核心价值观是什么？企业文化对你的重要意义有哪些？无论是 what、why，还是 how，都是提问的方式。老师通过提问，让学习者来回答问题，了解学习者知识掌握情况。

而课程简介的描述叫解决方案式，基于前面提出的问题提供解决方案。请看表 2–3。

表 2–3 访谈大纲与课程简介的关联

类型	需求调查（访谈大纲）	课程简介（课程大纲）
方式	你了解公司发展阶段吗	公司发展的五个重要阶段
	公司的核心价值观是什么	公司核心价值观：包容、奋进
	企业文化的意义是什么	企业文化的三个意义

那么，怎么列举这些内容，用什么样的逻辑结构呈现呢？

课程简介的主体结构

课程简介的主体部分有三种常用逻辑结构。

第一种逻辑结构是 2W1H（what、why 和 how），这与访谈大纲是对应的。不同的是，课程简介提供了解决方案。

知识是什么？态度是什么？技能是什么？一一对应前面的问题，而且都是解决方案。

这是最常用的一种结构，也是人们认识事物、思考事物的常态化思路。本书“结构设计 KAS 模型”[knowledge（知识）、abilities（态度）、skills（技能）]，对应的就是这种结构。

第二种逻辑结构是“道—法—器”，这是具有中国传统特色的一种逻辑结构。严格来说，它应该叫“道、法、术、器”，但人们通常认为“术”和“法”差不多，就省略了“术”。这个结构是按照由抽象到具体，或者由大到小的逻辑顺序层层呈现的。比如讲管理的课程，先讲管理之道，介绍管理的一些原则，然后讲管理的具体方法，最后讲一些操作类工具。

有一门版权课程，“奥卡姆剃刀——精准解决问题”，课程的设计思路就遵循了“道—法—器”的逻辑结构。“道”就是奥卡姆剃刀的问题解决三原则，“法”就是 GROWAY 流程模型 [goal（目标）、reality（现实状况）、offer（提出议案、方案）、work（工作、实施）、accord（调整，使一致）、yield（获得收益）]，“器”就是解决问题的具体工具。

第三种逻辑结构是 PRM 模型 [phenomenon（现象呈现）、reason（原因分析）、measures（解决问题）]，这是基于问题解决的模型，是建构主义的一种独特的逻辑。P 就是存在的问题、不良现象，R 是原因、原理、原则、规定，M 是解决方案。这是直接呈现问题，从问题出发的逻辑结构。

比如企业文化内容的课程大纲用 PRM 模型来呈现，P 是企业文化认识方面存在的问题，R 是认识企业文化的四个作用，M 是解决方案，提高新员工企业文化认识的四个步骤、五个方法等。

关于课程大纲的呈现逻辑结构，在使用的时候不用局限于一种，可以每个模块使用适合的逻辑结构，模块之间不必完全统一。

关于这三种结构模型，在下一章“结构设计”会有详细阐述，这里只做简单介绍。

课程简介的完整模板

课程简介是对课程开发的几个成果的汇总，包含课程的名称、目标、对象、时长、教学方法（先预估）、课程大纲几方面内容。

课程简介有很多编写标准。这里给大家提供一种最常见的行业通用标准（见图 2–3）。

××课程简介

一、课程对象：
二、课程时长：
三、课程目标：
四、教学方式：研讨、实战、案例分析
五、课程大纲
第一部分：导课——课程的导入
第二部分：正课——课程的主体部分
　第一种结构：2W1H
　1. what（知识）——含义、概念、知识点
　2. why（态度）——意义、价值、作用
　3. how（技能）——操作流程、方法、工具
　第二种结构：道—法—器
　1. 道：原理、原则、思想
　2. 法：方法、步骤、流程
　3. 器：工具
　第三种结构：PRM
　1. P（现象呈现）——出现的错误、障碍、错漏
　2. R（原因分析）——原因、原理
　3. M（解决方案）——方法、做法、流程
第三部分：结课——课程的结束部分
备注：
1. 课程简介是“解决方案”，需要提供具体的内容，做到数字化。
2. 大纲需要有主次，做到 1~3 级。
3. 正课部分的三种结构可以单独用，也可以综合用。

图 2–3　通用课程简介模板

在这个基础上，有时课程大纲中会加入“课程背景”，主要展示一些问题，揭示一些痛点，引起学习者的注意和重视。这部分内容可以放在课程标题下面，“课程对象”之前。

本章小结

一、重点回顾

1. 了解需求：设计访谈大纲，通过对问题的收集、分类、分析聚焦课程要解决的问题，从而确定课程主题。

2. 标题设计：对象+内容（形象化、数字化、字母化、收益式等）。

3. 目标撰写：动词＋宾语，要求 3～7 条，目标清晰、可衡量、可实现。

4. 课程大纲：2W1H、道—法—器、PRM 模型三种结构。

两个重要成果：访谈大纲、课程简介。

二、常用工具

××课程简介

课程背景

一、课程对象：
二、课程时长：
三、课程目标：
四、教学方式：研讨、实战、案例分析
五、课程大纲
  第一部分：导课——课程的导入
  第二部分：正课——课程的主体部分
  第一章：
    第一节：
    第二节：
    1.
    2.
    3.
    第三节：
  第二章：
    第一节：
    第二节：
    第三节：
  第三部分：结课——课程的结束部分

访谈大纲

一、背景：访谈对象
二、内容：30 个问题
  提问的思路
  what：是什么？有哪些内容？是什么含义？
  why：有什么意义和价值？有哪些作用？
  how：方法有哪些？有什么步骤、做法、工具、流程？
三、通过访谈确认问题

三、课后作业

1. 设计访谈大纲。

2. 编写课程简介。

03

2D 结构设计（Structure Design）：规划课程框架

7D 小贴士

课程的结构设计是课程开发的重点和难点，是真正的烧脑环节，一旦掌握了课程的结构设计，就像打通了课程开发的“任督二脉”，可以举一反三，开发出更多课程。

结构设计的常见问题

开发一门课程就像盖房子，首先要明确房子的整体定位，是别墅、洋房，还是高层。主题明确之后，要搭建房子的框架结构，考虑什么样的结构更合理、更稳固，让住的人体验更好，这些在建筑行业都是有一定的标准和相应的技术的。课程也是一样，要有完整的框架、科学标准的结构，课程才有逻辑性。

现实中很多课程在结构设计中存在一些问题，最典型的三个问题是逻辑不清、层次不明、主次不分。

逻辑不清

这里是指整个课程体系缺乏逻辑性，缺乏结构。课程像火锅式课程，内容很丰富，但都混在一起，内容之间缺乏逻辑性和结构。

如果一门课程缺乏整体逻辑性，那么，讲师要怎么讲授、学习者要怎么理解都会有极大的困难。

层次不明

这里指的是课程主要内容之间的关系比较混乱。课程的主要内容分为几个模块？每个模块是如何展开的？模块相互之间是什么关系？课程内容按照什么样的方式排序？若在这些方面不是很清晰，每一个问题都会造成层次混乱，让学习者理解困难。

课程简介就是看课程的各个模块之间的关联性，以及各层次的分布。很多课程的层次是混乱的，模块的分布没有内在的逻辑，也无法辨别其中的关系。

主次不分

主次不分也叫重点不突出，在实际辅导课程开发的时候，我们发现有些课程几个模块的内容基本是一样的，时间也平均划分，用老师的话来说就是每个模块都重要。任何一门课程都要有主次之分，不应该所有内容都是重点，那就等于没有重点了。

课程内容要分清主次，有两个直接体现：第一是内容的多少，重点部分肯定内容要多一些；第二是时间的安排，重点部分所用的时间占比也是最多的，这从课程的结构图时间规划上可以很直观地反映出来。

以上三方面是课程结构方面的常见不足，有这三方面不足的课程无法做成精品——真正的精品课程都是经过精心设计的。

案例

结构化设计让课程更系统

有一次给一家知名房地产企业的企业大学做课程开发项目。这家企业本身具有良好的基础，参加培训的人职位均在事业部总监以上，都有资深管理经验，又有丰富的授课经验。

上课最开始，我们设计了“说课”环节，请每个小组介绍自己的课程：课程的整体安排、主要内容、重点内容是什么。

“说课”的时候，我们发现他们设计的大多数课程结构比较混乱，开发者自己无法表述出课程的开发逻辑；同时，课程的内容之间的关联性也表述不清，看不出层次；另外，课程之间存在问题，比如有些内容是重复的，有些内容没有涉及，甚至有的内容之间是有冲突的。

因为这些学员都有丰富的实践经验，因此，本次课程我们就把重点集中在“课程的结构设计”方面。第一，每一门课程要有清晰的、标准化的结构，显得有层次、有重点；第二，让几门课程形成一个整体，相互支撑。其中有两个小组的六门课程形成了一个体系，就叫“品牌运营六脉神剑”。

经过三天两夜的集训，以及导师团队的后续指导，学员设计的各门课程都得到了很大的改进。后来这家企业大学又向外拓展，对外招生，将其中几门课程已发展成为品牌课程。

课程结构设计的原则和原理

无论多长时间的课程，都应该是整体连贯的。如何让所有内容呈现完整？需要遵循什么样的原则？应运用什么样的原理进行课程结构设计呢？

“三中全会”原则

课程结构设计需要遵循三个原则：以学习者中心、任务驱动和聚焦问题，为了便于记忆，简称“三中全会”（见图 3–1）。

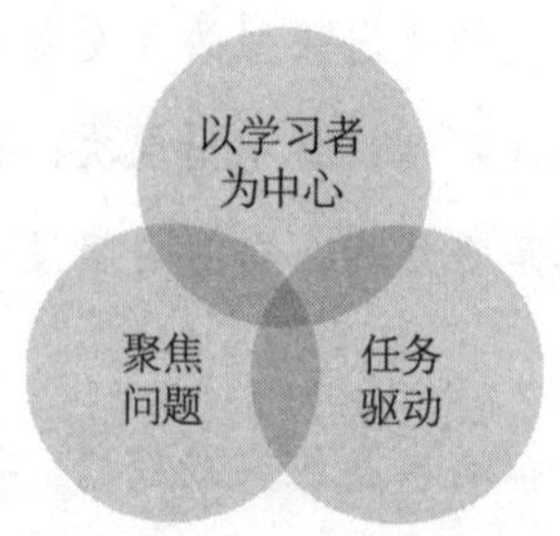

图 3–1 课程结构设计的三个原则

以学习者为中心

学习者是课程设计的主体。课程应始终围绕着将要参与学习的学习者，关注他们在实际工作中要解决的问题，围绕其实际工作内容来设计课程。当然，不同的学习者的基础不一样，有着不一样的需求。这是以学习者为中心，而不是以内容为中心。以学习者为中心是建构主义的核心要素，本书的每个章节都会有相关阐述。

任务驱动

一门课程的内容很多，用什么方式将其连成一个整体呢？

我们来看一些经典影片。以前的《指环王》，近年的《战狼》《红海行动》《流浪地球》，以及“复仇者联盟”系列电影，它们都有一种连接方式，让影片的内容形成一个整体。

拿《流浪地球》来说，影片中说太阳系要爆炸，地球受到影响，所以太阳系不能待了，地球人要到另外一个星球。在拯救地球人的过程中，发生了一系列故事，而这些故事是被整个任务串起来的，这样影片就连成了一个整体。

这就是任务驱动。任务驱动是人们日常生活中做事的基本逻辑。

学习者的日常工作就是某个任务。把日常工作用一个任务来带动，从而把日常工作有效地转接到课程中也是任务驱动，这样可以激活学习者的旧知，便于理解新知。

聚焦问题

在讲课程的主题设计的时候，我们做了访谈大纲，聚焦了学习者存在的 10 个问题。在设计任务的时候，也要聚焦这些问题，根据解决这些问题所需要的技能、工具、方法来设计。

聚焦问题解决也是建构主义的核心要素，是贯穿本书的主要内容。

案例

“金科冠军”之路

2018 年“我有好课程”大赛的“金科奖”全国总冠军获得者、长安汽车内训师赵磊老师，在角逐“金科奖”的时候，抽到的考题是“沟通”。

沟通是个很大的话题，很难设计出特色。经过讨论，我们按照结构设计的三个原则开始分析。

我：赵老师，我们首先要确定课程为哪些人服务。你在工作中认为哪些人的沟通能力需要提升？

赵：我接触到的有几类人，新员工、党群工作者、中基层员工。

我：那我们首先确定一类对象。你选哪个？

赵：我选党群工作者吧。

我：那么党群工作者里还有分类么？

赵：嗯，是有的，还分为组织委员、宣传委员、工会委员、团委委员等。

我：那如果要给他们培训的话，你选哪个人群呢？

赵：我选新任的团干。因为新任团干是最需要提升这方面能力的（年轻经验少），而组织委员都是老员工了，这方面问题不大。

我：好，如果说这些人沟通能力不足，那肯定会体现在日常的工作中，能不能想一个具体的完整任务，把他们需要提升的几项能力都覆盖到？

赵：能力不足，是很分散的点，他们的工作也很多，又如何串起来呢？

我：我们要把“问题集中化”，刻意把体现几项能力的工作设计到一起，当然，不可能把所有技能问题都设计进去，先找到最关键的几类问题。

赵：我想想，他们最关键的几个问题是语言表达逻辑不清、任务下达流程不清楚、不懂得换位思考、与员工出现冲突后不知如何处理。

我：那想想他们日常工作中，有哪个事件可以同时覆盖这些问题？

赵：嗯，有一件事可以把这些都设计进去。我们每年都会组织员工参加马拉松，这需要党群工作者来动员、组织。

我：现在大任务是动员更多员工报名参加马拉松。那为了完成这个任务，又有哪几个关键环节呢？

赵：哦，那就需要拟通知、开动员大会、异议处理等。

我：那看看是不是能把刚刚聚焦的几个问题设计到每个环节中去？

赵：是可以的。每个环节体现 1~2 个能力，他们通过完成每个环节，从而让能力得到训练，技能得到提升。

于是，“新任团干沟通能力提升五部曲”课程诞生了。

经过一晚上的团队共同研讨和精心设计，第二天赵老师把课程精彩地展示出来，最终获得了大赛最高奖。

课程开发也是任务驱动的，任务就是开发一门精品课程，完成这个任务的过程中会遇到一些问题，解决了每个问题，最后就能完成任务。

“三中全会”是设计课程结构的整体原则，那么如何将课程的内容进行结构化设计呢？

培训行业涉及结构环节的时候，大多数采用的是基于金字塔原理的结构化设计，并以思维导图的方式进行。我们团队以前在做课程开发的时候，包括写《建构主义学习设计与课程开发》用的也是金字塔原理。

金字塔原理的基本含义

《金字塔原理：思考、表达和解决问题的逻辑》的作者是芭芭拉·明托（Barbara Minto）。据说芭芭拉·明托是麦肯锡顾问公司史上第一位女性咨询师，她把麦肯锡做咨询项目及人们日常思考事物的逻辑用一个非常形象的词——“金字塔”描述出来。

关于金字塔原理，相关的书籍、资料以及课程非常多，本书不再赘述。

我们开发课程和指导学员开发课程的时候，在设计课程结构的环节，运用的也是金字塔原理。

金字塔原理操作的基本要求：由上至下、上下包含（抽象在上，具体在下）、横向并列展开，以及 MECE 原则（Mutually Exclusive Collectively Exhaustive，指相互独立，完全穷尽，不重复，不遗漏）。下面这个案例对金字塔原理做了很好的解释，能够帮助大家理解金字塔原理的基本含义。

案例

食物的结构化表达

西瓜、葡萄、水果糖、咖啡、荔枝、巧克力、果冻、可乐、饼干、雪饼、牛奶和小馒头，这十几种食物如果不用金字塔原理或者结构化表达是很难记忆的，用结构化怎么来表达呢？

运用金字塔原理就变成了如图 3–2 所示的结构图。

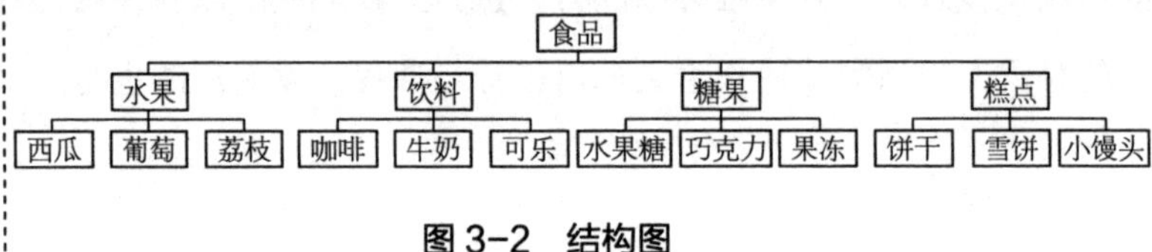

图 3–2 结构图

上面这个案例最关键的地方在于归类，把食物进行分类再呈现出来。金字塔原理的背后是“分析型思维”，对事物的内在关系进行分解并且用图表示出来，这样的结构图也叫“树形图”。这种思维方式实用性非常强，能够运用于工作和生活的方方面面。

有些老师在设计课程结构的时候使用思维导图，这两种工具背后的逻辑是一样的，只是呈现的方式不一样，这里不再详谈。

使用金字塔原理的困惑

如果事物相对比较复杂，使用金字塔原理就不太适合。比如上文提到的案例，如果里面有番茄炒蛋，或者水果沙拉，结构图该如何设计？如果遇到“啥子都可以烫”的火锅，又该如何展示呢？

7D 小布丁

一把钥匙开一把锁，用解决良构问题的方法不能解决劣构问题。

我们在运用金字塔原理的过程中，一直有一些困惑：基于金字塔原理的结构设计可以把课程结构进行分解，但是不能把各个模块之间进行有效连接，包括模块内部的连接、不同模块之间的连接。

以本书为例（见图 3–3）：

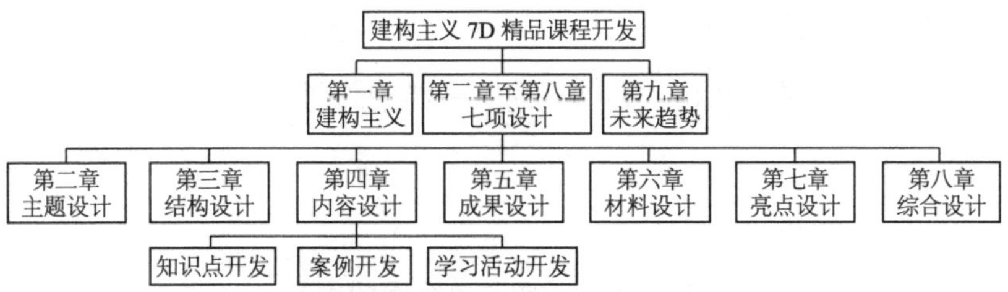

图 3–3　金字塔原理案例

内容分为导课、正课、结课三部分，但是导课中的建构主义思想贯穿在所有模块中，该如何呈现？

另外，“成果设计”中的“过程设计方法”在七个 D 中都有涉及，这又如何呈现？第二章“主题设计”中的“课程名称”和第七章“亮点设计”中的“课程亮点”又有串联，这又如何呈现？

还有更复杂的，第四章“内容设计”中的“有意义学习五要素”，除了本章之外，还是第九章（本书结课部分）的“五 M 微课开发”和“五线谱混合式学习项目设计”内容的核心指导思想，这又该如何呈现？

可以说，整本书的内容都是相互关联、多向连接的，内容相互支撑才形成了整体，仅用金字塔原理无法准确地展示出来。

同样，我们在指导学员操作结构图的时候，也发现学员存在这样的困惑，比如说某个案例分析的学习活动，包含的知识点跟几个模块的内容都有关联，但是在结构图中，这些模块是分离的，如果仅按照金字塔原理，将无法呈现出逻辑关系。

概括来说，很多课程是相互关联的网状结构，而金字塔原理是单向发展的树状结构。

通常，时长在一个小时内的课程相对比较简单，用金字塔原理就可以呈现。但时长在一个小时以上，尤其是六个小时以上的课程，用金字塔原理就只能简单呈现，已经不能完整地展示了。

那么，用什么思维工具来可视化内容比较复杂的课程呢？

经过湛卢坊版权课程合伙人团队伙伴的共同努力，我们发现了概念图。

7D 小花絮：增加概念图的内容

在写本书“结构设计”部分内容之前，其他所有章节都基本完成，之所以把这部分内容放在最后写，主要是因为心有不甘。本书其他章节相比 7D 课程，以及《培训师 21 项技能修炼》（上册）和《建构主义学习设计与课程开发》这两本书，内容都有创新和突破，而“结构设计”这章在创新上做得不够。经过我们团队讨论，本着“不突破不创作”和对读者朋友负责的原则，我们最终决定加入概念图内容。

一是因为在理论上，概念图更适合复杂课程的结构设计；二是我们在实践中运用过的感受是，概念图可以让课程开发者自己获得突破，同时能助力学习者学习。

为便于读者更好地理解，同时考虑到概念图的操作难度，将概念图独立成篇；同时保留了重点内容，即金字塔原理的结构设计内容。两种操作工具各有所长，至于具体用哪种工具，选择权在读者。

基于概念图的全景式结构设计

概念图的含义

概念图（concept map）是一种用节点代表概念，连线表示概念间关系的图示法。

美国康奈尔大学的教育心理学家约瑟夫·D. 诺瓦克（Joseph D. Novak）教授根据戴维·奥苏贝尔的学习理论，创立了概念图工具。诺瓦克教授认为，知识的构建是通过已有的概念对事物的观察和认识开始的。学习就是建立一个概念网络，之后不断向该网络增添新内容。

概念图是基于学习科学发展而来的实用工具，概念图相关的研究和实践，以及专业文章、书籍非常多，建议读者阅读和学习。

诺瓦克教授的经典著作《学习、创造与使用知识：概念图促进企业和学校的学习变革》，内容重点不是介绍概念图的操作方法，而是揭示意义学习的教学原理，其中包括建构主义、脑神经科学、认知心理学等非常专业的内容。这本书是我阅读过的难得一见的教学技术专著，阅读起来虽然有难度，但是很有价值。对于教育培训工作，以及具体到课程开发与教学设计，都很有启迪意义。

7D 小花絮：如何发现概念图

早在几年前，湛卢坊团队的老师就一直在研究和学习思维类课程，本着“问题是多样的，解决问题的思维模型也应该是多样的”原则，决定开发“可视化思维”课程。这门课程融合了多种思维模型，包括发散思维、分析思维、流程思维，以及系统思维。课程开发过程中偶然发现了《学习、创造与使用知识：概念图促进企业和学校的学习变革》这本书，最开始关注开发系统思维的相关内容，后来发现这本书更多的是在讲学习技术，可以说是“道—法—器”的完美结合，概念图操作部分反倒仅是以附录形式出现，内容也非常少。但是如果深入学习并且实践，明白了教学技术和学习科学背后的原理，概念图操作就水到渠成了。

概念图的价值

概念图的价值有哪些呢？《学习、创造与使用知识：概念图促进企业和学校的学习变革》这本书的封面广告语是：概念图的目的是学习、创作与使用知识，进一步促进企业和学校的学习变革。

为了使学习有意义，学习者必须把新知识和学过的概念联系起来。绘制概念图的过程，就是学习者理解概念、掌握知识、建立新知的建构过程，是一种区别于机械学习的过程。

绘制概念图的过程就是意义学习的过程，这与建构主义的教学理念是完全一致的（见图 3–4）。

图 3-4 建构主义核心教学观

第一，绘制概念图的目的是解决一个问题，这个问题也就是主题。绘制概念图的过程就是一个任务：用概念图方式来呈现主题及关联概念，从而更好地理解和学习主题概念。

第二，在绘制概念图的过程中要唤醒旧知，理解每个概念的含义，厘清概念之间的关键，并且用恰当的连接词来展示概念间的关系。这就要求必须充分激发过去的知识及经验，重新组织和建构。

第三，在绘制概念图的过程中，往往需要团队共创，包括寻找与主题概念相关的概念、概念的直接关系，以及连接方式，这都需要老师与学习者、学习者与学习者建立良好的协作关系，共同创造。

第四，最终绘制出成功的概念图就意味着真正解决了问题，建构了新知，实现了有意义的学习。所以概念图的绘制是检测和评估学习效果的工具。

由此可见，运用概念图这个思维工具，不仅有利于老师教学，更有利于学习者更好地有意义学习。现在概念图已经开发成了软件系统，在教育领域及企业被广泛运用。

概念图与金字塔原理的异同

相较金字塔原理而言，概念图在培训行业运用得并不多。但是在教学设计领域、在学术界，以及很多学校、企业，概念图的运用非常广泛。在学术界概念图也得到普遍认可。诺瓦克教授后来成立了一家公司，在企业界和教育界不断推广和运用概念图，并且取得了很大的成效。

概念图和金字塔原理都是很有用的思维工具，有效辨别两者可以帮助大家做出更好的选择，有效运用这两个工具。

两者的相同点

首先来看两者的相似之处，在具体操作的时候，很多内容是相同的，比如逻辑呈现的都是“抽象到具体、上下包容、横向并列”的关系，以及各个要素“不重复，不遗漏”。具体来讲，有以下几点相似之处。

1. 都是用图形呈现的思维工具。
2. 都要求逻辑清晰、层次分明的表达。
3. 都能帮助理解、认识和运用知识。
4. 都是语言简练、形式直观的表达。
5. 都可以运用于教学及课程开发。

两者的不同点

概念图与金字塔原理还有很多不同，最直接的不同点是金字塔原理中的各个要素模块之间是没有关联的，除非是“上下层级”关系，横向的模块连接不够，不同层级的模块内容没有交叉和连接。这一点后文会有详细阐述。除此之外，两者的不同点归纳整理如下（见表 3–1）。

表 3-1 概念图与金字塔原理的不同

区分角度	概念图	金字塔原理
作者及背景	创始人诺瓦克教授是国际知名教育心理学家，康奈尔大学终身荣誉教授。出版专著 26 部，在教育心理界享有盛誉，研究领域是学习科学、教学技术	创始人芭芭拉•明托毕业于哈佛商学院，是麦肯锡公司的资深顾问，研究领域是思维的表达、写作，曾出版《金字塔原理：思考、表达和解决问题的逻辑》等两部著作
基础理论	基于认知心理学、学习心理学及奥苏贝尔有意义学习理论，是一种教学策略	基于思维的图示，与构思、写作及呈现有关，是一种思维表达工具
应用价值	目的是学习、创作与使用知识，促进有意义学习	目的是更好地思考、表达和解决问题
表现形式	基于系统思维的网状结构，强调内容的关联性和系统性	基于辐射性思维的树状结构，强调内容的结构层次
学术影响	较高，有很多关于概念图的学术论文，显示了学术界对概念图的高度关注	较低，很少有研究金字塔原理的学术论文

通过以上内容可以看出，概念图是基于深厚的理论基础、丰富的实践经验的思维工具，能助力有意义学习。除了在教学领域有广泛的运用场景外，在其他领域也会得到扩展，本书仅聚焦在课程的结构设计方面。

为便于读者理解，以“导师七剑”为案例，介绍两者的区别。

案例

“导师七剑”的两种模式

导师技术课程“导师七剑——企业导师的核心技术”规划出七项技术，大体上是按照事情推进的顺序，按步骤进行的。结构图如图 3–5 所示。

导师在培养人的时候，先要讲清楚要教的内容，然后做标准示范。学习者去操作，导师要给予精准的指导、配套的支持工具和方法，同时在学习者的实践中，针对他的表现做出积极反馈。如果学习者实践过程中出现了比较难的问题，导师需要深入探究，在课程结束的时候进行科学复盘。

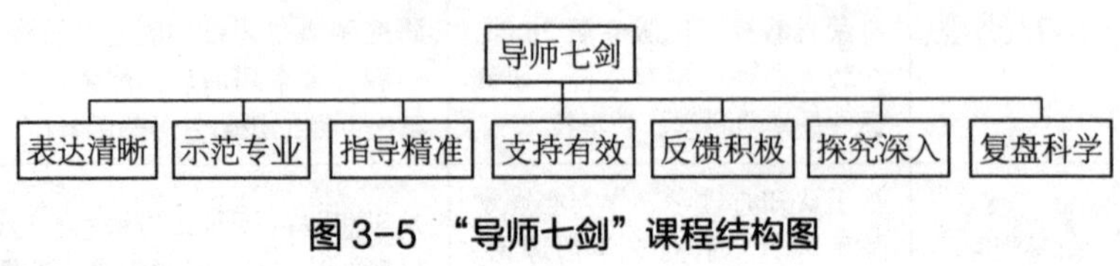

图 3-5 “导师七剑”课程结构图

而在实际操作中，它们之间的逻辑关系并非完全单纯的先后关系，有时候会有跳跃和交叉。比如表达清晰，应该是每个步骤都需要做到的，而不仅仅是第一步。如果任务比较简单，没有出现比较难的问题，那么“探究深入”这一步就可以省略，直接进入复盘。这是一个循环的过程，不是一次性的。所以，单纯的结构图呈现不出来，只能用系统概念图（见图3–6）表示。

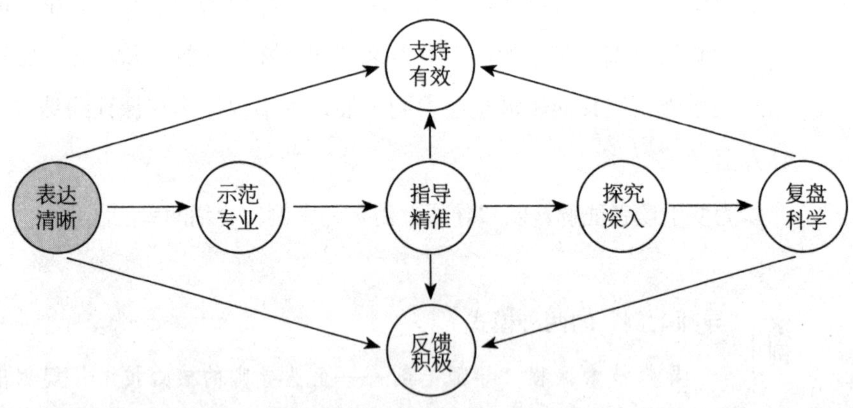

图 3-6 “导师七剑”课程系统概念图

图3–6是简易的概念图，真正操作起来要复杂很多。比如说“反馈积极”这个概念与其他要素是多重连接的。

所以系统概念图能够在结构图的基础上更全面、系统、明确地表明课程各个模块、知识点之间的逻辑关系。

概念图设计结构的 SACO 模型

金字塔原理和概念图在操作上有很多相似之处，因此，升级版的结构模型是以金字塔原理为基础，加上概念图的连接功能，结合课程开发的行业特点，归纳成型。图 3–7 是概念图设计课程结构的操作 SACO 模型［select（选定概念）、arrange（排列概念）、connect（连接概念）、optimize（优化图形）］。

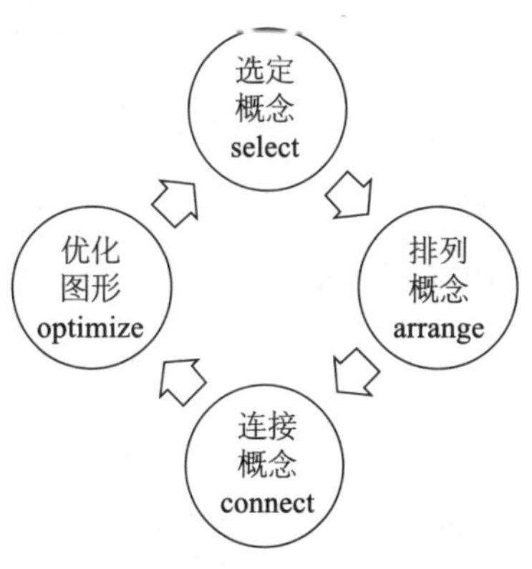

图 3–7 SACO 模型

为便于读者掌握概念图操作流程，接下来选择本书最重要的第四章“3D 内容设计”作为案例，来展示 SACO 模型，这样也助力读者掌握内容设计的相关概念。

第一步：选定概念（select）

选定概念，就是选择和确定要表达的关键概念，它是制作概念图的第一步，包括两个方面：

第一是主题概念，也就是最想要表达的焦点问题。概念图与建构主义是一致的，就是聚焦问题。从课程角度来说，就是确定课程的主题名称。这部分内容在“主题设计”中已经完成。

第二是关键概念，也就是主题相关的各个具体概念，即课程的知识点。因为课程内容比较多，相关知识点也很多，这里指主要的关键概念。一门比较复杂的课程，相关概念很多，概念图展示的一般是最主要、关键的概念。

这些主要概念就构成了课程的主要内容，也是概念图的主要节点。它们来自于哪里呢？

一是课程的大纲。内容设计的成果之一就是课程简介，其核心部分是课程大纲。大纲由主要知识点构成，只不过大纲是由一句句话组成的，需要提炼出关键词。

二是专业的知识体系。在专业知识体系里寻找并且提炼出关键知识点。这个过程就是课程开发的过程，相关的书籍、文章等是最主要的知识来源。

三是头脑风暴。通过课程开发小组团队共创找到关键的概念。

在课程开发现场，头脑风暴是最常用的做法，可以帮助参与者互相点燃，共同优化。

“3D 内容设计”的主题概念就是内容设计，关键概念包括知识点开发、案例开发、学习活动开发、知识点开发原则、案例开发原则、案例的类型、案例的来源、学习活动开发原则、学习活动类型等，如图 3–8 所示。

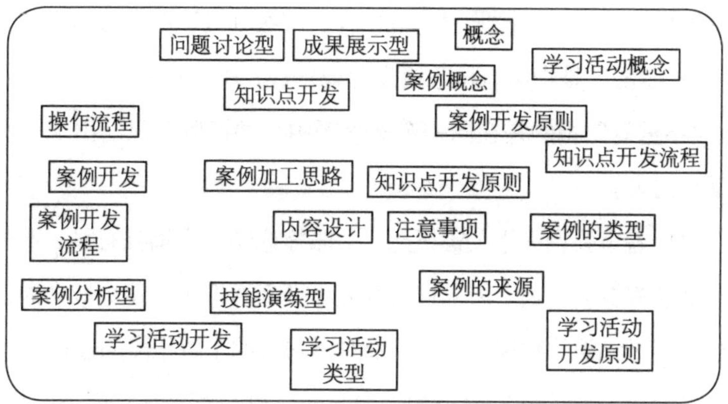

图 3-8 内容设计的关键概念

第二步：排列概念（arrange）

排列概念就是把各个概念按照某种规律有序排列，呈现出一个初步图像。排列概念的基本要求和金字塔原理是一样的。主要包括以下几个原则：

第一是上下包含

有层级关系的概念要由上至下展开。上面是抽象的概念，下面是具体的概念，越抽象的概念就越放上面。

比如“内容设计”肯定放在最上面，下一个层级是课程最核心的部分，“知识点开发”“案例开发”和“学习活动开发”。

第二是同级并列

同一层级的概念横向并列展开。这一点与金字塔原理是一样的，比如说“知识点开发”“案例开发”和“学习活动开发”这三个概念就是并列展开的。

第三是 MECE

整个概念图中所有概念，要做到“不重复，不遗漏”。把关键的概念都罗列出来，而且按照“上下包容、同级并列”的方式展开。

“不遗漏”是指所有核心概念都要出现，不能有所欠缺。

“不重复”指的是在同一个概念图中，关键概念只能出现一次，不能反复出现。

这里着重强调一下关键概念。一张概念图毕竟篇幅有限，不可能把所有概念都罗列进去。所以课程开发者要有所取舍，这个取舍的过程也是检验其对知识的掌握程度，以及对学习者的了解程度的过程。

结合上一章的问题分类相关内容，这里的概念其实就是劣构问题。大家容易了解和掌握的概念，以及很难掌握的概念都可以不出现在概念图中。这一点与在校学生的学习是不一样的。

接着把概念按照层级进行排列，如图 3–9 所示。

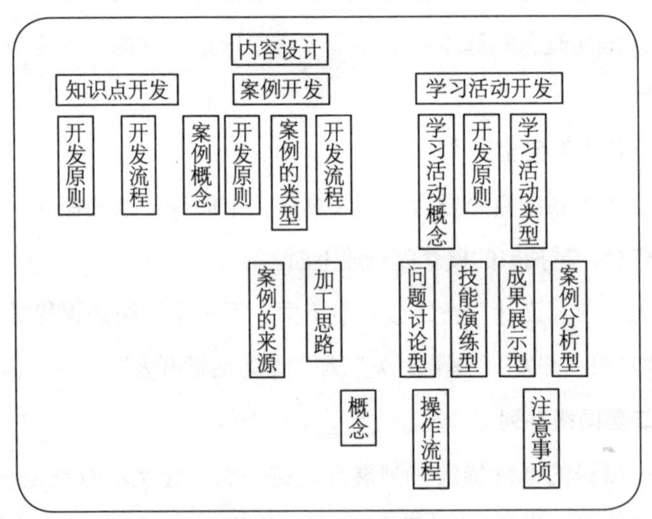

图 3–9 排列概念

MECE 原则本是金字塔原理最突出的特点，但是如果一门课程某个知识点多次出现，在金字塔原理结构图中就无法呈现，因为关键概念不重复。

比如说，本书多次提到的“有意义学习五要素”，这是建构主义学习理论的一个基本概念，在金字塔原理结构图中就无法呈现，只能靠培训师在上课的过程中反复引导和提升，这对老师的讲解和学习者的学习都提出了更高的要求。

这就是概念图的优势所在，因为概念图要求同一个概念不用重复，只在需要的时候连接起来。

在做完第二步后，把各个概念用圆圈或者方框圈起来。各个概念都是独立的模块，接下来再对各个概念进行连接。

第三步：连接概念（connect）

连接概念就是对概念图中的各个概念进行有机连接。这是制作概念图的关键步骤，需要注意以下几点：

第一，用线条连接

根据概念之间的内在关系，用线条将概念连接起来。包括：

1. 上下级概念之间的纵向连接。
2. 同一级概念之间的横向连接。
3. 不同级概念之间的交叉连接。

上面三种连接，第一种和第二种是容易操作的，在上一步排列概念的时候已经做过了，两者之间的关系已经清楚了，这一步只是连线。

难度较大的是“不同级概念之间的交叉连接”，这需要找到各个概念之间的关系，要求对整个内容进行全盘考虑，既要明白某个概念的具体含义，又要清楚概念之间的关系。

通过这三种方式的连接，各个独立概念形成了网状结构，成为一个整体。那么这个整体内在关系是什么，为什么会连接在一起，又是用什么方式连接在一起的？这就需要连接词。

第二，用连接词串联

用连接词把有关联的概念连接起来，成为一个“命题”，也就是一句话。

设计连接词是概念图难度最大的环节，要把两个概念用关键词连成有机的整体，要求课程开发者既要理解各个概念的含义和价值，又能把两者串联在一起，不仅要找到关键的连接词，而且要符合常理，符合专业要求。

连接词类似“红娘”，要找一个理由把男女双方介绍认识，让双方都认可这个“理由”，才有可能深入交往，甚至结婚。这对“红娘”的要求很高。

概念图中的连接词有很多，既可以是介词类，比如“通过”“比如”“关于”“包括”“分为”这类虚词，也可以是实实在在的有价值的名词，比如“原则”“内容”“含义”等。只要能够使各个概念联系起来并符合常理就行。

第三，设计箭头方向

在连接线上设计箭头，预示着两者的先后次序，箭头可以是单向的，也可以是双向的。关键在于两者之间的关系。

就像“红娘”介绍两人认识了，男士主动出击的话，箭头就是由男士朝向女士方向；当然也可以女士主动，箭头就是由女士朝向男士方向；最好是两人都主动出击，就是双向箭头，那就好事将成了。

标注箭头是进一步理解概念的含义、分辨概念的关系的又一个重要过程，也是深度学习的又一个过程。通过箭头的连接把静态的知识连成动态的体系，整个概念图就“活”了起来。概念图成了多个流程的综合体，而且相互交叉，呈现出多样化的流程发展。

“3D 内容设计”中连接概念如图 3–10 所示。

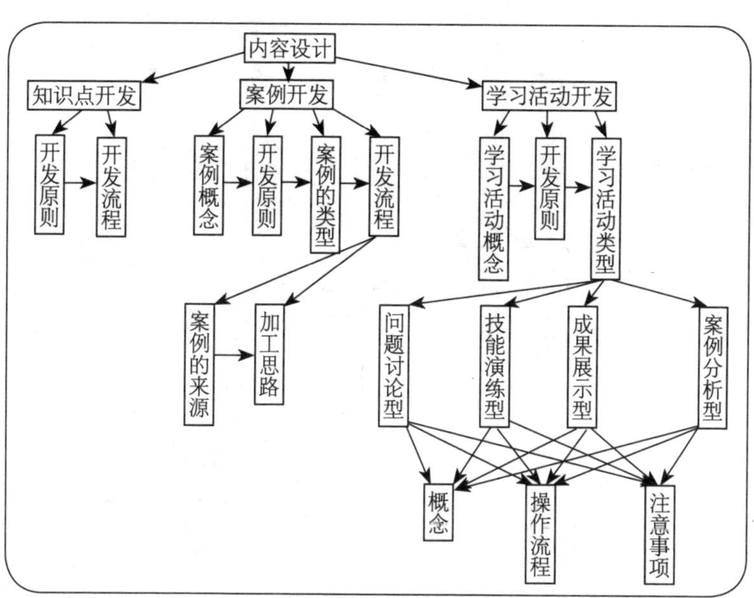

图 3–10 连接概念

绘制概念图的过程，就是促进分析思维、流程思维、创造性思维、系统思维等多种思维发展的过程。

第四步：优化图形（optimize）

前面三步做好以后，概念图的基本框架就设计完了，但这是远远不够的，还需要不断优化、完善和增减。

概念图的优化涉及方方面面，包括概念的增减——增加必要的概念，减少非必要的概念；线条的连接——有些该连接的时候没有连接，有些则是没有必要的连接却连接上了；连接词的修改——需要用更加合适的连接词；箭头的修改——单向、双向的修改；等等。

以“3D 内容设计”案例来看，其连接有些问题，经过优化，调整如图 3–11 所示。

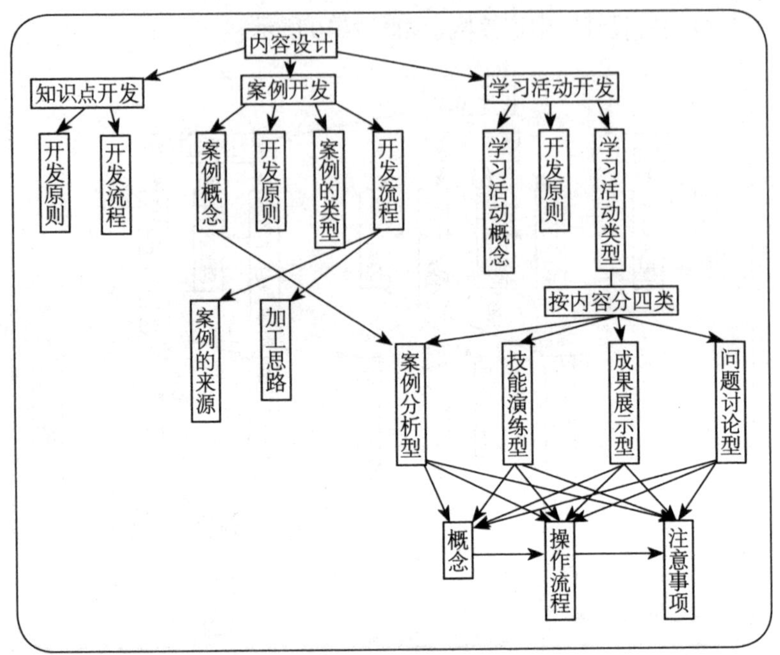

图 3–11　优化概念图

制作概念图的过程就是深度有意义学习的过程，制作过程中的每一步都是在建构。实际上，制作概念图本身就是建构最直接的体现。

就“3D 内容设计”概念图来说，还可以持续优化，比如，“成果设计”还可以跟“知识点开发”以及“案例开发”连接起来，表示在这两个内容结束后可以设计“成果设计”内容。同时，案例开发的流程和四类学习活动的内容还可以优化、延伸。

在课程开发制作概念图的过程中，我们更多采用了“学习共同体”的方式，激活旧知，团队共创，共同优化。这个过程是真正的头脑风暴，互相点燃。

这是一种真正意义上的深度学习。概念图定型的那一刻就是大家脱胎换骨、破茧重生的一刻。

我们再以“3D 内容设计”为例，用金字塔原理设计课程结构，看看与用概念图设计的课程结构的区别和联系。

用金字塔原理设计课程结构，如图 3–12 所示。

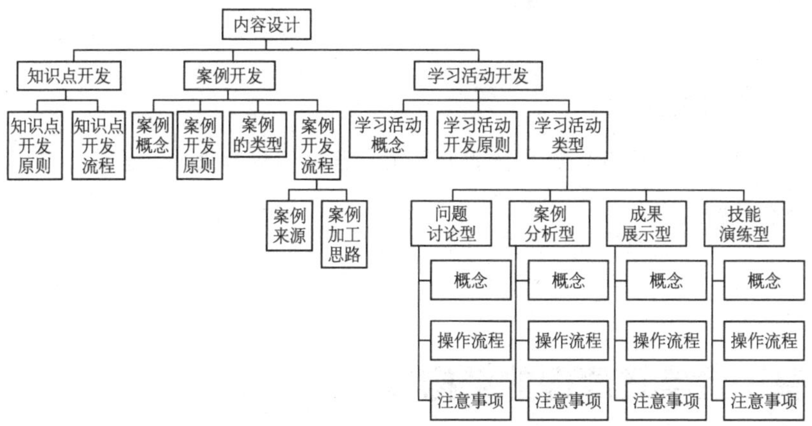

图 3–12 用金字塔原理设计的课程结构

用概念图设计的结构，如图 3–13 所示。

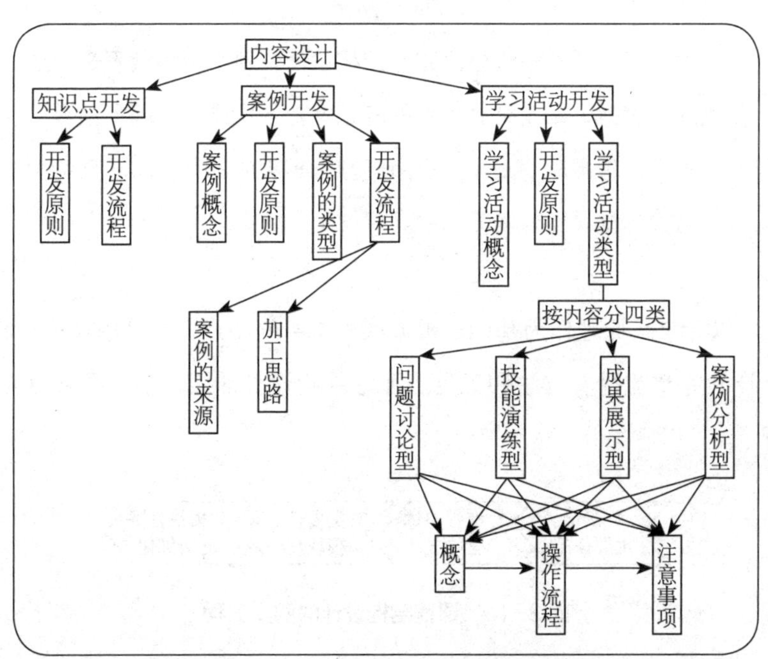

图 3–13 用概念图设计的课程结构

两种模式有联系，又有区别，最大的区别是概念图的内容之间可以有机串联，呈现出课程结构的“全景图”，为突出全景特点，我们通常把概念图称为“全景概念图”。

学习任务

根据概念图 SACO 模型把自己的课程结构进行设计，呈现出课程的全景图。

基于金字塔原理的结构设计

7D 小贴士

上一节介绍了基于概念图的结构设计，对于很多读者来说是个挑战，因为大家没有概念图的基础。金字塔原理是很多读者熟悉的内容，考虑篇幅，本节有所删减。相关内容可参考《建构主义学习设计与课程开发》一书。

以金字塔原理作为基础，根据课程本身的特点，规划出课程结构设计的完整流程、方法和工具。课程结构设计的四步流程如图 3–14 所示。

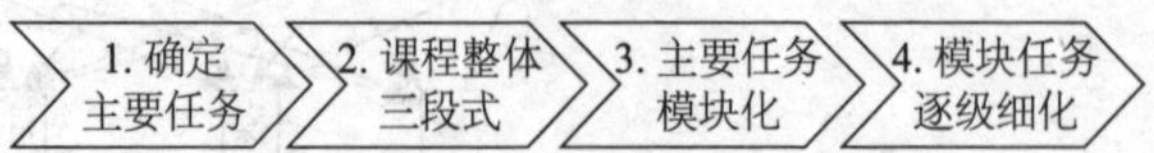

图 3–14 课程结构设计的四步流程

这里简单把各个步骤介绍一下。

第一步，确定主要任务。就是要确定主题，可以通过问题调研、收集及分析来确认。

第二步，课程整体三段式——导课、正课、结课。

这是很经典的表达方式，每一门课程都可以这么设计。把课程分为导课、正课、结课三段来进行。

不仅课程如此，精心设计的书籍也可以如此，本书就是按照三段式设计的。

第三步，主要任务模块化。把主要内容分为几个模块，这是结构设计最重要的内容，以本书为例（见图 3–15）：

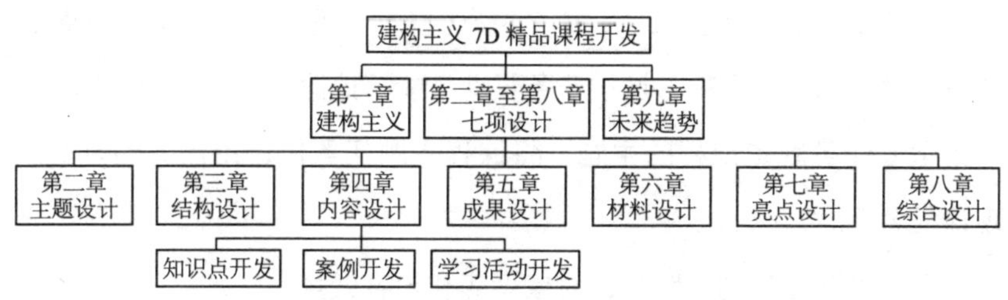

图 3–15 本书的结构设计

把主要任务分为最重要的核心模块之后，还要厘清模块之间的关系。这一步是设计结构难度最大的环节。

第四步，把模块任务逐级细化。把每一个模块向下展开，逐步分解和细化，把课程的核心内容呈现出来。这个环节需要提炼出核心内容。

以上是对四个步骤的概述，难度最大的是第二步和第三步，耗时最多的是第四步。

接下来对课程结构设计的步骤进行详细阐述。

7D 小花絮：以 7D 课程作为案例

本书的核心内容来自版权课程“建构主义 7D 精品课程开发”，为便于读者阅读，结合读者本身的课程开发任务，本节内容以 7D 课程作为案例。以完整的案例方式呈现，既可以帮助大家学习本书内容，又可以帮助大家掌握 7D 技术，开发自己的课程。

确定主要任务

任务驱动是建构主义“三中全会”（以学习者为中心、聚焦问题和任务驱动）的内容之一，通过任务驱动，能够把课程连成一个整体。

主要任务就是课程的主题，将课程主题任务化，用任务的方式呈现课程名称。

确定主要任务的思路是：对象聚焦和内容聚焦。

对象聚焦

对象聚焦要体现以学习者为中心，要明确学员是哪些人。从课程题目就能看出学员是谁。比如企业常见的课程“新员工入职培训”，看课程题目我们就知道学员应该是新员工。

学员作为学习对象可以体现在课程名称中，但是有时课程名称中的对象也不一定是学员。

案例

学员对象要确定

某石化行业企业的“精品课程开发大赛”项目中，我们团队辅导老师应邀参加比赛。

一位L老师开发的课程名称是“承包商安全管理”。我看到这个名称，自然想到了学员对象是“承包商”。我本来以为课程的内容是教承包商如何做好安全管理。

L老师告诉我：“老师，不是这个意思。承包商不是我们的员工，是我们的合作伙伴，我们不能教他。”

我：“那是什么意思呢？”

L老师：“学员是我们公司的员工，属于商务中心，这些员工跟承包商打交道。我这门课程是教员工做好承包商的安全管理。”

我：“哦，那这课程名称有歧义，需要改一下。”

L老师：“那就叫‘商务中心做好承包商的安全管理’。”

我：“这样的课程名称避免了歧义，很好。当然还可以再优化。”

当然，有时课程名称可以隐藏学习对象，不用刻意体现出来。比如“项目管理的六要素”，这样的名称就隐含了学习对象是项目经理。很多专业技术类课程，本身就包含了学习对象。

内容聚焦

内容不聚焦，课程中包括太多内容了。比如说上文提到的常见课程“新员工入职培训”，内容就太多了，包括企业文化、规章制度、具体的技能培训等方面内容。

关于内容聚焦，在上一章“主题设计”中已经有相关阐述，这里主要针对“结构设计”，两者可以合并阅读。

课程整体三段式

把课程名称确定好了，接下来就要把课程设计成三段式：导课、正课、结课。

导课也叫课程导入，如果放在讲话的场景，口语化的表达叫开场白。结课也叫课程结束，口语化表达叫结尾。

本书把导课的方法和结课的具体方法放在第八章“7D 综合设计”中，这里只介绍正课。读者可以结合起来阅读。

正课就是指课程的主要部分，是整门课程最核心的内容。

按照金字塔原理“上面包含下面”的原则，在课程结构图中，正课需要高度概括：用一个词能够把核心内容概括出来。

在正课环节，最常见的问题是“正课不能包括所有内容”。无法用一个词来概括所有模块。比如，题目是“高效沟通的四个法宝”，实际模块列出了五个。题目是“项目管理中的常见问题”，但是内容中更多的是解决方案。

如果正课不能包含下面内容，主要有三个优化和调整思路：扩大正课、移动位置、删除模块。

第一个思路：扩大正课

扩大正课，就是扩大相对应正课的包容度。扩大正课的具体方法包括几个方面：

第一，数字的扩大。比如题目是“高效沟通的四个法宝”，如果内容是五个模块，就把题目改为“高效沟通的五个法宝”。

第二，用连接词增加内容，形成并列关系。常用的连接词是“与”“和”“及”“暨”等。比如题目是“项目管理的常见问题”，如果内容还包含了解决方案，就可以把题目改为“项目管理中常见的问题及解决方案”。

第三，选择包含性更广的词语，用层级更高的词语。比如把“方法”改为“方案”，把“技巧”改为“技术”，等等。也可以增加一些形容词，比如，把“商务礼仪”改为“高端商务礼仪”，把“职场人士”改为“职场精英”，等等。

案例

7D 课程的由来

“建构主义 7D 精品课程开发”这门课程最早的思路源自经典的 ADDIE 模型［analysis（分析）、design（设计）、develop（开发）、implement（实施）、evaluate（评价）］，在此基础上把 ADD（分析、设计与开发）三部分进行重新建构，主要内容体现在《建构主义学习设计与课程开发》一书的第二、三、四章，当时并没有提炼成数字。

在团队实践中，结合了《培训师 21 项技能修炼》上册的内容，去掉了课程呈现和实施内容，专注于课程内容的开发，规划出课程开发的核心内容。

最开始核心内容是 5D，后来在实践中发现无论是职业培训师，还是企业内训，都有开发精品课程的需求，进而迈向版权课程。为让课程更有技术含量，更有竞争力，真正形成精品，由 5D 变成了 7D，由“课程”变成了“精品课程”，在建构主义指导下，最终形成了“建构主义 7D 精品课程开发”。

扩大正课的范围是最常用的方法，也是最容易操作的方法。当然依然是内容为王，必须做到名副其实：正课的内容要与后面的内容一致。

扩大正课的原因是主要内容模块很重要，而且内容之间关系紧密。如果某个模块不是很重要，与其他部分的关系也不是很紧密，就可以采用别的方法。

第二个思路：移动位置

移动位置，就是把正课模块中的某些部分进行调整。

第一，前移，把正课的模块移到导课部分

有些课程的主要内容，通常包括 what、why、how 的结构。如果重点内容是 why 和 how，就可以把 what 部分移到导课中。也就是把基本知识、概念这类比较简单的、属于良构问题的内容移到导课，让劣构问题更加突出。

还有一种情况，第一部分内容是问题的罗列，如果这些问题仅仅是引出主题，阐明为什么学习这门课程，也可以前移到导课部分。

以本书为例，建构主义的某些概念属于 what 内容，以及“课程开发常见的七种错误”这样的概述问题的内容都可以放在第一章。第二章到第八章是 7D，这样显得重点突出。

再看一个案例：一门课程讲企业文化的五大价值，正课下面应该是五个价值，但是企业文化有概念，本来的结构是这样的（见图 3–16）：

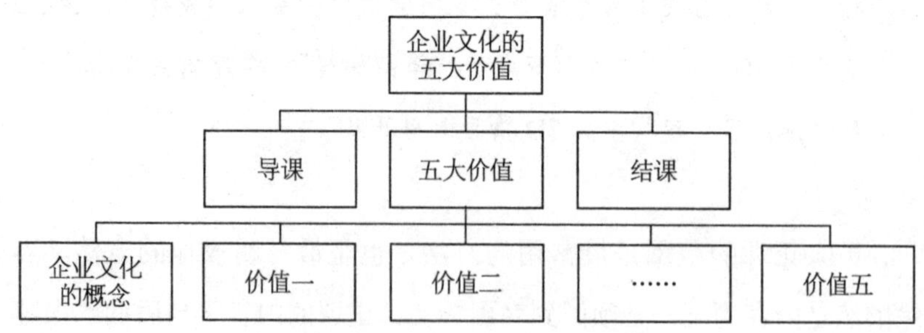

图 3–16　企业文化五大价值课程结构

可以采用把概念移到导课的方式，正课只保留企业文化的五个价值。

第二，下移，把模块移到下一层级

把主要模块中的某些关系不够紧密、非重要内容移到后面，目的还是保持主要模块的突出地位。

本书主要结构类型是 PRM 模型，把建构主义核心要素进行分解，然后把其中某些理论下移到相关的 R 中，让理论直接跟相关内容结合。

接下来完整展示 7D 的结构设计，展示内容的扩大和前移（见图 3–17）。

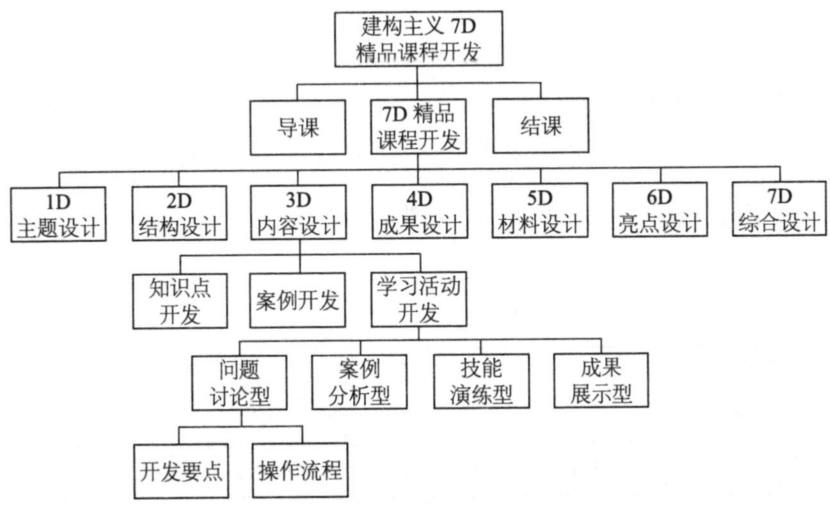

图 3–17 7D 结构设计

7D 精品课程开发结构图的正课部分，需要用一个词把七个 D 都描述出来。正课可以改为“7D 精品课程开发”，但是课程的题目是“建构主义 7D 精品课程开发”，如何把建构主义加上？

第一个方法是扩大，把 7D 改为 C+7D（见图 3–18）。

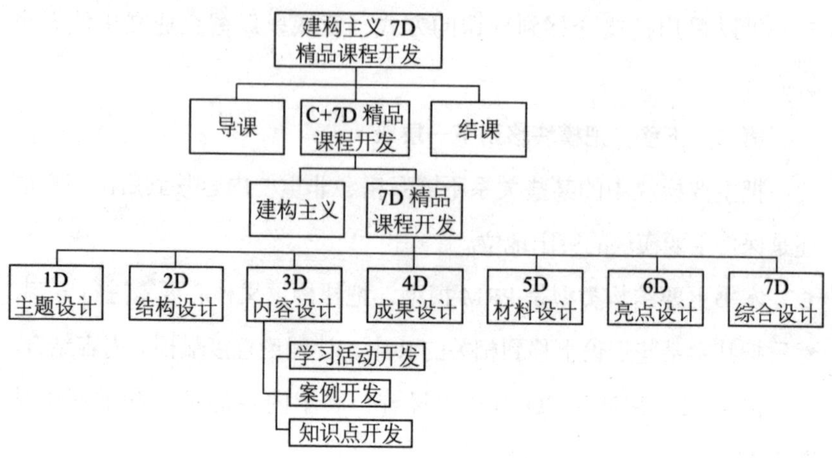

图 3-18 C+7D 结构

但是这样不聚焦，建构主义的比重太大，好像整个课程都是在讲建构主义。这种方式容易把建构主义放大，但是删除建构主义相关内容也不行，建构主义是核心指导思想。所以就用了前移，把建构主义移到前面，放在导课。就变成了（图 3–19）：

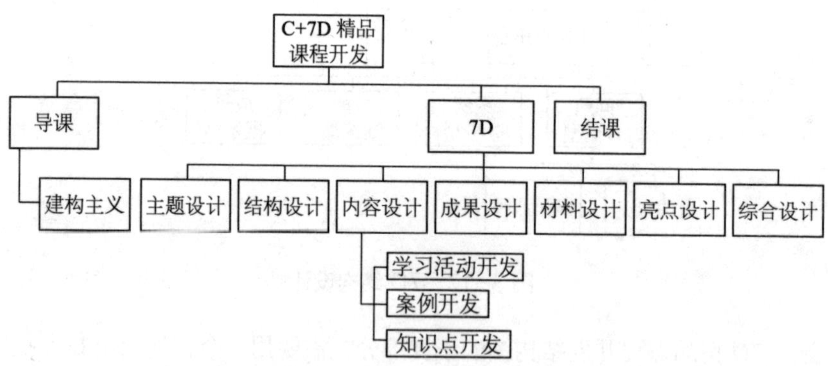

图 3-19 建构主义迁移后的结构

在本书中，核心内容是 7D，把建构主义前移，除了第一章涉及基本的概念外，建构主义其他内容，移到了 7D 的第二节“原理部分”，让建构主义的相关理论与具体内容联系更加紧密。

第三，后移，把非重点内容移到结课部分

很多课程最后都是实操演练环节。可以把这部分内容移到课程结课环节，成为“成果设计”的一个部分。

这么移动原因有二：一是突出重点内容；二是实战演练不算是课程内容，而是教学方法。

第三个思路：删除模块

有些内容扩大正课范围也不能包括，又不能移动，那就不要留着。

被删除的内容主要包括以下几类：

一是匹配目标但内容不需要的。对应整个课程目标和题目，如果多出的部分不在目标中，与其他内容又没有关联，那就删除。

二是良构问题内容，这些内容很简单，在网络平台、公司的规章制度里都有，而且学员都了解掌握了，可以删除。

三是病构问题内容，太复杂太困难，在有限的时间里无法解决，或者对学员来说是超出了工作职权范围内的知识，实际用不到，那就删除。

我们再来看一个完整的案例。

案例

沟通课程的结构设计

有一次，北京一家IT企业讲课程开发，有个小组开发的课程题目叫“基层员工沟通五大法宝”（见图3–20）。从题目看，这应该是一门技能类课程，课程时间只有一小时，一小时内要让员工学会五个沟通法宝。

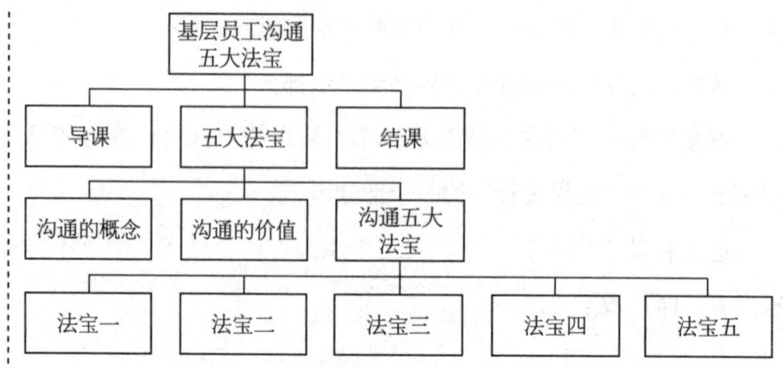

图 3-20 “基层员工沟通五大法宝”课程结构设计

当时他们搭建的课程结构图正课分为三个部分：第一，沟通的概念；第二，沟通的价值；第三，沟通五大法宝。概念和价值放在正课部分，超出了正课题目。因此我们给他的指导意见是：把沟通的价值前移，放在导课中，在导课阶段就让大家意识到沟通的价值。而沟通的概念，应该是众所周知的概念，就不用特别介绍了，删除，这样就变成了导课是沟通的意义和价值，正课是沟通的五大法宝。

最后补充一种特殊情况：主要模块之间完全没有关联，也无法对其中某个模块进行处理，这时候怎么办？

来看这个例子（见图 3–21）：

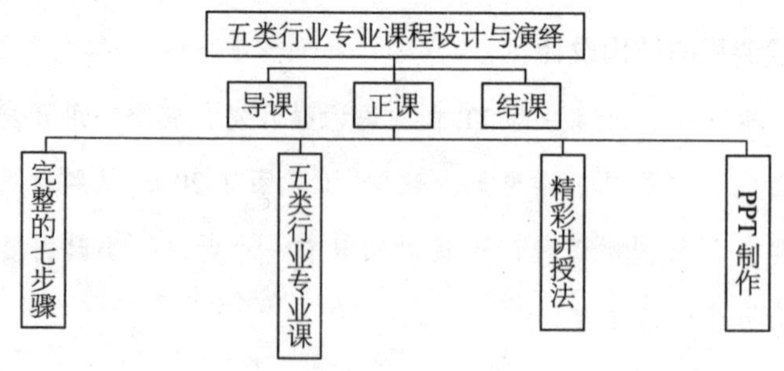

图 3-21 某课程的结构

这是某内训师的课程，正课包含四个部分："完整的七步骤""五类行业专业课""精彩讲授法"和"PPT 制作"。这四部分用什么词来概括呢？还真找不到一个合适的词，标题中的"课程设计与演绎"也不能概括。

像这样的结构，常规的三种方法——扩大正课、移动位置、删除模块都不能用，只能用一个方法：推倒重来。把这一门课程变成两门或三门课。

课程无论长短，都应该是三段式的，无论是半个小时、一个小时、三个小时、一天、三天……包括最近几年很火爆的微课形式，每一门微课也都是三段式的。

此外，不仅仅整门课程是三段式的，某一个章节、知识点也都可以设计成三段式，就是第八章"综合设计"部分说的"模块化"设计。

学习任务

首先看看课程名称是否能够包括下面内容？如果不能完全包括，是扩大主题还是移动模块，或者把某些不必要的内容进行删除？

主要任务模块化

课程结构设计的最难点是正课部分设计，这需要对正课的核心内容进行梳理，了解内容之间的逻辑关系，再根据关系采用相应的处理方式，让模块划分更科学合理。

第三步就是对主要内容各个模块进行排序。

实际上，在做好第二步的时候，各个模块之间的逻辑关系已经出来了，排序就相对简单了。

关于模块之间的排序，在《培训师 21 项技能修炼》上册，以及

《建构主义学习设计与课程开发》，还有其他课程开发类书籍中都有阐述，这里不再赘述。

简单来讲，可以按照事物发展的顺序排列，可以按照区域 / 部位 / 方位划分，也可以按照“道—法—器”的深入浅出的递进关系排列，也可以按照并列关系进行排序，总之内部一定要有合理的逻辑结构把主要内容进行分解。

模块任务逐级细化

分解各个模块内容，把内容进一步细化，每个模块分解成小知识点，把核心内容全面展示出来（见图 3–22）。然后用三种结构模型把知识点呈现出来。（关于结构设计中的 ASK 模型和 PRM 模型，在《培训师 21 项技能修炼》上册，以及《建构主义学习设计与课程开发》中有详细介绍，有兴趣的读者可以参考阅读。）

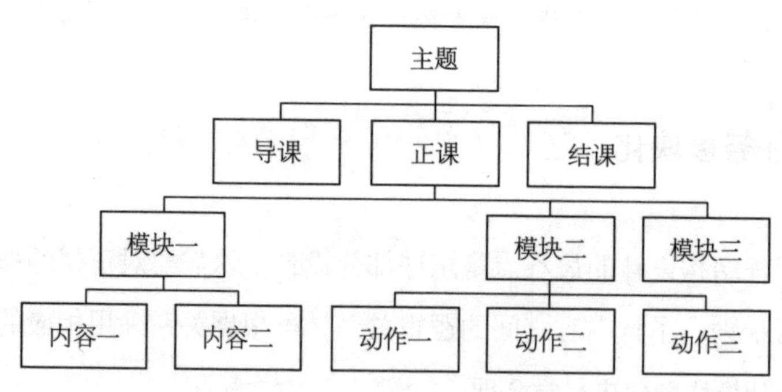

图 3-22　模块任务分解

三种模型在上一章“内容设计”的课程简介中已经体现，只不过课程简介是用“一句一句的话”，结构图是用“一个一个的词”。如果课程简介很完整了，结构图也就很容易了，做结构图的时候也可以反过来完善课程简介。

第一种模型：KAS 模型

KAS 模型是最经典的一种方式，是人类认识事物的基本逻辑：是什么？有什么用？怎么做？

K 是知识 knowledge，概念、含义、内容、知识点。它对应的是 what，内容是什么？含义是什么？概念是什么？

A 是态度 attitude，认识、看法、意义、价值。它对应的是 why，为什么？它有什么意义？有什么价值？有什么作用？

S 是技能 skill，对应的是 how，包括了方法、技巧、工具、流程、模型等。

很多人习惯把 KAS 模型叫 ASK 模型，字母的先后顺序没有关系，只不过是 KAS 更容易记忆。

在运用这个模型的时候要先看课程的时长，如果是一个小时的课程，那就是最容易分解的，用 KAS 划分知识、态度、技能，结构图如图 3–23 所示。

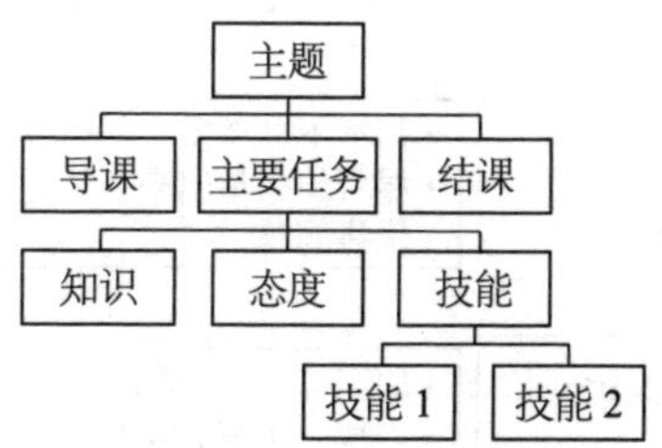

图 3–23 KAS 结构图

第一步是主要任务的标题。第二步是整体的三段式，导课、正课和结课。正课分为三个部分，知识是什么，态度有什么用，技能如何做。而且技能又进行了细分，说明这门课程是以技能为主的，这也是课程开发最常见的思路。

比如“企业高管战略管理”课程的结构就是（见图 3–24）：

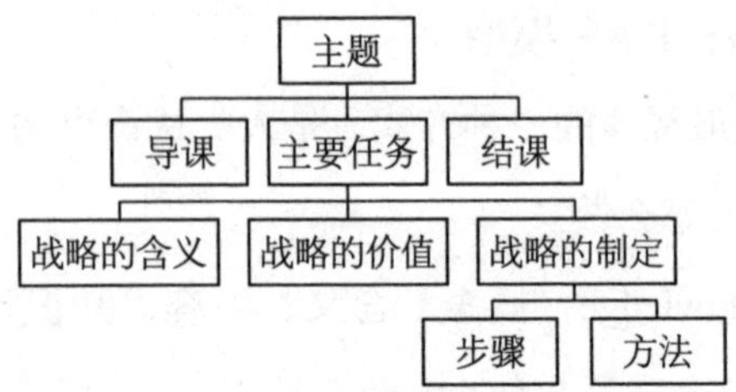

图 3–24 企业高管战略管理课程结构

如果课程时长比较长，有三个小时以上，甚至是六个小时以上，内容一般就比较复杂，这时候可以把内容先进行模块化分解，然后对每个模块用 KAS 进行划分。

通常来说，开发任何课程都可以用这样的方式来进行分解。但是如果用多了，可能会感觉没有新意。

第二种模型：PRM 模型

P 是现象，这里指不良现象，也就是问题。建构主义教学指导思想强调的是以解决问题为中心，所以 P 直接从问题开始（见图 3–25）。

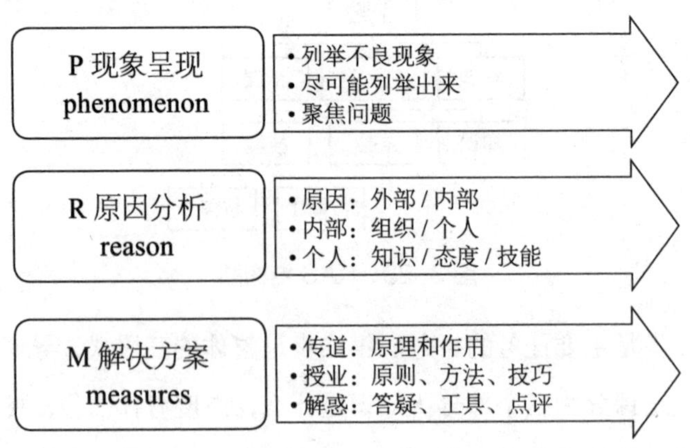

图 3–25 PRM 模型

回顾一下前文讲的主题设计，把问题分为良构问题、劣构问题、病构问题三类。在课程设计中，更多选择的是劣构问题。劣构问题是通过老师和学员、学员和学员之间共同学习，才能解决的问题。

本书核心部分 7D 基本上都用的是 PRM 模型。每个主题开始之前，讲的是与主题相关的业内同行的，或者学习者在实际课程开发中存在的不足和问题，也就是 P。

R 是讲原理、原则，分析原因，分析重要性。建构主义的理论部分分解到这里。

M 是传道授业解惑，就是解决前面问题的具体方法、步骤、流程、工具。

PRM 模型直接指出问题，最能够适应学习者的心态。先列出在这方面大家常犯的错误和常出现的问题，让学习者的注意力聚焦在课程现场。比如沟通技巧、时间管理、企业文化等，这类常见的课程，内容是非常规范的，很少能创新，因为行业的标准、行规都有了，讲师可以在结构上创新。

案例

跨部门沟通课程结构设计

有一次，我们给一家互联网企业指导课程开发。有个小组开发的课程是“跨部门沟通”。该小组最开始用的是 what、why、how，也就是 KAS 模型。第一，什么叫跨部门沟通；第二，跨部门沟通的作用；第三，跨部门沟通的方法。

后来经过调整，采用了 PRM 模型。第一步，呈现问题，跨部门沟通中的五个问题。这些问题都是现场学习者在实际工作中的一些表现，触及了痛点，就是 P。第二步，分析这些沟通为什么是错的。公司各部门协作应该有哪些基本原则，通过原则来表述。

第三步，跨部门沟通的具体方法。他们设计出五个场景刚好对应前面的五个问题，形成前后呼应（见图 3–26）。

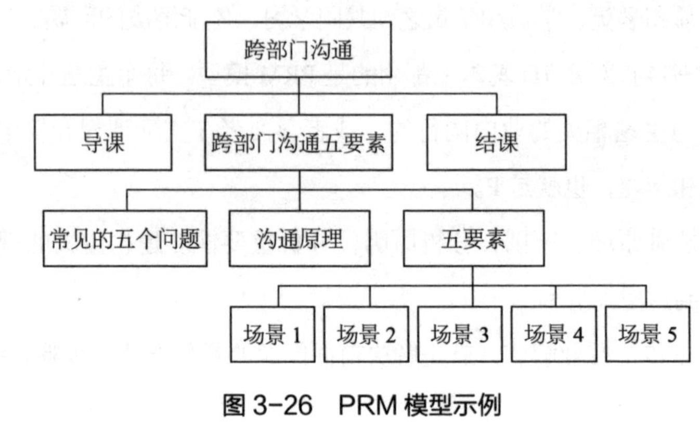

图 3–26　PRM 模型示例

在课程开发过程中，当课程内容很多的时候，如果一个 PRM 模型不够，可以把主要内容模块化，每个模块分别采用 PRM 模型方式。

第三种模型：道—法—器模型

如果说 KAS 模型是最常用的模型，PRM 模型是建构主义独特的模型，那么，还有一种中国特色的模型，一种思考问题的思路和方法，就是道—法—器模型。

首先，看一下道—法—器的含义。道是原理、原则，以及道理比较高深的、比较玄的、比较抽象的含义；法是方法、技巧、技术等能够具体看得到的解决问题的方法和思路；器是工具、流程的简称，比如工具、步骤、流程、程序都可以理解为器。

道—法—器是中国人最常用的理解事物的方式和方法。实际上国外一些知名专家也在用这种方法。美国著名领导力大师约翰·麦克斯维尔创作的《领导力 21 法则》，用的就是道—法—器模型，介绍的是一些领导力原理、原则的内容。有方法，也有工具，也有模型。只不过取名为法则罢了。

接下来以“建构主义 7D 精品课程开发”做案例，运用道—法—器模型，对 7D 内容进行重新设计（见图 3–27）。

7D 就是七个道—法—器：主题设计之道、主题设计之法、主题设计之器。主题设计之道是基本原理，主题设计之法是具体的操作方法、注意事项，主题设计之器是在主题设计中运用的一些工具。通常重点放在器上。

平时开发的课程也可以用道—法—器模型，比如沟通类课程可以划分为沟通之道、沟通之法、沟通之器，三者可以是并列关系。

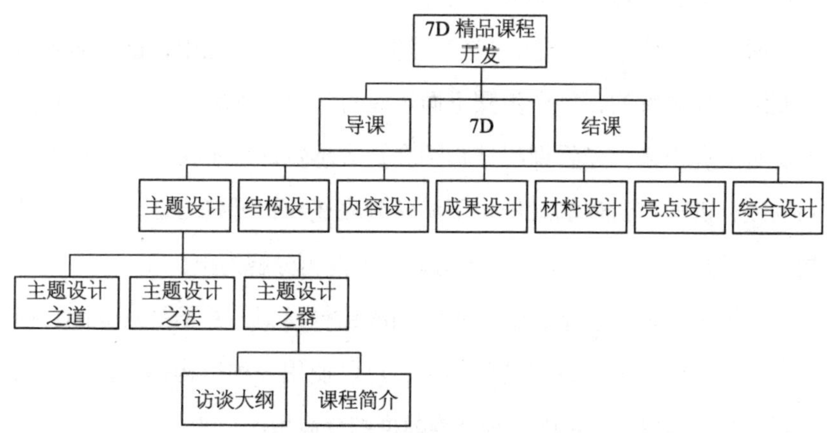

图 3–27 道—法—器模型的“7D 精品课程开发”

在长期辅导实践中，我们发现在模块细化这一环节容易出现几个问题。

第一，细化的小任务之间逻辑不清。通常大家的一级目录或者二级目录逻辑是比较清楚的，但是再往下细分，逻辑就不清楚了，很多知识点之间的关系不明确，更像知识点的堆砌。

第二，任务分解不彻底。结构图的规划分解应该到知识点不能再分解为止。但是很多讲师在刚做这一部分的时候，分解层次较浅，给人内容不深入、专业性不强的感觉。

图 3–28 所示的是某一课程中流失客户的维护步骤，但是在做课程开发的时候，课程开发者做到这一步就结束了。

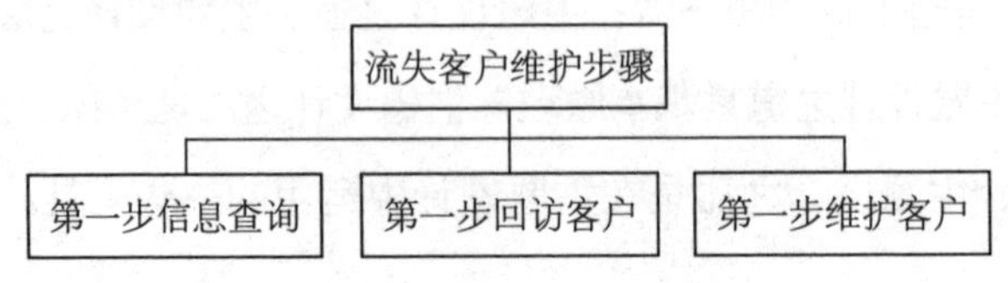

图 3–28 某课程的流失客户维护步骤

仔细观察就会发现，其实这门课程最关键的部分还没有呈现出来，学习者最需要学习的是如何做信息查询，如何回访客户，如何维护客户。通过跟这位老师沟通，我们了解到，其实在课程中，这些内容也是要给大家讲解的，每个步骤下面还有可细分的内容，但是在结构图上没有呈现出来，光看课程结构图会让人感觉课程不实用。如果不规划细致，讲师在讲课的时候也不清楚到底还要讲哪些方法。所以，结构图尽量要做得细致，知识点要分解到不能再分解为止。

这里重点说明一下，这三种常用的结构模型，并不是对立的，而是互相关联的。一门课程的结构图，可以使用一种结构模型，也可以用两种结构模型，还可以三种结构模型综合运用。

KAS 模型是知识、态度和技能，对应着道—法—器，即道是知识和态度，法是具体的方法，器是具体的工具。

PRM 模型中 P 问题和 R 原理、原因可以理解为道，M 解决方案就包括了方法、工具和模型。

案例

7D 结构的综合运用

图 3–29 就是三种模型交叉运用的体现。

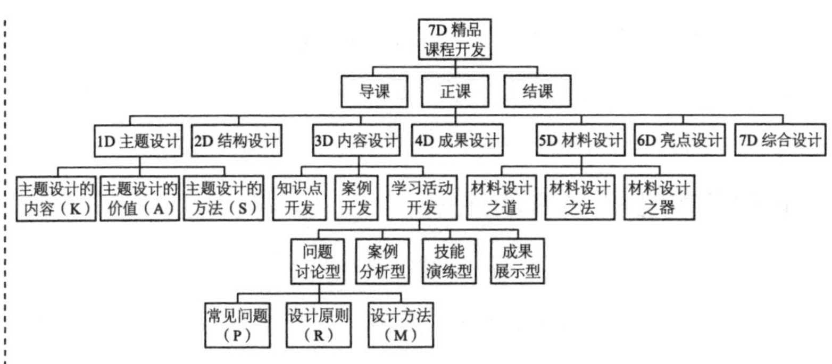

图 3-29 三种模型交叉运用

1D 主题设计，采用的是 KAS 模型，5D 材料设计采用的是道—法—器模型：第一部分材料数据之道，第二部分材料设计之法（方法），第三部分材料设计之器，材料设计用什么工具，比如 PPT 就是工具。3D 内容设计中问题讨论型学习活动的开发运用的是 PRM 模型。问题讨论型学习活动设计中的常见问题，指的就是 P；问题讨论型学习活动设计的原理，或者为什么用问题讨论就是 R；问题讨论型学习活动具体怎么做，就是方法 M。

学习任务

如果你以前是用 KAS 模型或者道—法—器模型，现在可以变成 PRM 模型。同时观察自己的结构图是否做到了完整分解，是否体现了方法、工具、流程等落地的内容。

结构设计中的注意事项

课程结构图是精品课程的核心材料，是一门课程的骨架，对整门课程起到支撑作用，它能够把一节课要讲的核心部分的关键词全部呈现出来。在整理、优化课程结构图的时候，可以从四个方面入手。

课程时间和重点内容的规划

课程的基本结构图设计好了之后，还要对课程的整体时间和重点内容进行规划。

时间规划

时间规划就是对于课程的三段式进行具体时间划分。导课 + 结课与正课的时间分配遵循 20/80 法则。通常是以小时为单元，一个小时的课程，导课和结课部分大概一共预留 10 分钟；两个小时的课程，则导课和结课需要预留 20 分钟；三个小时的课程，则需给导课和结课预留 30 分钟；两天的课程，需要给导课和结课预留约半天时间。

预留时间主要放在结课时的成果设计，强化学习成果。

案例

一个结构图规划

图 3–30 显示的这门课程其实采用了丰富的教学活动，但是把几类学习活动都放到了课程结束的时候，就不符合结构图特点。

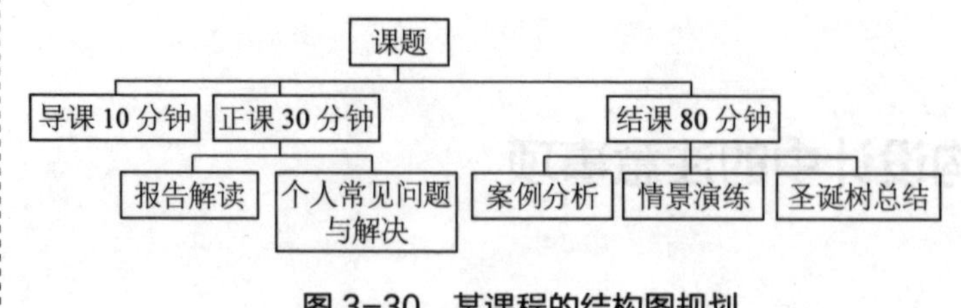

图 3–30　某课程的结构图规划

其实，后面的这几个活动都可以放到正课中，在讲完核心内容后，直接进行讨论或者演练。

大家记住，课程的整个时间规划就像一个“橄榄球”，要两头尖，中间鼓。两头小而有力，中间要充实有内容。

重点内容规划

除了时间规划外，还要注意重点内容的规划。

导课和结课部分不是课程的重点，正课是课程的重点，在正课中的几个部分也有主次之分。

以本书为例。主题设计、结构设计和内容设计是重点，后面内容相对少一些。其中“内容设计”是重点的重点，内容设计中的“学习活动开发”又是重点，“学习活动开发”中的“技能演练型”又是重点（见图 3–31）。

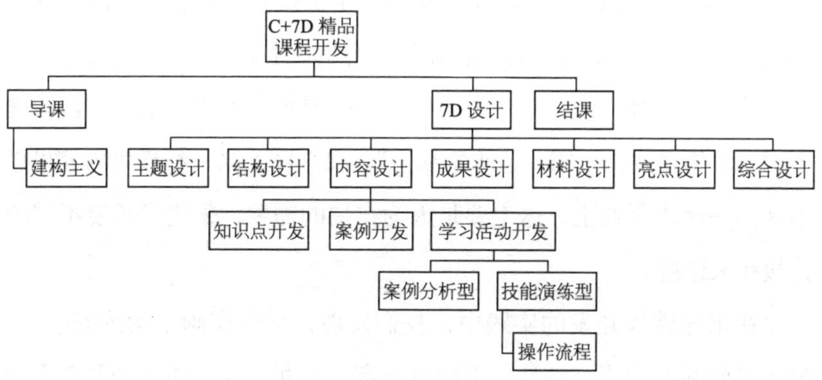

图 3–31 本书课程重点设计

课程重点设计遵循三个原则：

第一，20/80 法则。一门课程的主要内容有几个重点就是几个模块，每个模块之间还有主次之分，课程中重点和次重点所用的时间分配大概是 8∶2。

第二，聚焦问题解决的原则。比如使用了道—法—器模型，可能法就是重点。如果使用的是 KAS 模型，可能 S 就是重点。如果使用了 PRM 模型，M 就是重点。

第三，用户和客户兼顾。在访谈调研的时候既要了解客户的需求，也要了解用户的需求，在课程设计的时候也要兼顾二者。比如，对于客户来说，希望学习者理解 why 的部分，而学习者自身最终需要掌握的是 how 的部分，这两部分要兼顾，只是占用时间分配上有所区别。

符合层级排列的要求

无论是概念图，还是金字塔原理，对于层级排列的要求是一致的。

第一是由上至下，先画上面，再画下面。

第二是上下包含，上面是抽象的，下面是具体的。上面的标题能够包含下面的所有部分，越是抽象的内容越在上面。

第三是同级并列，同一级的模块横向展开。不同的是金字塔原理中同一级的模块在“同一条水平线上”。概念图的同一级模块内容可以不在同一个水平线上，这主要是因为布局的需要，采用了长度不同的连接线来连接。

在辅导课程开发的实践中，我们发现，学员在画结构图的时候，最常见的两个问题：一是上下没有包容，上面一级不能完全包含下面的内容；二是把同一级的模块做成了上下展开。这里再次强调：同一级模块要横向并列展开。

同时，课程的重点、次重点和非重点内容，可以通过课程结构层次来体现。我们一般对课程结构图的要求是三级到七级。通常来说，越重点越深入，层级就越多。从“建构主义 7D 精品课程开发”的结构图就可以看出，各个内容的层级是不一样的。

结构图中模块的多样性

如果课程结构用的是经典的 PRM 模型，内容分为几个模块，并不是每个模块都要有完整的 PRM 模型的三部分。

一切设计都以学习者为中心。如果学习者对 R 部分很清楚，明白背后的道理，课程就不需要 R 了，只保留 P 和 M 就可以了。同样，如果课程结构选择的是 KAS 模型，若是知识点大家都知道，就可以没有 K。

这叫模块的多样性，无论选择的是道—法—器模型，还是 PRM 模型、KAS 模型，并不需要每个环节硬凑三个模块。

三种模型的结合

整门课程中 KAS 模型、PRM 模型和道—法—器模型三者可以结合。可以整门课程用一个模型，也可以一节课用 PRM 模型，另外一节课用道—法—器模型，还有一节课用 KAS 模型。也可以一节课中有的部分用 KAS 模型，有的部分用 PRM 模型，有的部分用道—法—器模型，交叉结合使用。

选用模型有两个基本要求：第一，自己要清楚设计课程结构时用的是什么结构；第二，要让学习者明白用的是什么结构。

学习任务

对自己的课程结构图进行整体优化。

本章小结

一、重点回顾

1. 结构设计原则“三中全会”：学习者为中心、任务驱动、聚焦问题。

2. 结构设计的两种工具：概念图、金字塔原理。

3. 概念图操作模型 SACO：S 选定概念、A 排列概念、C 连接概念、O 优化图形。

4. 金字塔原理操作模型：确定主要任务—课程整体三段式—主要任务模块化—模块任务逐级细化。

5. 课程结构三种模型：KAS 模型、PRM 模型、道—法—器模型及综合运用。

二、常用工具：结构图模板

PRM 模型、PRM 组合型、复杂 PRM 模型、KAS+PRM 模型。

三、课后作业

根据本章的学习，请按照结构设计的流程，对自己的课程进行新构或重构。

04

3D 内容设计（Content Design）：开发课程内容

7D 小贴士

在结构设计完成的基础上，日常做的工作就是课程开发内容。按照“内容为王”原则，课程的内容设计是课程开发的重点，也是本书的重点，占全书 1/3 的篇幅。其中学习活动开发是难点，也是痛点，更是行业比较空白的部分，因此本书将其作为重点，将四类学习活动开发升级，单独进行阐述。

课程内容开发中常见的问题

一门课程的结构设计好了，就像树有了枝干，接下来就需要让它枝繁叶茂，要有树叶或果实，这就是课程开发的第三个 D，内容开发。不管在课程中使用何种学习技术、学习策略来激发学员参与，依然是内容为王，内容是最核心要素。

内容开发是课程开发中花费时间和精力最多的环节，也是最容易出错的环节，归纳起来会有三类常见问题。

知识点不严谨

所谓知识点不严谨，是核心知识点描述、表述方面出现了问题。如果缺乏一些技巧，比如互动、站姿、语言表达等技巧，可以算作外伤。但是如果要点、知识点搞错了，就是内伤，内伤是最致命的。

知识点不够严谨，学习者会感觉老师在乱讲，有误人子弟之嫌。

案例

知识点要严谨

我们曾经给生产制造企业做企业文化宣贯师的培养，针对该企业的企业文化五个价值观开发出五门课程。现场分了五个课题组，为了确保课程的知识点及内容是正确的、一致的，一个课题小组开发课程后，会让其他课题小组共同来评价，最后全班达成共识，再提交企业文化部审核。

当时第一小组在提炼企业文化的关键词后，在台上展示。第五组的一位老师提出“这个提法是错误的，这是按照公司去年的要求提炼的，从今年 1 月 5 日开始，公司已经有了新提法”。这让大家很开心，也有点后怕，还好用了共同开发的方式，才发现了这个错误，否则直接提交上去就麻烦了。

所以我们每次给企业开发课程，都要由企业内部专家，包括权威专家、技术行家，以及管理高层参与审核，确保专业性和权威性。

案例不丰富

这是课程开发中另外一个常见问题，很多培训师开发的课程比较枯燥，案例很少或者案例不多样，比较单一。针对不同的内容、不同的对象，应该采用不一样的案例，或不同形式的案例。

有的培训师开发的案例全是网上搜索来的，甚至培训师还没讲完，学员就明白培训师要讲什么了，他们觉得没有意思，这样的案例也无法点燃学员的热情。

学习活动匮乏

学习活动是学员参与的教学活动，分为主题性学习活动和辅助性学习活动。主题性学习活动是围绕某个主题设计的教学活动，目的是让学员来参与，掌握某些技能或者方法，最终解决问题。核心是学员在做，老师更多是做一个引导者、点燃者、促动者。

辅助性学习活动没有某个主题，只是为了让大家参与，现场营造氛围的一种活动。比如常见的破冰、课间游戏，都是为了让学员相互之间进行交流而做的小活动。

案例

我在牛津大学游学的时候，有一位讲世界文化的教授，上课常用的学习活动是“发钱”。他讲世界各地文化的时候，总是让人回答问题。如果有学员答对了，他就拿出十几种不同国家的钱币，由学员选择其中某一张作为奖励，学员选完钱币后，教授再告诉大家，这张钱币相当于人民币多少钱。每一次都能够给学员带来不一样的反应——有开心的笑声，也有遗憾的叹息声，一下就把大家点燃了。

辅助性学习活动与主题的关系不太大，但它能够促进学员学习。学习并且运用辅助性学习活动可以帮助老师点燃学员热情，这也是老师的基本功。

主题性学习活动是让学员深度学习的最重要方式，也是实现学习目标最基本的手段。由于行业缺乏相关书籍和训练，开发学习活动成为痛点和难点，因此本书将聚焦主题性学习活动的开发。

点燃有意义学习的三个法宝

在教学过程中，老师是用什么方式激发学习者的学习热情，最终产生建构的呢？不一样的教学思想有不一样的方法，形成了不一样的教学流派，以及不一样的教学范式，主要体现为行为主义、人本主义和建构主义。本书第七章对此会有详细阐述，这里只介绍建构主义教学思想的相关内容。

苏格拉底式教学法

古希腊哲学家苏格拉底有句名言："教育不是灌输，而是点燃火焰。"这也是最近两年享誉培训行业的金句。"点燃"这个词，揭示了教育培训的本质。

这句话的背后是有故事的。苏格拉底的妈妈是一位助产士，她的工作是帮助产妇把孩子生产出来。助产士帮助产妇生产，辅助产妇把孩子生产出来，而不是代劳。

苏格拉底受到妈妈的启发，他认为，助产士协助产妇生孩子与老师教学生一样，每个学生其实都有自己的认知和思想，老师应该运用相应的技术点燃学生的学习热情，帮助学生产生自己的认知，老师不应该一味给学生灌输所谓的经验。

苏格拉底采用对话的方式点燃学生的热情，通过和学生之间一句一句的对话激发学生兴趣，启发学生智慧，这种方式叫"苏格拉底式诘问法"或者"苏格拉底式教学法"，有时也被称为"产婆术"。

案例

苏格拉底论"灵魂不死"

在苏格拉底即将离开人世的时候，他跟学生进行了一次对话，论述"灵魂不死"，本书节选其中一小段，重点看看苏格拉底的点燃方式。

苏：请告诉我，如果人体要保持存活，那么人体里一定要有什么？

学生：灵魂。

苏：因此，当灵魂占据身体的时候，生命常常会随之而来吗？

学生：是的，生命会随之而来。

苏：生命是否有对立面？

学生：当然有，是死亡。

苏：根据前面的论述得出结论，灵魂绝对不会接受伴随着灵魂而来的事物的对立面？

学生：是的。

苏：生命的对立面是什么？

学生：死亡。

苏：灵魂会不会接纳死亡？

学生：不会。

苏：那么我们怎么称呼不接纳死亡的事物呢？

学生：永生。

苏老师：因此，灵魂是永生的？

学生：的确，它获得了永生。

苏格拉底论述至此，接过学生手中的毒酒一饮而尽，欣然赴死。

以上内容节选自《苏格拉底之死》，有兴趣的读者可以阅读。

建构主义是 20 世纪的教学思想，古希腊的苏格拉底先生从来没有提过建构主义概念，但是我们可以依据其思想，把他称为“建构主义先驱”。苏格拉底的思想点燃世界、照耀至今，从这个角度也验证了苏格拉底的“灵魂不灭”。

有意义学习的含义

美国教学专家约翰·D. 布兰思福特（John D. Bransford）、安·L. 布朗（Ann L. Brown）及众多的学习科学的顶尖专家共同出版的书籍《人是如何学习的》，吸收了教育学、发展心理学、认知科学、脑神经科学等领域的重要观点，揭示了学习的价值，告诉我们必须抛弃传统的教育观念和教学模式，创造出真正的以学习者为主体、激发学习者创造性的教学及学习模式。

这些专家指出，教学已经从传统的如何教转向了如何学，从结果转向了过程，从机械的操练转向了知识的运用和迁移，学习者不再是机械的容器，而是知识的建构者和生成者。

这些核心观点与建构主义的核心教学观是一致的：对于学习者有意义的学习才是有价值的。

奥苏贝尔根据学习材料与学习者认知结构中已有的知识的关系，将学习分为机械学习和有意义学习。他认为有意义学习指的是符号代表的新知识与学习者认知结构中已有的适当概念建立非人为的、实质性联系的过程。

有意义学习五要素

有意义的学习是行业的共识，专家们有很多相关理论。戴维·乔纳森总结出了有意义学习的五个要素：建构性、真实性、主动性、意图性、协作性。

以乔纳森的理论为基础，结合其他教学专家的理论，加上实践得到的感悟，我们对有意义学习五要素进行了解读和阐述。

建构性

学习者能够清晰地表达学习的内容、学习的收获，能够不断地反思和调整，从而产生新的建构。

真实性

学习的内容要和学习者的实践相关联，学习是复杂的，是非良构的。这样的学习内容是与学习者实际工作生活相联系的，在情境化的学习中，学习者能够将所学真正有效迁移，学以致用。

主动性

学习过程需要激发学习者的主动性，让学习成为可操作的活动，让学习者沉浸其中，这样才会让学习者产生深度学习。

意图性

学习者是有目标导向的，明确清晰的目标能够激发学习者的学习意图。在学习者学习的过程中可以对学习目标不断优化和调整。

协作性

学习是社会性的，是协作的，学习者的认知是有局限的。这就需要建立一种协作学习的氛围和文化，激发学习者扬长避短，协作成长。

这五要素不是独立的，而是相互关联和交叉的。能够具备这五个要素的特质，就会产生有意义的学习。有效的教学设计能够把五个要素结合起来，让学习者在学习活动中建立有意义的建构，做到深度学习、有价值的学习。

7D 小花絮

戴维·乔纳森有意义学习的五要素揭示了有意义学习的原则和操作方案，是重要的指导思想，可以说贯穿了本书的创作。除本节外，第九章中的“建构主义 5M 精品微课开发”和“五线谱混合式学习项目设计”的指导思想均出自这五个要素。

点燃学习热情的三个法宝

在建构主义教学过程中，通常运用三种方式激发学习者——提问、案例、学习活动，合称为“点燃三宝”。

提问引发思考

用提问的方式引发学习者的思考，让学习者产生主观能动性、主观学习愿望，获得自主学习的想法。

案例激活旧知

当学习者不明白老师所讲内容的时候，可以用案例去激活旧知。因为学习者本身是有旧有的知识或者经验的。学习者如果把他以前拥有的知识或经验激活，与新的知识产生连接，有利于理解新知。

学习活动建构新知

用主题性学习活动来建立新知。学习者通过参与学习活动而产生新的认知，真正掌握某方面知识或技能，从而达成学习效果。（注：除非特别说明，本书所有“学习活动”均指“主题性学习活动”。）

接下来我们用一个完整的案例来理解“点燃三宝”。

案例

孩子学习新词

女儿秋秋小学一年级时的一个周末，我开车送她去上绘画兴趣班，听到车上收音机中说了一个词：“诱因”。

秋秋：爸爸，什么叫诱因？

我：你认为什么叫诱因？

秋秋：诱因，就是右边的原因。

我：不是这个意思。

秋秋：那是什么意思呢？

我：诱因就是第一件事情发生后，引起了第二件事情的发生，第一件事情就是第二件事情的诱因。

秋秋：爸爸，我不太明白，你举个例子。

我：好，举个例子。你坐在车子的后排乱踢乱动，影响了我开车，我就打你的小手板。你乱动影响开车是诱因，所以你要挨打。明白了吗？

秋秋：我明白了。

我：那好，你明白了的话，你也举一个例子。

她想了一会儿，说：弟弟不听话，乱动我的书包，我要打他的小屁股，他活该，因为他乱动书包是诱因。

我：好，是这个意思，还可以继续想想。

这时候，我是在等绿灯，刚刚绿灯亮了，我发动车子准备过去。这个时候车子右前方有个小伙子慢慢地从人行横道走过来了，他已经在闯红灯，我只能刹车等着他过去。我女儿在后排看见了。

秋秋：爸爸，你看这个叔叔闯红灯，我们把他给撞了，他活该，因为他闯红灯是诱因。

我：对，这是诱因。但是生命很重要，咱们不能撞他，要等他先走。

这个故事还有后半段，一年后她还能记得“诱因”的含义，虽然她不会写这两个字。直到现在，我和她都记得当时的场景。

在教学过程中用不断地提问让对方来思考，当对方不能理解的时候，就用举例说明，用案例来激活对方旧知帮助其理解。在整个教学活动中，老师和学习者要做很多双向、多向的学习活动，促使学习者建立新知，这就是激发学习者学习热情的“点燃三宝”。

学习任务

请思考一下，第一，自己在教学、培训过程中，是否点燃了学员的学习热情？是否用了丰富的案例？第二，自己在教学活动中用了哪些法宝？

知识点的开发

知识点是整门课程最核心的要点。日常所谓“干货”，更多就是指关键的知识内容。

知识点开发的四个原则

可以从四个角度来进行考核和评估（见图 4–1），看课程开发中是否达到了对知识点的要求。

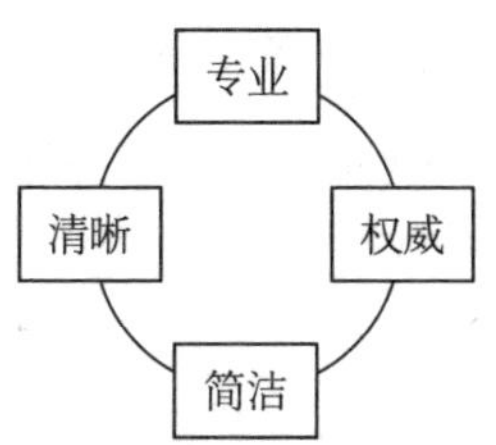

图 4-1　知识点开发的四个原则

专业

整门课程要求专业、规范，符合标准。专业的最直接体现有两个方面：

是理论基础。理论是老师开发课程的重要依据，可以从书籍、公开发表的论文中获取有权威性的、有来源的、专业的知识理论。所以，要开发一门课程，就要尽可能去学习相关内容。以丰富的理论作为基础，防止出现“内伤”。

二是丰富的实践，以实践验证理论，再提炼更多的专业内容。

案例

知识点遭到质疑

在《中国培训》杂志举办的“好讲师”系列大赛现场，有一位女学员分享了一个“如何快速判断感冒的类型”的主题。

这位学员讲道：“感冒分为不同的类型，一种是热感冒，也叫上火了，或者叫热伤风；一种是凉感冒，通常说着凉了。不同的感冒的症状不一样，比如发烧、头痛、鼻塞、咳嗽等。我给大家介绍一种快速判断感冒类型的秘诀——左边鼻塞就是凉感冒，右边鼻塞就是热感冒。”

比赛现场有评委和观众对她的主题提出了质疑，认为她这个说法不够科学，缺乏依据。虽然她又进行了解释，但还是没有解除大家的疑惑和质疑。这种主题就不合适。

权威

借助一些名人名言、权威人士的话来支撑你的观点、做法，或者把他们的观点加入你的论点中。

权威人士包括学术上的专家、行业中的领袖等。培训师，包括刚出道的职业培训师、企业内训师，都可以引用权威人士的话来验证观点。如果是在企业内部进行培训，也可以引用企业高管的话，或者企业最高领导人的话作为权威。

当然，引用权威，也可以适当进行改编，可以优化，但不能杜撰。要防止培训师断章取义，造成“假传圣旨”的情况。这也体现了培训师的严谨。

简洁

表达要简洁，用最简短的文字表达更多的内容。

简洁的话容易被理解、记忆和传播。名言都是简洁的，很多金句更是如此。如果课程开发师能够把课程的核心要点提炼为简洁有力的句子，会帮助学员理解和掌握。

案例

“点燃”的来源

“教育不是灌输，而是点燃”这句话其实也是改编了的。关于苏格拉底对于教育的观点有很多种表达。

我女儿学画画的教育机构，墙上贴着一句话：“教育不是把篮子灌满，而是把灯点亮。”

有一次给某高校做“教师教学技能培养”项目，我在该学校的走廊尽头看到了“教育不是灌输，而是点燃火焰——苏格拉底”，于是引用了这句话作为建构主义的广告语，并在培训行业广为传播。

当年春节，大家聚在一起放烟花时，我发现点燃的不一定是火焰，有可能是鞭炮，有可能是礼花，也有可能是“哑炮”，压根不炸。人们只管点燃就可以，至于是不是火焰，由它自己的内在决定。

所以我把这句话改为“教育不是灌输，而是点燃”，这样更简洁，而且使用至今。这句话也被不断建构，有的培训师将其改为“培训不是灌输，而是点燃”，讲领导力的老师讲“领导不是压制，而是点燃”。

罗振宇在“时间的朋友”跨年演讲中讲了这样一句话：课程的本质是激发禀赋，教育的本质是人点亮人。

得到 App 的 CEO 脱不花在《培训》杂志的论坛上说“教育不是灌溉，而是点燃”，也是一次建构。

清晰

表达清晰也是提炼知识点的基本要求，要避免歧义，不能让人产生误解。提炼知识点时不要为了简洁而简洁。在课程开发过程中，老师们往往会发现在提炼知识点的时候不够科学，这会导致学员产生误解。

案例

项目落地“独孤九剑”

在与某知名地产商学院合作开发精品课程项目时，其中一个小组开发的项目落地一共是九个步骤，于是他们借用了金庸《笑傲江湖》中的绝技，开发了“项目落地‘独孤九剑’”。他们列出的九剑是：总诀式、剑式、刀式、枪式、鞭式、索式、掌式、箭式、气式。

我当时问他们：“这个‘独孤九剑’，除了‘总诀式’外，后面讲的是如何用剑、如何用刀、如何用枪吗？好像有点说不通。”他们说好像不是。接下来我们一起查资料，才发现《笑傲江湖》里写的九剑是“总诀式、破剑式、破刀式、破枪式、破鞭式、破索式、破掌式、破箭式、破气式”。他们把关键的“破”字去掉了，含义就完全不一样了。

大家在笑声中修改了表达方式，进一步开发，目前这门课程成了他们商学院的核心课程之一。

知识点的开发流程 CNEB 模型

在专业、权威、简洁和清晰的原则下，开发课程的核心知识点，具体的流程如下（见图 4–2）。

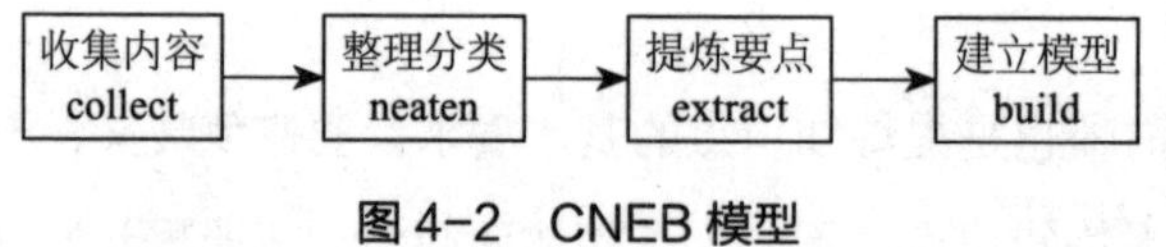

图 4–2 CNEB 模型

从这个流程可以看出，知识点是一步一步优化提炼出来的。

第一步：收集内容（collect）

课程要有内容，这是提炼知识点的来源，深厚的理论基础和丰富的实践经验是课程内容的最重要来源。但是，很多讲师的课程是没有充实内容的，所提供的知识点也并非真正的知识点。比如，有个内容是讲顾客投诉时候“听”的技巧，讲师给了三个知识点：立即响应、带离现场、记录陈述。虽然看似是知识点，但是比较空，实际内容没有呈现出来。如何去响应？如何做记录？这种情况就属于知识点不落地。

第二步：整理分类（neaten）

整理分类和归纳，要求对于课程内容进行识别，了解内容背后的逻辑关系，能够对内容进行科学分类，正是专业的体现。

本书第三章结构设计中“食物”的结构化案例中，区分不同的食物类型，分为水果、蔬菜、饮料等，这就要求对这些“食物”内涵有认识，知道不同食物的区别和联系。如果连食物都不认识，是无法进行分类的。

第三步：提炼要点（extract）

有时候，有的课程是有内容的，而且是大篇幅的内容，但是学习者的视觉及记忆效果都不太好，怎么办？如何提炼课程内容要点？要先对大段知识进行提炼，比如分模块、分动作、分流程等，分类之后，再对每个类别进行关键字、词、短语的提炼，找出核心词，找到最能影响意思的核心点。

第四步：建立模型（build）

建立一个比较成熟的标准和模型，把个性化内容变成通用稳定的结构，这样既便于理解记忆，又可以被复制和运用。

举例说明一下：

赖茅酒的特点。

赖茅酒是茅台股份公司出品的，它的前身就是茅台酒，是国酒文化的传统酒类。赖茅酒之所以口味好，是因为采用了茅台基酒还原赖茅传承百年的味道。同时，赖茅酒的价格比较亲民，不到茅台飞天系列的 1/3，性价比比较高，适合老百姓喝。

赖茅酒的原产地就在贵州茅台镇，气候条件适宜，产品品质有保障，所以，酒的口感非常好，饮用舒适，而且不上头。赖茅酒还有"小茅台"的声誉，是酱香酒的典范。我们都知道茅台酒是有收藏价值的，而收藏了 1~2 年的赖茅酒，其品质与飞天茅台几无差别，也有一定升值空间。

以上这段文字是对赖茅酒特点的解释，信息量比较大，不容易被记忆和识别。经过仔细阅读，我们发现这一大段文字重点说了几个方面，可以对其进行分类，然后把内容分门别类归属到下面（见图 4–3）。

赖茅产品卖点

酒好	实惠	特色	收藏
• 真赖茅，茅台造，茅台股份公司出品 • 茅台前身，是国酒传承 • 用茅台基酒还原赖茅传承百年的味道	• 价格不到飞天茅台的 1/3 • 高性价比的百姓的茅台，国民酱香酒	• 绿色有机的原料，独特地理环境，天然酿造气候，独特的微生物 • 饮用感受：饮用舒适，不上头；绿色健康	• "小茅台"，大众酱香典范，收藏 1~2 年的赖茅酒，其品质与飞天茅台几无差别 • 喝老酒，存新酒，极具收藏价值

图 4–3 图片比文字直观

这就比一大段文字更便于理解和记忆。但是每个模块又有很多内容，如何找到关键点？我们找出影响模块最核心的点，做了如下提炼（见图 4–4）。

赖茅产品卖点			
酒好	实惠	特色	收藏
• 是茅台前身，茅台公司生产 • 使用茅台基酒，还原赖茅传承百年的味道	• 价格不到飞天茅台的 1/3	• 原料绿色有机 • 地理环境、酿酒微生物独特 • 舒适不上头	• 收藏 1~2 年的赖茅酒，其品质与飞天茅台几无差别，有升值空间

图 4-4 找出模块的关键点

这样可以让学员很快抓住关键点、核心点，便于记忆。这就是做了知识点的提炼。

知识点提炼出来后再进行优化，比如总结出模型或者朗朗上口的口诀，就更容易记忆，更有特色，以对“销售关”的口诀总结为例：

> 把好“三关”之销售关：
>
> • 油枪销售定准量；
>
> • 铅封检查保经常；
>
> • 先进先出记心上。

在课程开发的时候，把各种理论、素材、纷繁复杂的资料提炼成关键的几个字、词，要符合专业、权威、简洁和清晰原则，这本质上是一种概括能力，属于归纳思维。这种能力我们在小学时候训练过，语文课上归纳段落大意、数学课上的应用题都考察归纳能力。归纳的过程就是充分理解内容、建构知识体系的过程。

老师在授课的时候，把关键词变成一段段语言文字，是演绎能力。由归纳到演绎，也是老师培训技能的体现。这个过程在小学阶段也训练过，比如看图作文、看词语编故事等，都是在训练演绎能力。

学习任务

请大家拿出自己开发的课程来一一印证、检验，知识点、方法工具是否专业？权威论点是否来源正确，有没有争议？知识点是否可以更简洁，更便于记忆？一句话是否可以变成几个字或者几个词，甚至是一个词？

案例的开发

案例的相关概念

课程内容开发的第二个重点是案例开发，案例是课程中非常常用的素材，可以点燃学员的旧知，让其与新的知识产生连接。

根据案例在教学中的不同作用，案例开发有三种不同类型。

第一，举例说明

举例说明就是提出一个观点或者概念，然后举一个案例来验证、解释它。这是老师讲授时最常用的方法，通常听老师说“举个例子”“这里有一个案例 ”，这就是举例说明。本书中的案例，基本都属于举例说明。

案例

“车联网”的概念

在给某知名汽车厂家做课程开发项目时，一位汽车行业的老师提出一个名词叫“车联网”，我问：“车联网是什么意思呢？”他说：“就是车与车之间的对话，我来给你举个例子。比如你的车在正常行驶中，你前面有辆车要变道，但是没有打转向灯，你很有可能不知道前方的危险。如果你安装了车联网这个设备，就能够感应到前面车的动态，从而提醒你及时规避风险，车联网实现了车与车之间对话。”这样的解释就很形象，容易理解。

老师大部分都会用举例来说明观点，目的是让学习者理解概念，用案例激活学习者的旧知。

第二，案例分析

案例分析是学习活动的一种。老师根据学习需要设计一个案例，让学习者围绕案例中的问题进行讨论，找到其中的问题并提供解决方案。

关键点是学习者分析案例，找到解决方案。在整个过程中，学习者是教学的主体，老师只是做个引导。

案例分析和举例说明是不同的。主要有两个区别：第一是主体，举例说明的主体是老师，案例分析的主体是学员；第二是答案，举例说明是已经有了答案，案例分析在分析之前是没有答案的。

第三，案例教学法

这是一种教学方法，层级更高一些。指整个教学内容及教学流程，是通过引导学习者共同分析某个案例，老师用一个案例来带动整门课程的内容，是一种独立的、成熟的教学模式，实现了课程内容的系统完整性。

这三种类型的区别在于：举例说明可能只是针对某个知识点；案

例分析是一种学习活动，更加深入；而案例教学法是更加完整的内容，贯穿了整门课程。严格意义上，在实际教学中，真正用到案例教学的情况不多，更多的还是前两者。

案例

在上 EMBA 的时候，有位教授的课程主题是“企业扩张的四种途径”。内容是他做咨询中的一个真实案例“CRTS 企业发展项目”，通过阐述 CRTS 企业扩张史，归纳出企业扩大规模的四种途径。整个过程中除了教授自己讲述这个案例以外，也让学员共同讨论每一种扩张途径的优劣。两天时间都围绕着一个案例来进行教学，最后每个小组都找到了自己的解决方案。这就是一次完整的案例教学。

在授课过程中，绝大多数老师用的都是举例说明，这是老师的一个基本功。

随着建构主义教学思想的广泛普及，越来越多的培训逐步采用了案例分析这类学习活动，激发学习者参与。本章第八节将阐述“案例分析型学习活动的开发”。

案例教学法也是非常有效的教学模式，越来越受欢迎，有兴趣的读者可以专门去深入学习了解。

案例开发的四个原则

案例是课程中不可缺少的要素，但并不是所有案例都适合课程，面对林林总总的案例素材，在选用的时候需要把握好运用案例的四个原则。

紧扣主题

案例本身的作用是说明观点、解释主题的，所以选用的案例要紧扣主题。

这里给大家提供一个验证案例是否紧扣主题的逻辑模型——AGC模型。AGC 模型也就是写作文常用的总—分—总结构。这个逻辑模型可以帮助大家验证案例是否紧扣主题，佐证自己的观点是否合理（见图 4–5）。

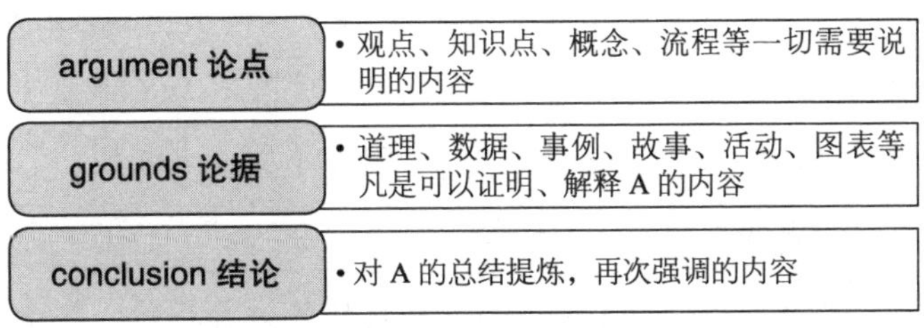

图 4–5 AGC 模型

比如，有一门关于企业文化的课程，老师提出“践行企业文化对个人的发展也是非常有帮助的”的论点，在论据中，他提到了很多企业文化的来源、价值、对企业发展的意义等内容。看似内容没有什么问题，但是这些内容与观点是不相关的，没有紧扣主题。这样引用的案例就没有什么用。

7D 小布丁

AGC 模式是结构化表达方式，是将知识点和案例完整结合的呈现方式和表达方式。这种模式有九种变通方式，具体参见《建构主义学习设计与课程开发》一书第五章第二节。

具有合理性

所用的案例要能经得起学习者推敲。如果学习者通过推敲发现案例有假、有漏洞，无法支撑你的观点，他们就会怀疑你的观点，这就叫反论证。

案例

两元钱买一部汽车

在某医药企业的“内训师课程开发及呈现”项目中，内训师X老师开发的主题是“高效沟通”，提出“沟通中如果表达不清，会让对方产生误解”这样一个观点，他运用了AGC模型中的第三种模式AHC（观点—幽默的故事—结论）来说明观点。

X老师讲了这样一个案例：

小明有一天去4S店买车，通过反复讨价还价，终于把那部车的价格定为10万元钱。但是无论他怎么找怎么凑，只凑出了99998元钱，也就是说，还差两元钱。

怎么办呢？小明到处想办法，他在4S门口看到了一个乞丐，他对乞丐说：“这位兄弟，请你借我两元钱，我要买一部车。”

乞丐一听，哇，两元钱可以买一部车啊！于是他说：“兄弟，我给你4元钱，你帮我也买一部吧。”

X老师讲完立刻引来大家的欢笑。X老师说：“这个故事告诉我们表达要清楚，否则可能会引起对方误解。”

然后，我问大家：“我们来推敲一下，这个故事是否具有合理性？”大家一想，感觉是有些不太合理。你花10万元钱买一部车，就差两元钱，难道卖车的人会因为两元钱不把车卖给你吗？4S店店员可能宁愿自己掏两元钱都把车卖给你。所以这个故事欠缺合理性。

这个故事其实是可以改良的。其中一位学员给了建议："你不要说10 万元钱买一部车。可以说 20 元钱去吃一碗面，结果差两元钱，这就是有可能的了。"

具有典型性

案例要具有代表性和典型性，应该是大多数人都可能遇到的情况，而不是某一个人的个例。

很多老师讲课时喜欢讲个人的案例，这种方式得有个前提，案例要具有代表性，如果案例不具有代表性，听课的人也就会觉得没有借鉴意义。

具有新颖性

新颖性有两个角度，一是时间要新，二是角度要新。

首先是案例的时间新。讲案例的目的是激活学习者的旧知，如果这个案例已经发生很久了，学习者早就知道了，再想用它来点燃学习者的热情就很难了。

很多老师经常用老生常谈的案例。比如"曾经有一个秀才去赶考，路上做了一个梦，梦见了……"这些老掉牙的案例，大家听了就烦。以前我讲课和写书的时候，认为案例的时间最好不要超过五年，现在看来，五年已经太久了，一年之前的事情大家都要忘了。现在每周都有热点，热点也不过一周，是真正的"信息爆炸"，案例便要及时更新。

最好是拿现场的事当作案例来讲，拿刚刚发生的事当案例也更能体现出老师的水平。

我们在上课的时候，通常会拿现场学员的学习情况作为案例来激励大家，比如课程标题是"对象 + 内容"形式。如果学员都是同事，那么学员开发的课程名称可以再加上"小红花"作为激励，很快就可以点燃现场。

其次是案例角度要新颖。一样的案例可以用不同的角度来讲，旧案例也可以换新角度来讲。

7D 小花絮：旧案例新用

本章第二节苏格拉底的“教育不是灌输，而是点燃火焰”这个案例，已经发生 2000 多年了，按照时间来看属于旧案例。但听了得到 App CEO 脱不花的“教育不是灌溉，而是点燃”的演讲，她将“灌输”改为“灌溉”，点燃了我，所以我加上了这个案例。

当然角度新颖这方面有一定难度，使用起来要谨慎，所以建议大家尽量多用新的案例。

学习任务

1. 请重新审视自己开发的课程中的案例是否符合以上四个原则，运用 AGC 逻辑模型检验案例是否紧扣主题，是否合理地解释了概念、说明了观点。要确保课程的严谨性。

2. 请在你的课程结构图上看看哪部分内容可以使用案例，使用哪种案例，同时思考一下案例内容是否可以优化？

案例的开发流程 CCGO 模型

明确了案例开发的原则，接下来就是开发案例。案例开发主要遵循四个步骤，即 CCGO 模型：选择要点（choose key points）、确定类型（confirm type）、采集素材（get material）、优化细节（optimize details），如图 4–6 所示。

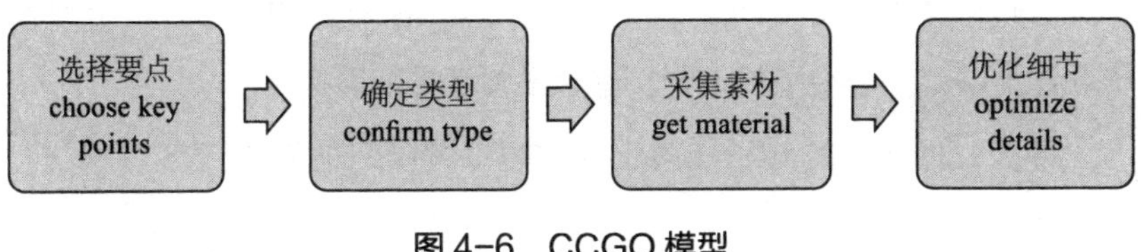

图 4–6　CCGO 模型

第一步：选择要点（choose key points）

案例的作用是通过激活学习者的旧知，帮助学习者理解新知。对于老师来说，他们通过案例来对观点或者知识点进行解释说明，让学员理解及接受观点。因此，首先要明确自己想要表达的观点，也就是课程中的知识点。

课程中的知识点是很多的，但是不是每个知识点都需要用案例来解释呢？如果这么做，一堂课程可能就变成“新华字典”或者“故事会”了，完全成了老师的独角戏。

那什么样的知识点需要用案例解释呢？这是很多老师的困惑。有可能该讲的没有讲透，让学习者感觉老师的课程很浅；也有可能不该讲的讲得太多了，让学习者感觉索然无味，认为“老师低估了我们的智商，这些我们都懂了”。

案例的作用是解决学习者的问题的，因此，也可以把知识点分为良构、病构和劣构三类。

结构良好的知识点就是良构的，这类知识点很简单，不需要老师讲。比如有老师讲礼仪课，通常会讲“礼仪的概念”，然后举例说明。这种知识其实很简单，不需要加案例学习者也能明白。

结构很复杂的知识点就是病构的，用单纯的讲授、案例已经不够了，可能需要做学习活动才行。比如“如何做好接待礼仪”，这些知识点让学习者参与讨论更好。

劣构的知识点最好用案例进行阐述。比如“礼仪的价值”，单纯讲概念还不够，还需要举例说明，这样学习者更能够接受。

那么，什么样的知识点属于劣构呢？可以归纳为“三点”：重点、难点和痛点。

重点就是从内容角度来讲，很重要的知识点，必须通过案例让学员理解的内容。难点就是从学习者角度来看，有点难以理解的知识点需要借助案例来帮助理解。痛点是学习者有些误区，自己又难以解决的知识点，需要借助案例来加深认识的内容。

上面三类知识点需要用案例来进行说明，简称“三点一例”。

第二步：确定类型（confirm type）

当明确了哪些知识点需要用案例后，接下来就要分析用什么样的案例。案例类型从内容的组成上可以分为三种：数据型案例、实例型案例、故事型案例。

第一种，数据型案例

这类案例的主要内容由数据、数字构成。数据型案例的特点在于科学，显得内容有可信度，通常是大数据统计的结果，具有典型性。

本书第一章所引用的学习效果金字塔，就是数据型案例。数据型案例要求科学严谨，经得起推敲，一定要有真实的来源。

在辅导企业讲师做课程开发的时候，我们发现大家习惯用讲道理的方式说明所讲内容的重要性、必要性，以引起学员的重视和兴趣。这时候，我们会引导学员，事实胜于雄辩，讲道理不如讲案例，在这方面，有没有相关数据来说明问题？如果有的话，就用数据来说话，会更有说服力。

第二种，实例型案例

以生活或者工作中真实发生的事情为案例，企业内部开发的课程，通常采用实例型案例。因为是在工作或者生活中发生的事，这些案例有可能在学员身边也发生过。讲这些案例很容易激活学员的旧知，让学员容易理解和快速产生共鸣。

在指导企业开发内部课程时，我们引导学员运用最多的就是实例型案例。在案例素材集里有专门的模板，用来激活学员的旧知，参照模板，收集个人案例。这个模板上面已经写了主题，让大家填写内容，相对更容易产生符合主题、紧扣主题的案例。

实例型案例更真实，数据型案例更科学，这两类案例都可以增加课程内容的可信度。

第三种，故事型案例

这类案例的主要特征就是有人物、故事情节，显得更加生动。故事型案例可以是真的，也可以是假的，因为是故事，目的是帮助学员理解和掌握，所以学员也不会较真。

但在开发案例的时候需要注意：假的就是假的，真的就是真的，不要真假混淆，那样反倒引来争议。

案例

蚯蚓的故事

在一次湛卢坊版权课程合伙人项目中，一位 Z 老师分享了她看到的一个案例：在一个论坛上，C 博士讲了一个故事。

C 博士去探访一名学员企业家 W 老板，W 老板开了一个蚯蚓养殖场，这是他们之间的对话。

W 老板：C 博士，我有一个很大的苦恼，其他人养出来的都是大蚯蚓，而我的蚯蚓养不大，这直接影响了产值和利润。您是博士，希望您给我提提建议。

C 博士：把蚯蚓养大有很多方法，你采用了哪些方法？

W 老板：我想了很多方法，还去请教了很多养殖专家，仍然没有见到效果。

C 博士：你去请教一下那些养出大蚯蚓的老板，问问他们的蚯蚓是如何长大的，他们应该会有办法。

一段时间后，C 博士和 W 老板再次见面。

W 老板：感谢 C 博士给我的建议，我养的蚯蚓终于长成大蚯蚓了。

C 博士：恭喜你，你用了什么方法？

W 老板：我买了一些大蚯蚓，让我的小蚯蚓跟这些大蚯蚓在一起，一段时间后，这些小蚯蚓就长成了大蚯蚓。

C 博士：是的，想要成为什么样的人，就跟什么样的人在一起。

Z 老师说，其实当时 C 博士讲了 10 分钟左右，她只记住了这段关键部分。于是大家一起探讨这个故事，大家觉得这个故事的隐喻是有意义的，但是存在几个争议：第一，小蚯蚓跟大蚯蚓在一起真的能长成大蚯蚓吗？蚯蚓长大的决定因素是养殖方法，是基因，还是环境？森林里小草旁边就是大树，这些小草能长成大树吗？第二，这个故事感觉是编纂的，故事可以是假的，目的是说明道理，但是 C 博士把自己作为故事角色，感觉又是真的，有些真假不清。

举例说明的案例是为了解释某个概念，证明某个观点。案例就相当于证据，如果证据有瑕疵，就无法证明观点，因此要求案例必须非常严谨。

这三种案例并不是完全分开的，是有关联和交叉的。在一门课程中最好三种案例都有。

根据实际效果需要，案例可以进行优化，比如说实例型案例变成故事性案例。

案例

消防安全的案例

在一家化工企业内训开发课程的项目中，有一个小组开发的课程是消防方面的内容。他们用了数据型案例，内容是某一次火灾死了多少人，带来多大的损失，等等。大家感觉对学员的触动不够，因为数字是冰冷的。后来开发小组进行了加工，通过翻阅资料、查看网上的信息包括视频片段，找到了一个小学生的案例。他的父母在火灾中去世了。他们决定从小学生的角度来反映火灾带来的伤害。开发小组把学员带到情景中，让大家切实体会到火灾给家庭带来的危害，从而让大家重视消防安全。

这就是把数据型案例变成了故事型案例。

如果一个案例是把三者结合了，是实例，有故事情节，又有数据，可称为复合型案例。所以有时也把案例分为四类：数据型、实例型、故事型，还有复合型案例。通常举例说明的案例不用这么复杂，综合型案例更多用在学习活动中，作为案例分析型学习活动。后文会有详细介绍。

第三步：采集素材（get material）

明确了案例的类型，接下来就是采集案例素材，那么，案例来自于哪里呢？

关于案例的来源，在《培训师 21 项技能修炼》上册第六章有详细的介绍，本书不再重复，仅做一些补充。

案例有三种来源：第一种是引用，第二种是改编，第三种是自编（见图 4–7）。

引用	改编	自编
• 需求调查 • 公布的资料 • 专业的书籍杂志 • 网络 • 道听途说	• 改变内涵 • 改变角色 • 改变情节 • 提升含义	• 自己听说的案例 • 身边的案例 • 自己的案例

图 4–7　案例的来源

第一种，引用案例

引用与主题相关的案例是案例最主要的来源之一。首先，在主题设计的访谈环节去了解学员需求的时候，会了解到很多案例。如果把这些案例放在培训课程中，学员的体验会很真实。

其次，引用案例还包括网上的案例、公司已经公布的案例，比如公司的一些数据。这里注意有个最基本的保密原则，有些公司的数据不能对外讲，培训师要坚守保密原则。本书中举的很多案例只说行业地区，不说具体的企业名字，也是基于保密原则。

需要注意的是，来源于网络及道听途说的案例，其真实性可能存在问题，为了保证课程的严谨性，对这样的案例有两个建议：第一，尽量不用；第二，如果一定要用，要说明出处，类似有一个“免责声明”。在表达案例的时候加上“我在微信朋友圈看到这样的案例”“我在地铁上听到这样的一个故事”类似的话，表明案例不一定是真实的，减少学员的误解。

关于引用的案例，还有一个要求就是尊重版权。就像本书中的学习效果金字塔，是美国缅因州国家实验室做的，金字塔原理是芭芭拉·明托的著作中提到的。当然还有很多内容来自参考书籍，除了在内容中提及以外，统一放在了本书最后的参考文献中。

第二种，改编案例

实际上，在培训中用得最多的就是改编的案例，真正原汁原味引用的案例反而不太多。改编案例通常从内涵、角色、情节入手。

1. 内涵改编。

为了让案例更加贴合观点，可以对案例内涵进行改编，使之为主题服务。

案例

向和尚卖梳子

在一家银行的内训师课堂上，一位学员开发的销售课程，引用了“把 100 把梳子卖给和尚”的案例，要说明的观点是“精准营销的优势”。但是，我们知道这个案例本意是说明营销的创新性，而并不是找到精准客户。那么，如何让案例起到这个效果呢？就要对案例做改编，变为：虽然营销成功了，但是营销过程很辛苦，风险很大，营销还是要找到精准客户才能事半功倍。

这种改编其实还有另外一个必要性，前文讲到案例要新颖，“向和尚卖梳子”其实是老掉牙的案例，但是因为换了个角度阐述，也是其新颖性的体现。

2. 角色改编。

有时候一些负面的、隐晦的案例，直接引用会有一定风险。我们在辅导一家汽车企业做内训师课程开发时，有一位学员引用了同行业的一个负面案例，当时就有人提醒他最好能改变一下角色，万一被该企业的人听到了影响不太好。

在开发课程及讲授课程的时候，需要注意保护隐私原则，包括个人隐私和组织的隐私，尤其负面案例，最好进行适当改编。

我们通常的建议是：案例是正面积极的，可以提名字；案例是负面消极的，一定不要提及真名，尤其是人的真名。留意一下，你会发现，法律方面的报道，通常用“某”来替代，比如“欧阳锋”，变成“欧阳某”。

案例

火灾企业的名字

在某能源企业开发的消防课程中，针对一个案例，开发组伙伴进行了积极的讨论。

课程涉及一个真实案例，某企业发生火灾带来了巨大损失，案例是很合适的，而且发生时间在大约一年前，但是开发组对于是否用企业的真名产生了争议：

有些人说既然是实例型案例，肯定要用真实的，而且这件事情法律上已经定性，相关责任人被判刑，这些资料都是公开的，应该是可以用的。

有些人认为，案例虽然是真实的，但还是要保护企业和个人的隐私，以免带来麻烦。

经过大家激烈的讨论，达成共识：不用真名，用“某”替代。为什么呢？第一，真实的案例是指事实是真的，不用真名并不代表案例是假的；第二，尊重当事人，避免给当事人带来不好的影响；第三，案例是为了阐明观点，达成这个目的就够了。

实际上本书的案例都是实例型案例，除了极少数以外，绝大多数没有用真名，而是用字母代替。比如L老师，可能是刘老师，也可能是李老师，还有可能是梁老师。读者根本不关心到底是刘老师还是李老师，他们关注的是案例本身及案例带来的价值。

本书提到的企业绝大多数也没有用真实名字，而是用某行业代替，一是因为案例本身是真实的，相信读者看到案例就会明白；二是保护相关企业的隐私，不管是正面案例还是负面案例，如果没有征得企业的同意，就不能用企业的真名。

3. 情节改编。

同样一个案例，在面对不同人讲授的时候，为了起到不同的效果，可以适当改编情节，做有倾向性的引导。

案例

手机出错

我们在辅导一家知名手机制造企业内训师培养的时候，有一组学员讲了这样一个案例：他们老总在接待客户的时候，向对方展示自己制造的手机的高科技含量，结果操作手机的过程中，一件很糗的事发生了，被用来展示的手机没有声音，现场非常尴尬。后来查明是手机零配件出现问题，这个零配件是有专门供应商的。

这个案例可用在不同的地方。如果是用在给供应商做培训或者会议中，可以把情节引向该供应商受到了谴责，影响了他们之间的合作。当然，也可以用在内部培训中，改为接待前，内部检查工作要做好，提高工作的细致程度。

第三种，自编案例

这主要指课程开发师自己身上发生的案例，包括身边发生的案例。这样的案例给人的感觉更加真实可信。

这对课程开发师的要求很高，需要其有很多经历、体验和积累。

因为没有完全契合的案例，案例往往要具备很多信息和要素才能达到想要的结果，讲师可以自编案例，把自己需要的点都编进去，为课程所用，目的只是实现教学目标。

7D 小花絮：多实践累积案例

刚入行的培训师遇到的最大挑战之一是“授课实践不多，真实案例太少”。很多培训师会讲企业的案例，尤其是有知名企业背景的培训师，通常会讲“我在某企业如何如何”。但如果经常讲这样的案例，给人的感觉就有点类似阿 Q“我祖上也是很有钱的”的情况，建议大家尽量避免。

三种案例的难易程度是层层递进的。有人甚至认为“初级讲师引用案例，中级讲师改编案例，高级讲师自编案例”。当然一门课程中最好三种案例都有，而且相互可以交叉。

这里提供一个案例的标准版本（见表 4–1），读者可以根据表格填写。

表 4–1 案例模板

案例名称	如何让他人接受难度非常大的任务目标			备注
时间	×× 年	地点	某通信公司	
人物	全体成员			可不用真名
具体情景	中心下达了新的目标任务，团队成员感到目标超越前期较大幅度，难以完成。如何将目标分解并让员工接受？ 我采用的方式首先是逐个访谈，掌握每个下属的具体情况，并做相应的沟通。然后召开全体员工会议，激励大家完成任务			
最终结果	大家都接受了这个任务，年底也完成了任务			
你的评价	针对性的沟通很重要			你的个性化的评价

学习任务

请看一下，你开发的课程中所采用的案例属于哪个来源？

第四步：优化细节（optimize details）

案例素材收集好了之后，还需要不断优化和加工。案例的加工是案例开发中非常重要的环节，也是课堂精彩呈现的基础。

案例优化有三个思路：代入感、画面感、参与感。

代入感：所采用的案例与学员相关，更容易把学员代入案例情境中。

画面感：描述案例的具体画面，吸引学员，激发学员学习参与的热情。

参与感：案例的内容与学员有直接关联，能够激活学员的旧知，让他们感同身受。

这里用一个案例来阐述案例优化的三个思路。

案例

M 型特质的故事

在版权课程萨蒙领导力授权认证集训班上，某医药公司高管 X 老师讲了一个案例——“M 型特质的工作特点”。

你们是否有 M 型特质的同事？跟他们共事会有什么感受呢？他们在工作中会有哪些特点呢？

我给大家讲一个案例。李某斌是公司财务部新任部长，他进入公司不久，就发起了对公司传统、落后的财务系统的改造，引进了当时著名的浪潮 ERP 财务系统，大刀阔斧，锐意创新。

在项目启动会上，身为项目指挥长的他目光炯炯，声音洪亮，语气坚定：“不管遇到多大阻力，必须在半年内完成改造。”在领导的赞许声和同事的羡慕声中，改革的大幕拉开了。

然而，仅仅三个多月，残酷的现实就打破了和谐。因为财务系统的改革涉及公司所有部门，出现了很多困难和问题。一次次协调会被李部长变成了“批斗会”：“谁拖延，谁反对，就处理谁。”一时间，公司怨声载道。

终于在一次协调会上，领导在一片众怒声中提醒李部长要注意方式方法。结果，他扔下一句“志不同道不合，不相为谋”，摔门而去。10 天后，李部长递上辞职报告，那次改革也随之终止。

现在来分析这个案例。第一，代入感。把听者带进去，让学员参与进去。X 老师提问：“你们是否有 M 型特质的同事？跟他们共事会有什么感受呢？”就会引起大家的注意，让学员想到身边的 M 型特质同事，联想起与 M 型特质同事工作时的情况。这就是通过提问增强学员的代入感。

代入感最简单的方法是用一个简单的背景介绍就把大家带进去了。就像本书，在举案例的时候，总是会加上一句“我在给某行业企业做内训师项目的时候”“我们在给某行业企业做课程开发的时候”。最主要的目的就是产生代入感，帮助读者马上想到那个场景，如果读者刚好是那个行业的，就更容易被代入。

在案例加工的时候介绍背景可以增强代入感。当然如果是在课程中，也可以运用“与主题相关的互动”技巧，上面的案例就用了“提问”的互动技巧。

第二，画面感。用一两分钟时间就能把画面给描述出来，描述出对话的场景，就叫画面感。随着你的描述，学员眼前可以呈现出一幅画面。本案例中，“身为项目指挥长的他目光炯炯，声音洪亮，语气坚定：‘不管遇到多大阻力，必须在半年内完成改造。’”这段话，学员和读者都仿佛能看到当时的场景。包括“谁拖延，谁反对，就处理谁”及“他扔下一句‘志不同道不合，不相为谋’，摔门而去”，虽然文字不多，但都呈现出了画面感。

画面感看似简单，其实很难。关键就在于“画面”到底应该描述哪些内容，需要多长时间。

我们听一些老师讲课，感觉某些老师“讲得好”，原因之一就是案例讲得好，案例不长不短，画面描述非常精彩；相反，感觉另外一些老师“讲得不好”，也是因为案例讲得不太好。

画面感主要针对的是实例型案例和故事型案例，在开发案例的时候，强调描述主要情节，字数通常在 100 字以内。在“三维七步”精彩课堂呈现的课程中，重点训练学员的故事呈现能力，要求其在 1 分钟内讲清楚故事。

这个“M 型特质的案例”一共 300 多字，呈现出几个画面，每个画面文字都很简练，让人印象深刻。

第三，参与感。有的讲师讲的案例也非常生动，他甚至自己很开心，也可能感动得流泪，却不能让台下的观众参与进来。有人认为这是没有互动，其实互动只是表象。比如向大家提问是一个表象，让大家参与的根本原因是课程内容是否和学员经历有关，如果课程的内容与学员的经历有关，把学员的旧知给激活了，他们自然就乐意参与了。

所以讲师讲的案例，要结合现场学员的状况。人总是对跟自己相关、自己曾经经历过或者熟知的事物感兴趣。举例子的时候要考虑到现场的学员，尽量用他们都知道的事情为案例，这也是以学习者为中心的体现。

案例内容是关于财务管理改革的，这也是很多企业都在做或者做过的事情。X 老师的案例能够激活学员的旧知，让他们参与其中，加上他们工作中肯定会遇到M型特质的人，更能够激发他们的兴趣。无论是人物还是事件都与学员相关，这就是案例的参与感。

案例

抓住兴趣点，引起共鸣

有一次在“版权课程合伙人”认证班上，一位讲标准化管理的D老师提出了“建立标准、规则有利于管理”的论点。

D老师首先让在场有孩子的人举手，很多人举起了手。然后D老师说：“我也是一个5岁孩子的爸爸，我想分享一件我和孩子之间的事情。我想大家作为父母都遇到过小孩子不整理东西，东西乱摆乱放的情况，对吧？”很多人都点头。

D老师接着说：“我也遇到了这个问题，大家知道我是怎么解决的吗？”这时现场很多人都精神起来，表示对这个话题很感兴趣。

D老师讲了事情的来龙去脉，最后得出结论：要建立规则标准，才有利于大家按照标准行事，提高管理绩效。

这位老师就是抓住了大家的兴趣点，引起共鸣，让大家参与到案例中了。

当然，做到关联学员的案例，就涉及课程开发主题设计中非常重要的一个环节——前期调研，要了解学员的基本背景，才能真正做到因材施教，找到与他们相关的案例。

7D小布丁

麦肯锡提出表达的“电梯时间”：要求在30秒以内表达清楚，而且说服对方。在实践中，可以延伸到“1分钟表达”：既要表达清晰，又要有吸引力，更要有说服力。

案例开发内容既是本章的重点，也是整个 7D 的重点，是每一位课程开发师和培训师都需要花苦功夫的内容。在日常生活中积累案例、加工案例也是课程开发的一部分。

案例开发出来之后，还需要呈现，不同的案例要有不同的呈现方式，这就类似于不同的食材需要有不同的烹饪方法。案例的呈现有 PPT 演示、老师讲授、学员展示、视频播放、微课，以及资料发放等多种方式。案例呈现方式属于“课程呈现”环节，本书不详细阐述。

将“课程内容”和“课程呈现”完美结合起来的方式是微课。当前，微课开发也是非常重要的内容，详见本书第九章“建构主义 5M 精品微课开发”。

知识点和案例构成了课程内容的主要部分，这也是行业内大多数课程的特点。在建构主义教学看来，这些远远不够。无论是知识点还是案例，这还是老师在讲，学员在听，属于被动学习。真正要点燃学员的学习热情，激发学员的主动学习，达成教学目标，还需要开发学习活动。

图 4–8 是形象的归纳和总结，学习活动的开发是课程开发中非常重要的内容。

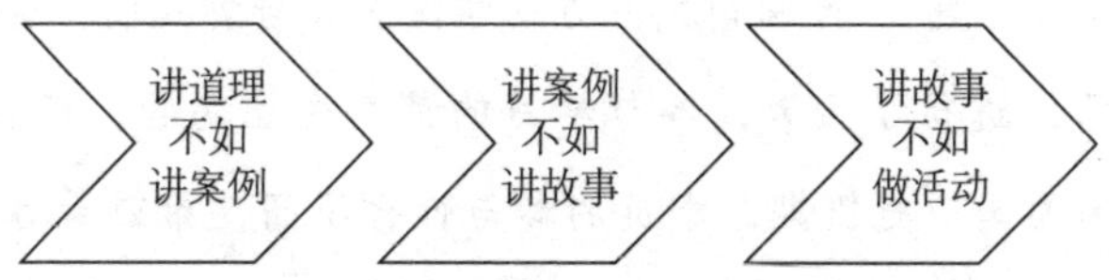

图 4–8　开发学习活动的重要性

学习任务

按照案例开发流程的 CCGO 模型，结合案例的模板，为课程开发案例。

学习活动的含义及开发原则

除了知识点的开发和案例的开发，学习活动作为教学过程中必不可少的环节，也是建构主义教学最主要的体现。可以说“没有学习活动，就不是建构主义教学”。因此，此内容又作为本书最重要的内容进行阐述，属于重中之重。

学习活动的含义及价值

辅助性学习活动是通常所说的互动活动，包括热身活动、破冰活动，以及激发学员参与性的奖励、游戏，等等。

辅助性学习活动表面上看与主题没有直接联系，但是能够激发学员参与，可以协助点燃学员热情。

案例

游戏协助点燃学员热情

某年劳动节，我们应邀给一家知名地产企业上版权课程“萨蒙领导力星盘”。开课前主办方商学院院长告诉我们，这个领导力项目已经进行了三天，参与学习的都是企业高管，都有些疲倦，同时因为当时是假期，学员的参与性也不高。希望最后两天的课程能够更多调动大家参与，让大家有更大的收获。

对此我们做了特殊安排，开场的时候助教老师带领大家玩了一个“乌鸦和乌龟的故事”的游戏，游戏时间不到五分钟，一下子点燃了全场。

接下来的正式培训中，大家更是积极参与，踊跃发言，两天里气氛一直燃到底。

项目结束后，大家的评价都非常好，公司总经理还当众对项目进行了表扬，商学院院长如释重负。

除了课程本身，辅助性学习活动也非常重要，就像点燃鞭炮之前需要防止鞭炮潮湿一样。

当然，由于辅助性学习活动与主题没有直接关联，做得太多就会淡化主题，让参与者产生“形式大于内容”的感觉，带来不好的效果，所以要慎重使用。小菜抢了主菜的风头可不是什么好事。

辅助性学习活动的开发和呈现，也是培训师的基本功，相关书籍和课程很多，不再赘述。

主题性学习活动的含义

辅助性学习活动只是协助点燃学员，真正点燃学员的还是主题性学习活动。本书中提到的“学习活动”也都是指主题性学习活动。

主题性学习活动指的是围绕某个具体问题及任务，以学习者为主体参与建构，并达成学习成果的教学活动。

这里有几个关键点：

第一，具体问题及任务

这是运用学习活动的前提和目标，学习活动最终是要完成任务或者解决问题。如果没有问题和任务，就不需要学习活动。如果通过老师讲授就能达到学习效果，也不需要用学习活动。

结合本书第二章中的“问题的三种分类”，这里的“问题”是指劣构问题，即比较复杂的、难度较大的问题。

第二，学习者为主体

在整个学习活动中，学习者是作为主体参与其中的，包括参与深度思考、讨论、训练、实操等。

老师是问题及任务的提出者、规则的制定者、流程的监督者、学习的引导者，是真正的点燃者，甚至有时是课程的旁观者。学习活动本质上是由学习者自己解决问题完成任务的过程。

第三，达成学习成果

这是学习活动的最终目标，如果没有达成学习成果，那学习活动则是失败的，或者无效的。

这三个关键点缺一不可，既是学习活动与其他互动活动的区别所在，更是真正体现建构主义的价值。可以说，“没有学习活动，就没有真正的建构”。

案例

主题性学习活动和辅助性学习活动的区别

在给某建筑集团做“深度定制的精品课程”项目时，管理学院 D 老师跟我交流了主题性学习活动与辅助性学习活动的区别。

D 老师：老师，我还是不太明白这两类学习活动的区别，我觉得都是让大家参与呀，都是在点燃大家的热情呀，区别在哪里呢？

我：你举个例子说一下。

D 老师：我觉得今天下午课程开场的时候，助教杨老师带领我们做的“乌鸦和乌龟的故事”游戏挺有意思的。本来中午的时候大家还在画课程结构图，都没怎么休息，我们很疲倦，一做这个游戏就不疲倦了。

我：在“乌鸦和乌龟的故事”中你学到了什么呢？

D 老师：我学到了要保持注意力集中呀，不然的话就会被对方打手板。

我：咱们现在的项目是精品课程开发，这个活动能够帮助你理解哪个主题，或者帮助你开发出什么内容呢？

D 老师：这倒没有，这个游戏只是活跃了气氛。

我：现在你明白了与主题无关的活动不能叫主题性学习活动了吗？

D 老师：我明白了，但是我又有一个问题。

我：你请讲。

D 老师：上午在给课程取名称的环节，你把我的课程名称当作案例给大家讲了，还当众奖励了我“笑脸贴”，我觉得很开心，倍感骄傲。这个发笑脸贴算不算主题性学习活动？

我：你觉得这是主题性学习活动吗？

D 老师：对呀，因为与主题相关呀。

我：如果我不给你奖励“笑脸贴”，你会怎么样？会取不出课程名称吗？

D 老师：那倒不会，只是不会那样开心。

我：那么，“笑脸贴”是什么作用呢？

D 老师：哦，是辅助作用。看来，主题性学习活动是必不可少的，辅助性学习活动算是锦上添花，而且辅助性学习活动和主题性学习活动结合，相得益彰。

我：嗯，这是很好的提炼、很好的建构。

D 老师：谢谢老师。这是从作用上来区分的。还有什么方式可以直接判断两者的差别呢？

我：你回忆一下，上午的“设计课程名称”环节，一共有哪些步骤？

D 老师：第一步，你提出要求课程名称是“对象＋内容”；第二步，我们小组内部讨论，思考；第三步，我们实操，写自己的课程名称；第四步，你来检查我们的作业情况，并且给予评价，就是在检查作业的时候给了我“笑脸贴”。

我：总结得很好，一共四个步骤。那么我给你“笑脸贴”有几个步骤呢？

D 老师：这很简单，你把我的课程名称读给大家听，说这就是符合“对象＋内容”，然后给了我“笑脸贴”。可以算作两步吧？

我：对，现在看出区别了吗？

D 老师：看出来了。主题性学习活动流程比较复杂，花的时间比较多，而且都是学员做为主。辅助性学习活动很简单，老师和学员都有参与，一般很快就结束了。

我：是的，辅助性学习活动很简单，可能几秒钟就完成了。主题性学习活动在操作中有四个步骤，叫 SSCE 模型，完整的流程在 30 分钟左右，最短也需要 10 分钟以上。

D 老师：嗯，明白了，主题性学习活动和辅助性学习活动在作用和操作流程上都不一样，谢谢老师。

7D 小布丁

学习活动 SSCE 操作模型（见图 4–9），详细内容参见《建构主义学习设计与课程开发》第五章第三节。

S（setting）：设置——情境、问题、要求、规则、要点

S（study）：学习——结合原有基础，个人、小组协作学习

C（construct）：建构——运用顺应、同化，平衡，建构，展示

E（evaluation）：考核——评估、调整、评价，检查，反馈

图 4-9 学习活动的 SSCE 操作模型

所以，学习活动的教学设计是真正体现以学习者为中心，用技术解决问题的建构主义教学思想。

学习活动开发的三个原则

学习活动开发有三个最基本的原则。

第一，聚焦性原则

学习活动的根本目的是让学习者解决比较复杂的问题，而不仅仅是看起来热闹。学习活动要聚焦问题的解决，而且聚焦的应该是劣构问题、相对比较复杂的问题。通过老师讲解就能够解决的问题并不需要采用学习活动。良构问题要么不用进入课程，要么依靠老师讲授等传统方式解决；病构问题非常复杂，在有限的时间内解决不了，最好也不要进入课程；劣构问题就刚好可以用学习活动来解决。

案例 **如何安排内容**

有一次给某电子研究所做教学设计项目，一位老专家跟我交流。

老专家：老师，我的课程知识点非常多，我就单纯用讲授的方式可能时间都还不够，如果再加上学习活动，时间是不是更不够？我们所里对每门课程是有时间限制的，通常是三小时以内，在有限的时间里应该如何安排学习活动呢？

我：嗯，这是企业内部老师通常会遇到的问题。请问您感觉以前通过单纯地讲授知识点，学员学得怎么样？

老专家：他们学得不是太好，所以才安排我们来参加培训。

我：他们学得不太好，是不是说明传统教学方式需要转变呢？

老专家：嗯，明白了，我用学习活动。但是课程内容太多了，时间不够呀。

我：那所有内容是不是只能通过您的讲授他们才能学到？

老专家：这倒不一定。很多内容他们应该也是懂的，毕竟进入所里的人都是学这个专业的，大多数人学历都不低。

我：那些内容既然他们都懂了，还需要您再给他们讲吗？

老专家：哦，我明白了，我应该讲他们不懂的内容。难度小的内容用讲解的方式，难度大的内容就用学习活动的方式。还有他们都懂的内容可以打印资料让他们自己学习，这样可以节省出很多时间。

第二，有效性原则

学习活动的有效性包括两层含义。

第一是指学习效果，学习活动的目的是让学员解决问题，如果没有解决问题，就没有达成学习效果，这个学习活动就没有价值。

第二是指学习效益，以相对更小的投入达成更好的学习效果，就是取得了学习效益。更重要的是，达成同样的学习效果有很多种方式，要选择相对好的方式。

本书总结出四种最常见的学习活动（详见后文），有些问题是可以选择多种学习活动的，那么就要选择其中最有效的一种。这要求培训师对学习活动很熟悉，对学员很熟悉。

案例

科研单位的学习活动

在某航天研究院“导师七剑——科研导师的核心技术”项目中，我们设计了案例分析、技能演练和成果展示等学习活动，尤其以案例分析型学习活动为主，并且在调研中收集了一些案例。

在项目交付过程中，我们发现航天专家们不太喜欢表达，更不愿意进行激烈的研讨和辩论，他们喜欢踏踏实实的操作。同时因为保密原则，他们也不太愿意把单位的真实案例拿出来深入讨论。

因此在教学过程中，我及时调整，把本来要做的案例分析型学习活动改为技能演练型学习活动，更多地让航天专家实操和练习。他们也做到了积极参与，一燃到底。

第三，把控性原则

教学的目的是让学习者解决问题。这是行业共识，但是很多老师还是不愿意做学习活动，其中一个重要原因就是学习活动难以把控。

一旦做了学习活动，就要求老师既要有专业的学习活动设计能力，还要有控场能力、引导学习者参与的能力、协调各个小组进度的能力、处理突发事件的能力。所以很多老师不敢操作学习活动，选择自己一讲到底，以避免出现教学事故。

提高学习活动的把控性，需要注意以下几个方面：

内容的开发

这是确保学习效果的基础，也是内容为王的体现。如果预先开发的学习活动很科学，就可以最大程度避免实操中带来的问题。针对一个任务，可以选择更容易把控的学习活动。

时间的规划

学习活动是学习者深入学习的方式，要求预留足够长的时间，同时因为学习者的学习进度不一样，还需要预留一些灵活处理的时间。

可以根据主题的难易程度及学习者整体水平来规划时间。通常难度较大的深度学习的学习活动在 30 分钟左右，有时更长。像 7D 精品课程开发的“结构设计”通常需要 3 小时左右。最短的学习活动时间不能低于 10 分钟，否则就太浅了。

同时，要充分利用课间休息时间来调整进度。在快要课间休息的时候，告诉学习者“接下来休息 10 分钟，完成任务的伙伴休息一下，没有做好的请继续”。给予进度慢的学习者一些时间。

另外，在课程最后要预留足够长的时间以便应对各种情况。这方面内容在本书第三章、第五章中也有阐述。

分解任务

如果主题任务比较复杂，难度太大，可以把任务进行分解，设计成系列学习活动。像第三章提到的结构设计，在实际操作中就可以分解成几个任务，每个任务是一个学习活动，由易到难，逐步推进。

单独辅导

通常情况下，学习者的基础水平是不一样的。在操作学习活动的过程中，进展就会不一样。老师要有针对性地提供辅导，尤其关注进度较慢的学习者。当然也可以鼓励大家协作，让进度快的学习者带动进度慢的学习者。

学习活动的把控是确保学习活动顺利开展的必要保障，需要不断实践，不断优化。

在开发学习活动的时候要掌握聚焦性、有效性和把控性三个原则，这是学习活动开发的总体原则，具体某类学习活动的原则略有不同，后文会分别阐述。当然，这三个原则还体现在学习活动的实施和交付中。因为开发和交付本身是有联系的，在开发的时候要联系到交付，本书重点阐述学习活动的开发，交付仅略有涉及。

学习活动的四种类型概述

根据学习活动的内容和操作流程，学习活动可以分为四种类型：问题讨论型、技能演练型、案例分析型和成果展示型（见图 4–10）。

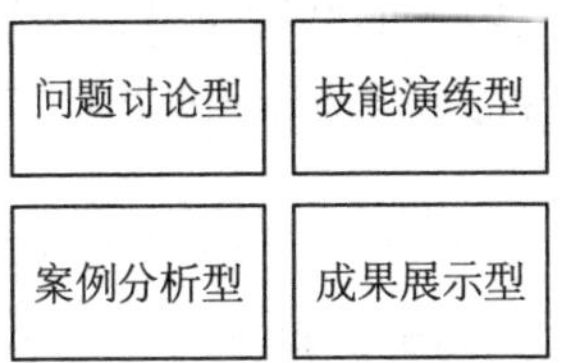

图 4–10 学习活动的类型

学习活动是最能体现建构主义教学思想的内容，也是让学习者真正进行建构的重要方式，更是课程开发的核心内容，也是目前课程开发领域中的难点和痛点，所以我们把四类学习活动分别进行介绍。

> **7D 小布丁**
>
> 为便于读者理解，每一类学习活动的内容都按照“概念解读、操作流程（开发模型）、注意事项”三方面进行阐述，其中操作流程部分是重点。

问题讨论型学习活动的开发

所谓问题讨论型学习活动，就是聚焦某一个劣构主题，设计成问题的形式，让学习者围绕这个问题进行讨论，由学习者找到解决方案的主题性学习活动。

问题讨论型学习活动的三个关键点

聚焦劣构问题

即直接提出一个难度较大的问题（劣构问题），这个问题要是开放性的，没有更多背景，引导学习者对问题进行讨论。

比如，在开发新员工入职培训课程中，主题是讲“公司的企业文化”，把主要内容讲完后，为了检验学习者的学习成果，让新员工更加认同企业，尽早融入企业，可以直接提出问题：如何成为一名合格的员工？这就是直接提出了一个比较复杂的问题。

学习者参与讨论

问题讨论型学习活动的关键在于讨论，而且讨论的过程以学习者为主体，老师只起到引导作用。一定不是老师一个人讲解，老师的讲解是为了助力学习者更好地讨论。

很多老师喜欢讲。本来是让学习者讨论，结果老师夸夸其谈，比学习者讲得还多。这是种假的讨论，不是有意义的学习活动。

达成共识

问题讨论型学习活动可以归纳为：老师提出问题，学习者找到答案，师生达成共识，是一种真正的师生共建的深度学习。

在问题讨论型学习活动中，老师不一定知道全部答案，更没有标准答案。这个问题对于老师来说依然是劣构问题。如果老师已经有了标准答案，再假装自己不知道，还郑重其事地组织大家讨论，那既是浪费时间，更是对学习者的欺骗和操纵。

7D 小布丁

引诱是想办法让对方往坑里跳，引导是想办法让对方从坑里跳出来。

传统型老师和建构主义老师的最大区别是：传统型老师认为“我是最棒的，你们听话照做就行”，建构主义老师认为“你们是最棒的，你们一定比我做得更好”。

在开发问题讨论型学习活动的时候，老师一定要相信“我就是要激发大家，我相信经过大家的讨论，一定会有更好的答案”。正是因为有对学习者的尊重，对知识的敬畏，老师才不会情不自禁地去教导学习者，以显示自己的水平。

苏格拉底有句经典名言：我唯一知道的就是我的无知。培训师不能太把自己当老师，高高在上，俯瞰众生，而要融入人群，点燃学员热情，让学员展示才华。

案例

学习活动让我成长

在给某通信企业开发定制版权课程的现场，学员 L 老师分享了他的经历：

我是我们学院的一级培训师，经常要给全国各地的同事上课，他们的职务级别大多比我高，我给他们上课其实是有些紧张的，害怕他们不认可我，甚至挑战我，因为我确实遇到过这种情况。但是自从去年上了“建构主义 7D 精品课程开发”课程后，我在课程中加入了学习活动，尤其是问题讨论型学习活动，取得了很好的效果。

我的一门课程是“跨部门沟通”。在课程中我采用了问题讨论型学习活动的方式提出问题：在跨部门沟通中最大的挑战是什么？你是如何克服的？

其实我在工作中跨部门沟通的经历并不多，这部分内容讲得比较浅，也没有案例。但是这些一线岗位工作的同事们有非常多相关经历，讨论了很多内容，提供了很多实际案例，还归纳出了实用的方法。

我总结了一下，通过问题讨论型学习活动，我有几大收获：第一是现场学习氛围很好，大家的参与性很强，根本不需要我来点燃；第二是大家讨论和总结出来的方法非常多，我得以吸收充实了课程内容，让课程更有深度；第三是提高了我的实际沟通水平，我尝试用课堂上讨论出的内容去实践，发现了很有用的方法，同时也发现了原本内容中某些方法不太合适，反过来优化了课程。

L 老师兴奋地讲道：我现在迷上了建构主义，上课的时候再看到“干讲”的老师，都会忍不住想建议他搞几个学习活动。

问题讨论型学习活动是展示学习者才华的舞台，也是课程开发师和培训师博采众长的好时机。面对一个劣构问题的时候，学习者的答案可以扩展你的认知，甚至把劣构问题变成良构问题，这个过程中收获最大的其实是老师。

问题讨论型学习活动的开发流程 CISR 模型

问题讨论型学习活动的开发流程可以归纳为四步（见图 4–11）。

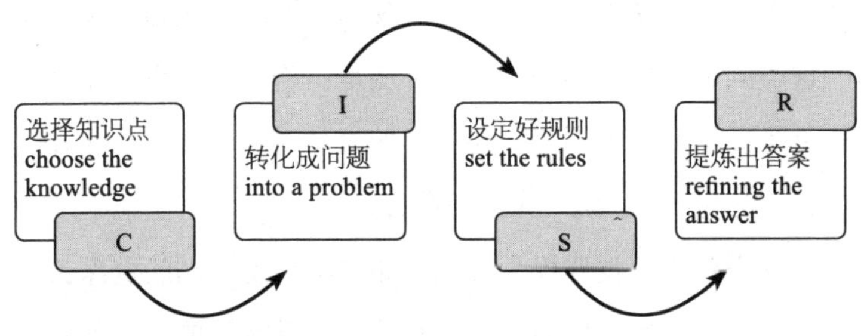

图 4-11　CISR 模型

第一步：选择知识点（choose the knowledge）

首先要选出哪些知识点可以转化成问题进行讨论。

通常把知识点分为知识、态度和技能三类，变成问题的表达就是 what、why、how。

那么，什么样的知识点适合做问题讨论型学习活动呢？

what（知识、概念、含义）

通常来说，一般知识类内容不太适合用问题讨论型学习活动，也不太适合其他类型学习活动，而是适合用讲授的方式，也就是"知识 + 概念"的方式。

这部分内容因为相对简单，大多数是良构问题。就算学习者对于这些知识点掌握不多，也可以通过自己学习、查阅资料的方式解决，作为问题讨论型学习活动的相对较少。

比如说最常见的“企业文化”类课程，关于公司的价值观的内容，采用讲解的方式就行，不用组织讨论活动。如果组织了问题讨论：请大家一起来讨论一下公司的价值观是什么？大家可能都会觉得这问题太过简单，没有兴趣。

why（态度、作用、价值）

态度类的内容属于意识、看法、观念，可以表达为意义、作用和价值。这类问题根据不同的对象，可能是良构问题，也可能是劣构问题。如果是良构问题则不需要讨论，如果是劣构问题，可以做问题讨论，启发大家的意识，统一大家的看法。

同样以企业文化类课程为案例，如果学员是公司的资深员工及管理层，他们对企业的价值观的意义和价值是掌握了的，这就属于良构问题，就不需要做问题讨论。

当然，如果某一段时间公司中出现了不好的苗头，出现了很多违背公司价值观的现象，很多行为不符合公司的企业文化，就表明管理层对于公司文化和价值观的理解出现了偏差，本来的良构问题就变成了劣构问题，这就可以组织问题讨论型学习活动，通过讨论加深大家的认知，转变大家的观念。

如果学员是新员工，虽然他们知道公司价值观的内容，但是对于价值观的具体含义、方针的作用和价值，他们未必能真正理解，也可以设计成问题讨论型学习活动：

> 各位新同事，刚刚给大家分享了我们公司的价值观和 12 字方针，那么这些价值观的具体含义是什么？这些方针有什么价值？它们对于我们新员工有什么重要意义呢？请大家来深入讨论一下。

how（技能、方法、流程）

技能类内容包括操作方法、技巧和流程等。这类问题是适合用问题讨论型学习活动的。当然，也要分出良构问题、劣构问题和病构问题。

良构问题答案比较明确、清楚、标准，通过老师的讲解，以及学员自己学习可以解决，就没有讨论的必要性。

有些老师往往认识不清楚，以为只要是技能方面的内容都必须用学习活动，这就是把简单的问题复杂化了。永远记住：良构问题不需要用学习活动。

学习活动一定是针对劣构问题进行的。学员存在不足的、有欠缺的、自己又难以解决的问题时必须用学习活动。

同样是企业文化类课程中的“价值观、行为方针”内容，可以设计成问题讨论型学习活动：

> **各位新同事，我们刚刚学习了公司的价值观和12字方针，那么，我们如何用这些价值观来指导行为呢？如何成为一名符合公司文化的员工呢？我们一起来深入讨论一下。**

这个问题其实就是“how”的问题，具体怎么做，不一定有标准答案，老师的讲解也不一定有效，因为不是学员自己的建构。

通过组织大家讨论可以发现很多种方法和做法。关键在于这些方法和做法是大家讨论得出的结论，是共同建构的产物，他们更容易理解和接受，也更容易操作和实践。

选择知识点，除了要根据学员状况来评价是否为劣构问题之外，还需要注意内容的重要性。如果不是重要内容，也不一定要采用问题讨论的形式。因为课程时间有限，学习活动会花费很长时间，要注意效率。

总结起来，选择知识点的要求就是：选择重要的劣构问题作为问题讨论的内容。

第二步：转化成问题（into a problem）

问题讨论型学习活动肯定是要把选中的知识点转化成问题，用问题的方式呈现出来。

这一步很关键，需要遵循三个原则。

第一，聚焦性

设置的问题要明确、聚焦，是具体的问题。让学员明确要讨论哪个方面，不能太宽泛，要限制在一定的背景和场景中。

比如上文的问题“各位新同事，我们刚刚学习了公司的价值观和12 字方针，那么，如何让这些价值观来指导我们的行为呢？如何成为一名符合公司文化的员工呢？我们一起来深入讨论一下”，这里就离不开企业文化和价值观这些关键要素，如果没有这些要素，就变成了“如何成为合格的公司员工”，这样的问题就太宽泛，让学员无从下手，更无法讨论。就算是讨论出来，答案也是千奇百怪、花样百出的。

第二，精练性

在设计讨论任务的时候要专注、简练，一次性讨论的问题不能太多。

如果问题本身有关联性，可以设计成连续性问题，但最好不超过三个。如果问题没有关联性，最好一次讨论一个。

问题太多了会让学员产生混乱，不知道从哪个问题开始，还会分散精力，不能做到深入讨论，只是泛泛而谈。

对于老师来说，也不好把控全场，老师可能会疲于应对学员的各种询问，无法推进学习活动。

第三，开放性

设置出的问题应该属于开放性问题，而不是封闭性的。开放性问题有多种答案，可以让大家头脑风暴，充分发挥学员主动性进行讨论，这才是真正的点燃。

继续以企业文化类课程为例，开放性问题如下：

> 各位新同事，我们刚刚学习了公司的价值观和 12 字方针，那么，如何让价值观来指导我们的行为，进而使自己成为符合公司文化的员工呢？我们一起来深入讨论一下。

如果是封闭性问题，就变成：“各位新同事，我们刚刚学习了公司的价值观和 12 字方针，那么，我们应该不应该用这些价值观来指导我们的行为呢？我们要不要做符合公司文化的员工呢？我们一起来深入讨论一下。”这样的问题，学员很快就能够得出答案：“应该”“要”。那这还需要讨论什么呢？

7D 小布丁

开放的问题是点燃，封闭的问题是熄灭。

第三步：设定好规则（set the rules）

问题设置出来，要提前想好在课堂上应该如何实施，包括规定框架、时间要求、如何讨论、如何呈现等问题。学员在明确的规则下，才能够高效地完成讨论任务。

案例 **理想的车是什么样子的**

有一次在一家汽车企业的培训课堂上，有一位L讲师运用学习活动，让大家讨论一下心目中理想的车是什么样子的？

经过一番讨论，大家都呈现出了自己的答案，有从车型考虑的，有从油耗考虑的，还有从性价比考虑的。

这时候，L老师面露难色地说：是我的问题，讨论收不回来了，我没有引导出想要的答案。

我问：那你想要什么样的答案呢？

他说：我想让大家从车的设计、技术、性能、外观几个方面来讨论，结果大家基本都是集中在了外观和油耗上。

这就是提前没有给大家明确答案的框架和方向，让大家自由发挥造成的结果。

在限定答案框架的时候，也要注意规范答案的数量，如果没有数量要求，学员的答案就会很乱，有的很多，有的很少。

案例 **如何克服紧张**

在给某知名快递公司做内训师培养项目时，其中一个小组开发的课程是“内训师如何克服上台的紧张”。

这个小组设计的学习活动是：大家都是内训师，都有上课经验，请大家讨论一下“如何克服上台的紧张”，答案越多越好，答案最多的人可以向老师申请奖励“笑脸贴”。

听说可以奖励“笑脸贴”，大家一下子被点燃了。为了获得奖励，大家积极参与，想法天马行空。最后讨论出来几十种克服紧张的方法，除了讲师上台的紧张，还有克服驾驶考试的紧张、克服开车的紧张、克服相亲的紧张等方法。

为了激发大家的讨论，要限定在一定范围。通常要提出数量要求，具体要根据课程内容及参与学员的情况而定。

因为是全员参与，分组进行，在答案方面我通常以“3”为限，虽然每个小组只有 3 个答案，但是几个小组加起来，除了重复的，也会有好几个不同的答案。当然，也不是每次都是以“3”为限，要视具体情况而定。

建构主义教学强调“双主原则”：以学习者为主体，以老师为主导。老师要把控整个教学的主导性，要设定相应的规则，学习者在规则和框架内充分发挥，大胆展示。

老师在开发问题讨论型学习活动的时候，要预先规划时间。在学习活动开始前要告知大家时间要求和时间节点，并且在学习活动过程中不断督促大家抓紧时间讨论。

这里提示一下，规划时间是为了让老师心里有数，但是在学习活动进行过程中要有技巧。

案例

讨论时间长短

在“版权课程合伙人计划”之“7D 导师班”训练现场，每位老师都要模拟和演练 7D 课程的实操。其中一位 H 老师负责“建构主义教学理论”部分。

H 老师讲道：刚刚我们分享了建构主义的教学理论，那么，对于我们课程开发师来说，建构主义的最大价值是什么？建构主义给我们的启示有哪些？给大家 15 分钟讨论时间，15 分钟后请分享自己的见解。现在请大家开始讨论。

大家一听有 15 分钟时间，马上往教室外面走，想休息一下再来讨论。

在学习互动交付的过程中，要有技巧地用时间来控制进度，督促大家学习。虽然课程预留了时间，但不要把全部时间讲出来，而要采用“给大家 5 分钟”这类说法，实际上老师心里清楚，时间不止 5 分钟。

每一类学习活动都有不同的操作及交付技巧，这属于课程实施，不属于课程开发，本书只简略介绍。

7D 小布丁

建构主义教学的点燃就像定向爆破，老师引导学习者在规定的范围内爆炸，不盲目引爆，以免引起混乱。

第四步：提炼出答案（refining the answer）

虽然问题讨论型学习活动讨论的是开放性问题，答案不唯一、不固定，但是老师还是要对问题的答案有预设，以便在大家讨论之后做总结甚至升华，将答案提升到一定高度。

前面提到问题讨论型学习活动是相对容易掌握的学习活动，不太容易出现失控状况。相对有点难度的是第四步归纳提炼答案。

对于学员来说，虽然建构主义强调老师和学员是平等关系，老师可能也会申明“我不是专家”，但是在学员心目中老师要比学员优秀，因此他们还是希望老师提供更优答案。

另外，学员还有一个心理，就是自己花了心思讨论的内容，希望得到老师的回应，要么是支持和认可，要么是反对和否定，不管怎样，老师总得“给个说法”。

对于老师来说，本身也有反馈的职责。如果发现大家讨论的结果存在某些偏差，甚至错误，要及时纠正；如果大家的答案很好，也要给予认可和鼓励。总之，要给出一个结果。

所以，归纳提炼答案是必不可少的。

归纳提炼答案是否到位，反馈是否科学，是衡量老师水平的重要指标。对很多老师，尤其是新手老师来说，这是最大的挑战。

如何提高归纳提炼答案的效果呢？

开发时要科学

在开发学习活动的时候，选择讨论的问题非常关键。这些问题对于学员来说一定要是劣构问题，对于老师来说如果是良构问题，老师自己是有答案的，归纳提炼的环节就会比较容易。

当然，有些问题对于老师来说也有可能是劣构问题，老师也不知道答案。这就要求老师在上课之前加强学习，认真备课，尽量把劣构问题变成良构问题，至少是接近良构问题，才会心中有数。

如果这些问题对于老师是病构问题，那么就不能选用了，这也说明老师"不够格"，自己都搞不懂内容如何当老师？

所以，在学习活动开发的时候，老师除了要选择合适的内容外，还要加强学习，真正成为老师（内容专家）。

实施时要专注

专注就是指认真参与到学习活动中，心无旁骛，全心投入。在整个学习活动的各个阶段，比如在学员讨论的时候，老师可以走到学员中间，参与讨论，倾听他们的想法，丰富自己的认知；在学员阐述研究成果、汇报答案阶段，老师更可以认真倾听，并且记录关键内容，包括超越自己本来认知的内容。

这是一个重要的学习过程，真正倾听学员的想法，吸纳有价值的内容，可以丰富自己的认知。最后老师可以超越学员的认知，也超越自己的认知。

把学员分享的精华结合自身的精心准备，融会贯通，重新建构，归纳提炼出关键要点之后，既能提升学员的认知，又能获得学员的认同，老师也获得了全面的提升。

7D 小布丁

点燃之后，要欣赏风景，更要提炼精华。

问题讨论型学习活动流程环环相扣，互动推进，缺一不可。除了在课程开发中运用外，还需要在课程交付中不断实践和完善。尤其是在时间规划方面，可能会有各种突发事件，都必须在实践中成长。

接下来用一个完整案例来展示这个过程。

案例

设计企业文化类课程的问题讨论

有一次给某互联网金融企业做内部课程开发，他们的人力资源部长 W 老师开发了一门企业文化类课程，在学习建构主义教学后，W 老师运用 CISR 模型，把本来的讲授型内容变成了问题讨论型学习活动。

第一步，选择知识点。企业文化类课程内容很多，哪个知识点可以讨论呢？首先明确对象，培训的对象是新进大学生，目的是让他们知道企业文化是什么，有什么内涵，企业为什么要有企业文化及如何践行企业文化。

所以对他们来说，企业文化包含什么是个良构问题，不需要讨论，企业文化对企业有什么价值，他们的理解相对不那么深刻。而对于最终践行来说，只有当他们理解了文化的价值和意义，才能更好地践行企业文化。于是，W 老师选中了“企业文化的价值和意义”作为讨论点，进行设计。

第二步，转化成问题。根据问题的开放性原则和数量要求，W 老师设置的问题是：我们公司企业文化的价值有哪些？对于新员工有什么指导意义？

第三步，设定规则。W 老师设定的规则是：以小组为单位进行讨论，每个问题有三个答案；时长 5 分钟（实际上是 15 分钟）；将讨论结果写在大白纸上，并选一位代表讲出来。

第四步，提炼答案。W 老师把员工行为守则和企业文化方针相结合，做了提炼和总结，向企业分管领导汇报，得到肯定答复，并且获得新的指导，W 老师把这些内容都做好了充分准备。

W 老师在实际培训中不断优化和完善，沉淀出一门经典课程，并成为该企业新员工入职培训的必修课程。

开发问题讨论型学习活动的四个注意事项

问题讨论型学习活动是相对容易操作，又容易出效果的学习活动，是真正点燃学员热情的法宝，是每一位建构主义课程开发师必须掌握的技能。

在开发问题讨论型学习活动的时候，要强调以下几个方面：

第一，要选择对于学员来说是劣构问题的问题。

第二，要限定问题讨论的框架和范围。

第三，要归纳、提炼和总结。

第四，要注意安排好时间点。

问题讨论型学习活动通常安排在正课环节，是课程的核心内容，也可以安排在导课部分，在课程开始就一下子点燃学员热情。一般不要安排在结课环节，主要因为：一是问题讨论型学习活动时间不太好把控，放在最后不好控制下课时间；二是问题讨论型学习活动通过深入讨论后，可能会暴露出更多问题，在结课环节已经没有时间解决这些问题了；三是通常在结课环节用的是成果展示型学习活动，如果再加上问题讨论就显得学习活动太多，不好把控。

学习任务

请关注自己开发的课程的结构图，标注问题讨论型学习活动。按照问题讨论型学习活动开发的四个步骤，把问题讨论的具体内容写下来，设计成问题讨论型学习活动。

技能演练型学习活动的开发

技能演练型学习活动指的是针对某项技能设定操作标准和流程，学习者通过实操演练，最终掌握该项技能的学习活动。

7D 小课堂

根据技能的性质和特点，可以把技能分成操作技能和智慧技能，也叫操作技能和心智技能，或动作技能和智力技能。有时把操作技能称为低级技能，把智慧技能称为高级技能。可以简单地理解为：操作技能是动手的，属于低阶技能；智慧技能是动脑的，属于高阶技能。

实际上操作技能和智慧技能并不是完全分开的，而是相互关联的，无论什么技能都可以通过训练形成，也都可以通过科学的训练得到提高，这是技能演练型学习活动的基础。因此技能演练型学习活动中的技能包括了各项技能，本书不做区分。

从名字上可以看出，技能演练型学习活动是聚焦技能类课程内容，知识类和态度类内容不适合用技能演练型学习活动。

接下来按照概念解读、操作流程（开发模型）、注意事项的步骤逐一介绍技能演练型学习活动。

技能演练型学习活动的三个关键点

开发技能演练型学习活动，要注意几个关键点。

聚焦关键的劣构技能

首先，技能演练型学习活动的技能与问题讨论型学习活动的技能不同。技能演练型学习活动聚焦技能类内容，也就是 how 类，问题讨论型学习活动也主要针对技能类内容，二者有什么区别呢？

区别就在于问题讨论型学习活动强调讨论，主要是为了找到方法和方案，方案讨论出来了，学习活动就结束了。技能演练型学习活动强调演练和实操，学员掌握了这些技能，学习活动才算结束。

以“内训师如何克服上台的紧张”作为案例，来看两者的区别。

如果是问题讨论型学习活动，操作过程是：

作为内训师，如何克服上台的紧张呢？具体有哪些方法？请大家积极讨论，每组总结出 5 种方法，写在大白纸上，然后请一位伙伴上台来分享。时间一共5分钟，请组长组织大家，立即行动起来。

几分钟以后，各小组代表分享，老师总结提炼，最后概括为内训师克服上台紧张的10种方法，包括积极暗示法、深呼吸法，等等。问题讨论型学习活动就结束了。

如果是技能演练型学习活动，现场操作过程是：

作为企业内训师，克服上台的紧张是必须掌握的技能，可以归纳为10种方法，我们这里重点训练“深呼吸法”。接下来我给大家讲解操作步骤，大家按照这些要求严格演练，然后进行考核，逐一过关。我一边讲一边示范，请大家照着学。

深呼吸的第一步，正确呼吸。正确呼吸的要求是鼻子呼吸……

第二步，深呼吸。深呼吸的要求是……

第三步，调节呼吸。深呼吸的要求是“细、匀、深、长”，具体做法是……

请各个小组组长组织一下，严格按照上面的步骤练习，一会儿上台展示。

通过大家的展示，可以看出大家基本都掌握了呼吸的方法。运用这些方法，就能有效地克服上台时的紧张了。事实上，大家刚刚展示深呼吸的时候，是不是已经感觉不到紧张了？

通过这个案例，我们可以直接看出两者的区别。问题讨论型学习活动是讨论出了方法，技能演练型学习活动是要掌握这种方法。

注意，上文的案例包括了开发和呈现，如果仅仅是学习活动的开发，只需要关键的内容即可。

其次，技能演练型学习活动针对的是关键技能，并不是所有技能。每一门课程相关的技能都很多，如果每一个技能都要这么训练，时间是远远不够的。关键技能一定是非常重要的、价值非常大的技能。关键技能还是劣构问题，应以学习者为中心，从学习者的角度来筛选技能：如果技能比较简单，就是良构类技能，学习者可以自己学习，或者通过老师讲解达成目标，这样的技能不要用学习活动的方式；如果学习者感觉技能太难了，则属于病构类技能，采用学习活动也是没有效果的。

“内训师如何克服上台的紧张”案例中为什么选择“深呼吸法”作为技能演练型学习活动？第一，“深呼吸法”是很有效的方法；第二，大多数人不会真正的深呼吸；第三，通过短时间训练大家都可以掌握；第四，学会了深呼吸不仅可以克服紧张，还能学会正确发声，保护嗓子，这也是内训师的关键技能需求。

综上所述，技能演练型学习活动是选择有重要作用的、能够较快掌握的劣构类技能开发的学习活动。

清晰的标准和流程

技能演练型学习活动是需要训练和练习的，这就要求要有训练的标准和要求。

如果说在问题讨论型学习活动中老师还有机会“取巧”的话——因为问题对于老师来说也可能是劣构问题，技能演练型学习活动的内容对于老师来说则一定是良构问题——这就要求老师必须做出表率：你要求学员做到，首先自己要做到。老师不仅自己要做到，还要能总结归纳出一套模式，通过这个模式训练学员，提高其技能。

前文“深呼吸法”的案例，如果老师自己都不会深呼吸，又如何教大家？

技能演练型学习活动是培训价值所在，是“让学习者学会用技术解决问题”最直接的体现。

“用技术”就是运用某个具体的操作方法和流程，“学会解决问题”就是“掌握某项技能”。所以操作方法和流程是关键，也是技能演练型学习活动难度最大的环节。

学习者掌握相关技能为目标

技能演练型学习活动的目标非常明确，学习者要掌握该项技能。是否达成了目标是可以衡量的，是否掌握了某项技能也是可以衡量的。

前文的“深呼吸法”，是否掌握了这种方法是可以衡量的，能否用这种方法克服紧张也是可以衡量的。事实上，在真实的课堂情景中，很紧张的学员通过这样反复演练，大多数都会缓解紧张。

衡量是否掌握了某项技能，主要通过两种方式：如果是操作技能，可以考察行为的变化。比如“深呼吸法”案例，是否学会了深呼吸，通过其行为是可以看得到的。如果是智慧技能，可以考察可视化成果。

总体来讲，技能演练型学习活动就是聚焦重要的、有难度的技能，学习者通过科学的训练能够掌握和提高的学习活动。需要学习者去演练，去操作某项工具，掌握某种技能。

技能演练型学习活动的开发流程 STPS

学习了技能演练型学习活动的概念，接下来就要学习如何具体开发学习活动。开发一项技能演练型学习活动，需要遵循以下四个步骤（见图 4–12）：

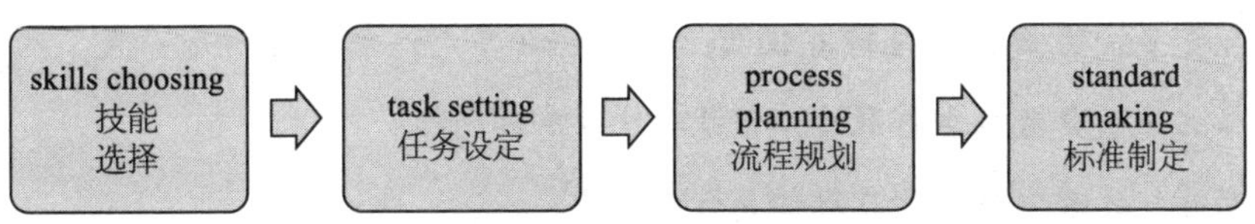

图 4-12 STPS 模型

第一步：技能选择（skills choosing）

课程包括的技能类内容很多，什么内容应该用技能演练型学习活动呢？可以从以下几个角度考虑：

第一，与目标直接关联的内容

从内容角度，应选择与目标直接关联的、最能够实现课程目标的内容应用技能演练型学习活动。

第二，学习者最需要的内容

从学习者角度，应将他们最需要的内容，也就是劣构问题，开发成技能演练型学习活动。学习者需要的技能很多，要从中选择学习者最需要的内容。

第三，最有可能实现的内容

学习者需要掌握的技能很多，但培训只是提高技能的一种方式。学习活动并不能帮助学习者掌握所有技能。老师要准确评估各类技能，并且选择相应的技能，采用相应的学习活动。要采用与学习目标关系紧密的、学员急需的，又能够立竿见影的劣构内容，开发成技能演练型学习活动。

案例

礼仪课中的学习活动

有一天下午我接到“鹰隼部落”一位 T 老师的电话，以下是对话内容。

T 老师：老师，我下周要去上一门礼仪课，客户属于医药行业。主题是“接待礼仪”，学员有 80 多人，培训时间是一天。本来这是我的主打课程，但是我这次有些困惑。

我：你的困惑具体是什么？

T 老师：我担心时间不够，而且 80 多个学员，如果让学员上台的话，怕现场会很混乱。

我：那你是怎么规划的？

T 老师：我本来计划的是几个关键的技能采用全员演练方式，其他内容采用讲授的方式，让学员代表展示。但是客户老总说“每一个内容都要全员演练”。您讲过以客户为中心，我还得听他们的。

我：建构主义采用的是“双主策略”——学习者为主体，老师为主导。在以学习者为中心的基础上，老师要根据学习目标、学员状况、教学环境等对教学内容和教学方式进行规划，这是老师的职责所在。

T 老师：我明白了，我去跟客户沟通，把我的计划和想法告诉对方，然后商讨出更好的方案。谢谢老师。

一周过后，T 老师给我反馈，她跟客户达成了共识：某些重点内容采用技能演练型学习活动的方式，有些内容采用代表展示的方式，最后培训取得了良好的效果。学员和客户都很满意。

第二步：任务设定（task setting）

选择了具体的技能后，如何把学习者与具体技能连接起来呢？同时掌握某些技能需要多种行为，又如何将这些行为联系在一起形成一个整体呢？

设置一个完整任务，围绕技能把学习者的行为连成一个整体，变成系列行为。本书第三章已经做过相关介绍。

可以用任务驱动的方式把学习者各项行为连成一体，方便学习者掌握具体技能。

科学地设置任务就是技能演练型学习活动的关键所在，无论是操作技能还是智慧技能，都可以通过完成任务的方式来练习和掌握。

案例 **把大象装进冰箱**

这个经典案例可以有很多种做法，都能训练相关能力。

假如“大象”是一罐饮料，“大象”就是品牌名字，那么这个任务很简单：

打开冰箱门，把“大象”装进去，关上冰箱门。这考查的是简单的操作能力。

如果“大象”真的是一头大象呢？那就复杂很多，考查的是解决复杂问题的能力了。

可见用任务驱动的方式，围绕任务，能够把行为连接起来，从而训练该项能力。

如何根据技能来设置某项匹配的任务呢？

一是基于理论基础。老师应该是该领域的内容专家，能够辨析技能背后的逻辑含义，而且能够匹配相应的任务。如果对该领域一无所知，是无法科学地设置任务的。

二是实践的经验。老师在实践工作中曾经完成过这样的任务，因而有经验。

案例 **可视化思维的开发过程**

“可视化思维”是湛卢坊的版权课程，在课程开发过程中，开发组大量阅读和学习了相关书籍，也参加了很多思维类课程培训。包括“金字塔原理”“六顶思考帽”“结构性思维”“概念图”“思维导图”“深度思考”“极简思维”“逻辑思维”“创造性思维”“批判性思维”等，奠定了坚实的理论基础。

在课程开发过程中，围绕“将各种思维可视化”这个关键点，通过把常用思维进行分类，分为发散型思维、分析型思维、综合型思维等，为每一种思维类型设置了相应的操作工具，配备了相应任务。比如发散型思维用气泡图、分析型思维用树形图等。每一种图形都有相应的操作工具和流程，学习者的学习过程就是用工具操作图形，从而提升该项思维水平。

同时，在课程开发过程中，要不断实践，包括课程的打磨、试讲、实际运用，这样才能积累丰富的经验，最终形成成熟的课程。

专业的理论和丰富的实践是设置任务的基础，也是本书一直倡导的理念——“老师一定是有深厚理论和丰富实践的内容专家”。

第三步：流程规划（process planning）

设置完任务后，要对任务进行分解，便于逐步完成任务。任务分解就是规划完成任务的流程和步骤。

设置任务和规划流程是紧密关联的，在规划任务的时候要能够分解任务。如果任务太复杂，无法分解成具体步骤，就不能操作，这也反过来说明了任务设置是有问题的。

把流程建立成标准化、规范化的操作模型，称为建立模型，简称“建模”。建立模型是有技术含量的，无论是开发课程，还是开发具体的操作步骤，建立模型都需要很强的技术。本书多处涉及了“建模”内容。

很多经典的版权课程，是各种要素的重新组合。

案例 **领越领导力**

“领越领导力”是一门经典的版权课程，由詹姆斯·库泽斯（James Kouzes）和巴里·波斯纳（Barry Posner）两位著名的领导力专家创作的畅销书《领导力》发展而来，包括五个核心要素：以身作则、共启愿景、挑战现状、使众人行和激励人心。这五个核心要素不是原创，但把这五个核心要素有机结合起来就是原创。“领导力”是行业通用词，不是版权，但是加上“领越”两个字就是版权了。实际上单看“领越”两个字是没有含义的，它本身并不是一个词，但是通过创作，让这两个字产生了独特的含义。

建模，是在借鉴和参考他人智慧的基础上对内容进行组合和优化，是课程开发的基本逻辑，也是规划流程的基本思路。加上丰富的实践、不断的优化，最后固定下来，成为标准化的操作模型。这样才能确保流程不是胡编乱造的，而是有通用性的，适合更多人运用。

在规划流程这个环节，还可以直接引用相关内容，借用其他模型。

案例 **FAB 法则**

销售领域有一个著名的 FAB 法则，对应是 feature（属性）、advantage（作用）和 benefit（益处），就是典型的产品优势介绍流程。这个操作流程很经典，并且被反复验证过，可以直接引用，老师只需要做好带学习者实操练习这个流程。

当然，为了提高技术含量，还可以“青出于蓝而胜于蓝”，在借鉴和参考他人智慧的基础上，做一些优化和调整，以适应新的需求。比如 FAB 法则，有些发展为 FABE，增加了 E，即 evidence（证据）。

案例

GROWAY 模型

GROWAY 模型是格诺威咨询公司在著名的教练模型 GROW 模型基础上，加上知名的 PDCA 模型，进行了重新组合，重新设计成的操作模型。

六个字母的含义分别是 G——goal（目标）、R——reality（现实状况）、O——offer（提出议案、方案）、W——work（工作、实施）、A——accord（调整，使一致）、Y——yield（获得收益），合起来成为一个整体。

GROWAY 模型运用的场景非常多，可以是某项任务的操作模型，也可以是领导力发展模型，在版权课程“五线谱混合式学习项目设计”中又变成了学习项目系统化的流程模型。

第四步：标准制定（standard making）

在规划了流程后，还要制定具体的标准，对流程的每一个环节设计标准和要求。这些标准就是学习者演练的操作规范，也是考察学习者是否掌握的依据。标准就是对流程每一步的细化。

在制定流程标准的时候，有以下几个注意事项。

首先，流程标准要符合场景需要

在模型标准化基础上，具体的场景可以优化。GROWAY 模型虽然各字母代表的意思不变，但在不同的场景中可以有不同的运用。

其次，流程标准坚持以学员为中心

在课程开发的时候，要根据学员的层次、年龄等，设计学员经过学习可以达到的标准。

案例 **7D 课程的变化**

本书的核心内容“7D 精品课程开发”会根据学员情况有所调整：如果是企业内训，通常是 5D；如果学员是职业培训师，通常是 7D；如果企业内训时间长，有三天两夜的时间，就是 7D；如果是两天一夜的时间就用 5D。而且每个内容对不同的学员有不同的要求。比如说在课程名称上，一般内训师只需要做到“对象 + 内容”就行，但是如果企业想开发版权课程，标题方面就要有更高的要求，比如加上“广告词”。

最后，流程标准要非常清晰

标准是可衡量的，学员要能够知道做到什么样是达标的，经过培训之后，也知道自己做得如何，是否符合标准要求。

技能类的课程，老师一定要有权威的标准。老师要是内容专家，如果不懂内容就让学员操作，就算学员操作完了，老师也无法给予准确评价，更不能给予建议，那这样的老师是不够格的。

有了标准，大家才会按照标准和要求来演练。从这个角度来讲，这是对老师的一个最基本要求：讲你所做的，做你所讲的。

为便于读者理解，接下来，我们用一个前文出现过的案例来说明。

案例 **深呼吸克服紧张**

背景：内训师常见的一个挑战是上台紧张甚至恐惧。为了帮助内训师有效地克服紧张，要开发出克服紧张的10种方法。但是因为现场培训时间有限，仅选择“深呼吸法”，采用技能演练型学习活动。

首先，选择技能：“内训师有效克服紧张”。

该企业的内训师都是刚刚入行的，是内容专家，有很多实践经验，但是从来没有授课经验，也没有上台讲话的经验。很多老师一听说要上台就很紧张，甚至感到恐惧，这直接影响了课程的效果，同时也打击了内训师的积极性。

其次，设定任务：用深呼吸法克服紧张。

任务就是让内训师运用深呼吸的方法克服上台的紧张。

采用深呼吸法的原因，一是大多数学员不懂得如何深呼吸，甚至不懂得如何正确地呼吸；二是深呼吸法便于操作，效果立竿见影；三是深呼吸是声音的基础，训练深呼吸可以为后面的声音训练奠定基础。

再次，规划流程：深呼吸的训练步骤。

训练深呼吸的步骤是：第一步，正确地呼吸；第二步，深呼吸；第三步，呼吸的要求是“细、匀、深、长”。

最后，制定标准。

深呼吸的三个步骤的具体标准是：正确地呼吸的标准是用鼻子呼吸，吸气是把空气吸进去，呼气是把气息排出来。深呼吸的标准是腹部反应，吸气要求肚子鼓起来，呼气要求肚子凹进去，腹部变化越大越好。呼吸中“细、匀、深、长”的具体要求是……（注：“细、匀、深、长”是笔者在学习太极拳时用到的方法，也是道家的养生方法，需要老师现场指导才能掌握，故此处省略。）

开发技能演练型学习活动的三个注意事项

在开发技能演练型学习活动时，有几点需要强调：

第一，开发者必须是内容专家，必须确保技能的要求和标准是科学的、规范的，是可被学习和掌握的。

第二，注意技能演练的难度。要结合课堂授课的特定场景，在有限的时间内让学员学会，并且是可被验证的。

第三，注意技能的价值性。要确保现场演练的技能能够产生迁移，能够给学习者带去更多价值，学习者可以做到学以致用。

学习任务

请按照四步流程开发技能演练型学习活动。

案例分析型学习活动的开发

案例分析型学习活动是指以学习者为主体，围绕案例对问题进行分析，从而找到解决方案的教学活动。

案例分析是一种深度学习方式，有利于学习者深度参与，也有利于学习的有意义建构，是一种有价值的教学方式。

我们同样按照概念解读、操作流程、注意事项三个维度进行阐述。

案例分析型学习活动的三个关键点

案例分析型学习活动是一种有效的教学活动，有以下几个方面需要注意。

案例分析不同于举例说明

关于这点本书前面已经阐述过，这里再强调一下。

第一，两者目的不一样。举例说明是用案例来阐述观点，目的是让学习者理解并且接受观点，或者理解其含义；案例分析并不是为了说明某个观点，而是为了找到解决方案。

第二，两者主体不一样。举例说明的行为主体是老师，是老师在举例；而案例分析的主体是学习者，是学习者在分析，老师只是引导者。

案例分析不同于问题讨论

问题讨论是直接呈现出问题，让学习者来讨论；案例分析中也有问题，但是要基于案例来讨论问题，不能离开案例这个背景。

案例分析是为了举一反三

案例分析的终极目标是产生学习的迁移，而不是案例本身。案例分析的价值是通过分析特定的案例，掌握相关的方案，提升相应的能力，然后将其有效转移到实践中，做到举一反三，融会贯通。

从以上解读可以看出，案例分析型学习活动既是一种有效的教学方式，也是难度较大的教学方式。对于案例的开发能力、问题的设置能力、讨论过程的引导能力，以及归纳提炼能力等都有很高的要求。

案例

讲授式的案例分析

在“7D 建构主义精品课程开发”导师班的现场集训课堂上，有一位来自银行的老师，分享了自己的一个案例。

T 老师是城市银行的培训部长，经常请外部老师来上课。有一次请了一位 T 老师，讲的主题是银行业的风险管控，其中一个内容是关于反洗钱方面的。

T 老师对反洗钱相关法律法规等作了介绍，给大家讲解了常见的洗钱手法，然后讲道：“接下来我会拿出一个案例，这是几年前发生的某著名洗钱大案。现在请大家运用我刚刚讲过的反洗钱的方法，针对案例，提出你的解决方案。现在请开始。”

大家一听，很感兴趣，立即投入到讨论中。过了两三分钟，T 老师说：“不好意思，我打断一下，刚才还有信息没有提供，我来给大家补充一下。”于是大家停下讨论听老师补充。

过了几分钟，T 老师又说：“我这里给大家强调一个重要的知识点。”大家又停下来听老师讲解。

每过几分钟，T 老师就会打断大家的讨论，开始讲解。

我在现场统计了一下，30 分钟的“讨论”过程，T 老师累计讲了 20 分钟左右，学员真正的讨论时间不到 1/3。后来有现场学员给我反馈“这个案例很有用，我们很想讨论，然后请老师给予点评，结果基本上是老师自己讲完了”。

这种现场其实很常见，这就是把案例分析当成了案例的讲解，老师把自己当作了主体，并没有给予学习者深入讨论的机会，这不属于真正的案例分析型学习活动。

案例分析型学习活动培养和训练的是学习者的综合能力，可以说是“点燃三宝”的最佳体现。案例中的问题启发学习者的思考，案例能够激发学习者已有的知识和经验，分析案例就是深度研讨的学习活动，通过分析案例，能够帮助学习者建立新知。

案例分析型学习活动的开发流程 SCDP 模型

案例分析型学习活动开发的流程，可以归纳为四个步骤（见图 4–13）。

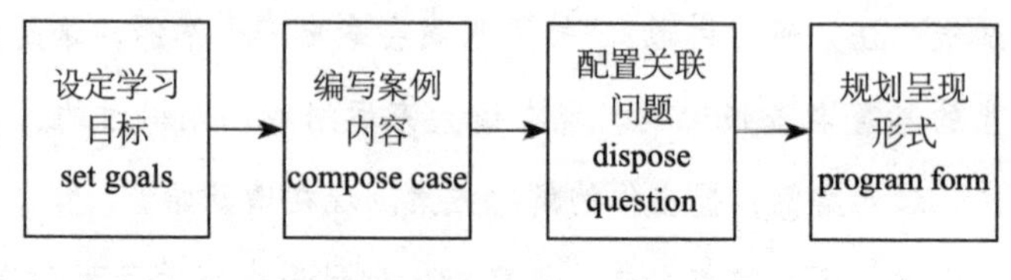

图 4–13　SCDP 模型

第一步：设定学习目标（set goals）

案例分析是一种综合性学习活动，涉及的内容包括三个方面：知识的巩固、态度意识的强化，以及技能技巧的提升。因此在开发学习活动之前就应该预先规划学习目标。

根据学习目标，再来开发相应的案例。案例是为课程服务的，选用什么样的案例，首先要明确讲这部分内容的目的是什么，是为了让学习者明确一个概念，还是为了让学习者掌握一项技能。

当然，并不是每一个案例分析的学习活动都要涉及知识、态度和技能三方面，只关注其中某一方面也行，但是必须清楚学习活动想达成的目标。

第二步：编写案例内容（compose case）

并不是所有案例都适合做案例分析，也并不是所有课程内容都要用案例分析型学习活动，那么应该采用哪种案例用于分析呢？

在选取和开发案例的时候有三个要求。

案例内容丰富，结构完整

用于案例分析的案例，结构是完整的，内容是丰富的。案例分析的案例需要作为分析的载体，要有丰富多样的内容，包括知识点、能力要求等方面。内容越丰富，分析就越深入，这样才有分析的价值。

案例有真实性，是典型案例

必须是来自于真实工作或者生活的案例，即使案例要进行加工、修改，也应该是大家都遇到的一些问题，是典型的案例。

用于案例分析的案例是“源于生活”（真实的）的，也是“高于生活”（加工）的，然后是“用于生活”（实践）的。学习者可以通过案例分析，学到解决问题的方法，举一反三，从而运用到实际工作中。

案例

保密工作的案例

在某航天科研所“精品课堂呈现”项目中，一个小组展示的是保密制度。在学习活动演练环节运用了案例分析。在讲解了该所关于保密制度的知识点后，设计了案例分析型学习活动“小明的一天”，采用了真人模拟的方式——小组的伙伴上台展示了案例。

整个内容分为三个片段。

第一个片段：小明早上上班，进办公室，打开电脑开始工作。

第二个片段：上班期间，小明接到电话，交谈了工作内容，中途还用 U 盘拷贝电脑资料。

第三个片段：下班了，小明关电脑、关门，离开单位。

在表演的过程中，老师提醒大家，看看小明哪些行为是违规的。为了帮助大家记忆，整个展示过程还进行了录像，在讨论的时候回放了录像。

表演结束，老师组织大家讨论“小明的违规行为有哪些，并且说出理由”。

现场大家非常积极地参与了讨论，几个关键点还引起了激烈的争论。最后强化了知识点，让大家对保密的价值更加重视，同时规范了他们的日常行为，避免违规。

案例的答案是开放性的

用于案例分析的案例要比较复杂，如果是很简单、原因很单一、解决方案很明确的案例，就没有必要让大家进行深入分析了。

对于案例分析的案例，不要预设答案，要由学习者通过分析后自己找到答案。而且答案具有多样性甚至矛盾性，这样才能深入讨论，学员讨论起来才更有意义。

如果预设了答案，那就属于举例说明了。

案例分析的案例本质上属于劣构问题，某项信息是不完整的，也正是因为信息不完整，才需要大家讨论，分析多种情况，提供相应的解决方案。这种开放式的问题，更能够激发学习者的学习兴趣，更能激活学习者的旧知。

案例

小李和小王职业发展案例分析（注：此案例作为典型案例，后文将多次引用）

在某电力企业“建构主义 7D 精品课程开发”项目中，一组开发的是新员工入职培训的主题，为了让新员工认识到遵守公司规章制度的重要性，这个小组设计了案例分析型学习活动：两个人物角色小李和小王同一批进入公司，却走了不同的路。

小李一进入公司就积极融入公司，在新员工入职培训期间认真参与，努力学习，主动参加各种活动，入职考核取得了很好的成绩。进入工作岗位后也遵守公司各项制度，遵循企业文化，努力工作，虚心请教，在两年时间里就升职做了主管。

小王刚进入公司就不大满意，在入职培训期间也不积极参与，还有迟到等现象。勉强通过了入职考核，进入了工作岗位，对于分配的岗位也不太满意，工作上不够努力，有时还有些违规行动。不到一年时间，小王就离职了。

问题：小李和小王的日常行为有哪些不同？这会带来什么样的不同结局？这个案例给我们带来什么样的启示？

这是该小组开发的案例分析型学习活动。仔细分析我们就会发现，这个学习活动存在一些不足。

一是案例已经预设了答案，小王和小李的行为差距太大，一眼就能看出二者的不同点，可以预知到结果。

二是案例内容不够详尽，用的是概述的方式，没有描述出具体的场景和细节。

经过于开发小组的讨论，把案例做了修改。

第一是案例的内容改变了描述方式，去掉了评判性语言，不是概括性描述，而是分别描述两个人的具体事件。

第二是对于两个人的结局留了悬念，把良构案例变成了劣构案例。因为学员不知道两个人的结局，反过来对他们的日常行为不敢轻易判断。

这个学习活动在问题设置上也有不足，后文会阐述。

7D 小布丁

如果你知道了人生的结局，你将如何度过余生？

如果你知道了电影的结局，还会看这部电影吗？

如果你知道案例的答案了，还愿意讨论吗？

第三步：配置关联问题（dispose question）

案例分析型学习活动是通过分析案例来解决问题。案例分析的目的是掌握某些知识点，问题背后是涉及的相关知识点，这些知识点隐藏在案例中，所以需要通过分析案例来解决问题，因此问题的设置就非常关键。

案例设置的问题，需要注意以下三个要点：

其一，问题与知识点相关

知识点融入案例中，由案例引出问题，再分析案例来解决问题，从而掌握相关知识点。

这有两个要求：一是案例中蕴藏着相关知识点，二是问题能够引导学员从案例中找到相关答案。

以“保密制度”课程为例，保密的正确做法是隐藏在案例中的，正因为这样，才能分析出哪些行为是合规的，哪些行为是违规的。

其二，问题要有深度

案例分析中的问题可以是 1～3 个，要遵循由易到难、由浅入深的原则，这也是基于学习心理学设置的。学习者需要在成果中受到激励，开始的问题比较简单，解决问题之后得到了信心，会继续解决后面的问题。问题还要有发展性，如果都是简单的问题，无法吸引学习者的兴趣，也解决不了具体问题。

再看上文“小李和小王职业发展”的案例中提出的问题：

第一个问题比较容易，大家可以通过分析案例的情景找到答案。

第二个问题比较简单，因为结局已经在案例中呈现出来了“一个升职，一个离职”。这样的问题都不能引发学习者的深入思考。

7D 小布丁

深度问题要引发深度思考，产生深度学习。

如果把“他们会有什么不同的结局”改为“他们为什么会出现不一样的结局”，就能引发学习者深度思考，然后促使学习者去找原因，自然得出“严格遵守企业文化和规章制度会获得升职，如果不遵守制度可能会离职”的结论。

设计深度问题的思路：第一种方法是尽量使用开放性问题。选择性问题通常的表述是“是不是”“有没有”“对不对”，这样的封闭性问题无法引起深度思考，反倒会禁锢思想。

封闭性问题是有预设答案的。销售领域常用这样的问题：“这么好的产品，你们要不要马上买呀？”“这么好的产品，你们要一套还是两套？”

第一种方法是问开放性问题。上课是引导，是启发，是点燃，所以尽量要使用开放性问题。“小李和小王日常行为有哪些不同”，这就是开放性问题，而“小李和小王日常行为有没有不同”，就是封闭性问题，这样的问题太浅了，学习者会觉得没有回答的必要。

第二种方法是把 what 尽量变成 why 及 how。如果把“小李和小王日常行动中有哪些不同”变为“小李和小王的日常行为为什么不同”，是不是问题会更有深度呢？“这个案例给我们带来什么样的启示？”这个问题已经有一些深度了，还可以变为更有深度的“通过这个案例，作为新员工，我们应该怎么做呢？”

第三种方法是连续提问，选择性问题与 what、why 及 how 等问题交替使用。这是苏格拉底最常用的方法，也称为“苏格拉底式诘问法”。

销售领域最常用的方法是连续提问，而且更多采用的是封闭性问题，引得对方最终掉入提问者预设的“圈套”中。

建构主义教学强调的是点燃，案例分析型学习活动的问题可以设置成连续性提问，可以是封闭式提问和开放式提问相结合，但一定要以开放式提问为主，每个案例不要设置太多问题，通常最多三个。

其三，能够学以致用

案例分析的价值在于能够学以致用，能够通过分析特定的案例给予学习者启示和启发，让他们能够运用到工作和生活中。因此，好的问题可以引导学习者举一反三，融会贯通。

案例分析的最高境界是跳出案例。这就需要老师在设计问题的时候，能够把学员带出来，产生学习迁移，将学到的方法运用到实践工作和生活中。

引导学习者融会贯通，也是教学的根本目的。根据教学设计大师戴维•梅里尔（M. David Merrill）“首要教学原理”的观点，是实现五星教学。

上文“小李和小王职业发展”案例中的第三个问题：这个案例给我们带来什么样的启示?

这样的提问有一些引导作用，但是还不够。为了引导学习者举一反三，该怎么修改呢？留给读者去思考和完善。

第四步：规划呈现形式（program form）

前三步已经把案例内容做好了，编写案例内容和配置关联问题更是关键。

为了在交付中让学习者更好地参与，真正深入研讨，还要注意案例的呈现方式。这一步连接到“案例内容的开发”和“案例分析”教学，起到了承上启下的作用。这里简单介绍一下。

案例分析型学习活动的呈现方式是多样化的，除了常见的打印资料外，还可以用学习者呈现的方式。

案例

7D 课程现场互评

在“建构主义 7D 精品课程开发”集训现场的 2D 结构设计环节，就采用了案例分析型学习活动。学习者按照结构设计的要求制作课程结构图后，由学习者代表上台展示课程结构图，并且进行说课：按照流程对自己开发的课程进行详细说明。这个过程就是案例的呈现。

其他人围绕案例进行分析和点评，按照“1+1”模式发表意见：一个优点加一个疑问。点评方式可以有变化：一个优点加一个问题，一个优点加一个建议。

这样学习者互评的方式，既可以巩固“结构设计”内容，又能够优化课程。这个过程就是案例分析。

简单来讲，案例分析型学习活动的案例呈现方式有以下几种。

PPT 呈现

这是比较常见的呈现方式，能够让学习者直观地看到并且参与讨论。但是，如果案例内容太长，一页 PPT 容不下，需要翻页，而学习者的学习进度不一样，就不容易研讨。可以想象一下这样的场景：学习者在研讨，需要反复看内容，提示老师翻页，而另外的学习者学习进度不一样，不需要老师翻页，这种情况要如何研讨？

如果要用 PPT 的方式案例呈现，有两个建议：一是把案例和问题浓缩到一页；二是把案例 PPT 直接发给学习者，让学习者自己翻看。

打印成资料

这是最常见、最容易操作的案例呈现方式。把案例及问题打印成资料，分发给学习者，在研讨的过程中学习者可以反复查看。

录制视频

这也是一种常用的案例呈现方式。视频更加形象生动，可以专门录制，也可以剪辑电影、电视剧的片段。

需要注意的是：视频不能太长，最好在10分钟左右，至多不要超过半个小时，这样更便于讨论。视频时间太长了，信息太多，学习者会记不住案例内容，无法进行真正的讨论。

录制微课

把案例录制成微课是现在用得较多的案例呈现方式，微课呈现的方式也有很多，而且微课短小精干，信息量大，还可以用来反复讨论。

现场呈现

由学习者把案例进行现场演练，大家观摩后进行分析。

以上几种案例呈现方式各有优劣，最常采用的是打印成资料的案例呈现方式。

接下来用一个完整案例来展示案例分析型学习活动开发的四个步骤。

案例

对话式教学的案例分析

在给知名医学院上“建构主义教学设计”课时，分享了建构主义基本概念和含义后，我们设计了案例分析型学习活动。

第一步：设定学习目标。

本次学习活动的学习目标：

一是理解以学习者为中心的真正含义；

二是合理应对授课现场的挑战；

三是掌握激发学习者参与的方法。

第二步：编写案例内容。

在实际操作中会有很多这方面的案例，根据案例的选取原则，首先要是真实发生的，其次要有复杂性。最终我们选取了一个真实但经过改编的案例。

有一位K老师，有丰富的授课经验，也有深厚的教学理论基础。他通常采用以学习者为中心的提问方式，通过提问和对话，启发学习者思考，助力学习者建构。

有一次K老师组织“提问式教学”沙龙，现场参与者是一群来自高校的教授。为了帮助这些擅长讲授的教授掌握以学习者为中心的提问式教学，K老师决定用现场实操的方式，让这些教授理解此种教学方式的价值。

上课一开始，K老师就向大家提问：“各位教授，目前有些学校的教学质量不高，请问是什么原因呢？”现场没有任何反馈。

K老师没有放弃，继续提问：“请各位教授反思一下，大家的教学方式是否存在不足？是否有人思考过做一些改进？”现场有人在低声嘀咕，也有人在认真倾听。

K老师继续提问：“作为以教书育人为己任的老师，大家在倡导学生要勇于创新、敢于变革的时候，自己是否应该在教学方式上做到创新？”这时现场有人反对，甚至有人离场，也有人认真参与和思考。

K老师继续采用这样的方式提问，到三个小时的沙龙结束的时候，本来五十多人的现场只剩下十多个人。这十多个人参与非常积极，围着K老师交流，很多老师感叹收获良多，也在总结自己以前的不足，表达今后想尝试提问式教学的想法。沙龙结束的时候大家互相加了微信，希望继续交流与探讨。

第三步：配置关联问题。

第一个问题：这位老师的教学是否体现了以学习者为中心？为什么？

第二个问题：如果上课中你遇到学习者中途离场，该怎么处理？

第三个问题：在以后的教学中，你会怎样实现以学习者为中心、激发大家共同参与？

第四步：规划呈现方式。

把案例内容和问题打印成资料，现场发放给学习者，让小组组长组织讨论。

以上是一个完整的案例分析型学习活动，也是一个真实案例，当然它经过了加工，情节也有所删减。

开发案例分析型学习活动的注意事项

案例分析型学习活动是非常有效的教学方式，在操作的时候要注意以下几点。

案例的选择和加工

案例是案例分析型学习活动的核心内容，选择符合条件的案例，还要进行科学的加工，使之符合案例的复杂性、典型性和开放性等多个要求。

案例中问题的设置

问题是案例分析的落脚点，通过问题才能引导大家分析案例。问题的设置要紧扣教学目标，联系案例内容，还要循序渐进，由浅入深。

案例分析的引导能力

要求老师有较强的引导能力、控场能力、归纳和提炼能力，要引导学习者举一反三，不仅分析案例还要跳出案例，融会贯通。

学习任务

请读者聚焦课程主题，看一下哪里需要设置案例分析型学习活动，然后按照开发步骤进行案例的设置和开发。在结构图上标注哪里使用了案例分析型学习活动，并把具体内容写到学习活动集里。

成果展示型学习活动的开发

成果展示型学习活动是让学习者的成果充分展示出来的教学活动。成果展示型学习活动是四类学习活动中最简单、最容易操作，又最能见成效的学习活动。

成果展示型学习活动的概念解读

成果展示型学习活动与本书第五章的内容有相似之处，但两者也有一定的区别。

两者都关注成果

成果展示型学习活动与“4D 成果设计”是有联系的：两者都注重

学习者的成果，都体现了以学习者为中心，所使用的某些方法是相同或相似的。

两者的不同点

成果展示型学习活动和“4D 成果设计”有以下几点不同。

1. 成果展示型学习活动的主体是学习者来展示成果；而“4D 成果设计”的主体是老师，是老师设计一些方法让学习者学有所成。

2. 成果展示型学习活动流程比较复杂，需按照学习活动的 SSCE 操作模型进行；“4D 成果设计”比较简单，通常是老师提要求，学习者操作，比如老师布置作业，学习者做练习。

3. 成果展示型学习活动的使用次数有限，半天以上的课程可能使用一次；“4D 成果设计”的内容很多，可能 10 分钟就用一次。

4. 成果展示型学习活动必须现场展示出来；“4D 成果设计”不一定需要现场呈现出来，很多课后作业是课程结束了再做的。

总之，成果展示型学习活动与“4D成果设计”既有关联又有区别，可以把两个章节联系起来阅读。

成果展示型学习活动的开发流程 CSPG 模型

成果展示型学习活动的开发流程比较简单，只要围绕“让学习者把成果展示出来”这个关键点就行。

案例

“圣诞树”成果设计的作用

在“建构主义 7D 精品课程开发”北京集训班上，某著名短视频公司企业大学负责人 L 老师非常兴奋地跟大家分享：

我是再一次参加 7D 班了，上次学习让我印象深刻的就是课程最后的成果展示“圣诞树模型”，当时同学们的“圣诞树模型”给我留下了很深刻的印象。我回到单位也运用了“圣诞树模型”，每次培训结束后都要求学员画“圣诞树”。

有一次，一个学员一直画不出来，“三个感悟”只有两个，她本来打算放弃，但是我没有允许，和她一起总结回顾了学习内容，最终她完成了“圣诞树”，她很兴奋，很有成就感，我也感觉很开心。

成果展示型学习活动就是想方设法让学习者的学习收获可视化。成果展示型学习活动在开发时有四个步骤（见图 4–14）。

图 4–14 CSPG 模型

第一步：确定内容（confirm content）

成果展示是为了展示学习者的学习成果，首先要明确需要展示哪些内容，想达到什么样的效果。学习的内容整体上包括知识、态度和技能三类，这三类内容都可以展示。

因为成果展示型学习活动所花的时间较长，通常需要半小时以上，但现场培训的时间是有限的，所以需要抓住重点，把重要内容设计成成果展示型学习活动。其他内容可以用“成果设计”的方式完成。（具体方法见本书第五章。）

通常课程结束，或者某个重要主题结束的时候，可以设计一个成果展示型学习活动，这也是对学习效果的综合考核。一方面让学习者回顾印象深刻的知识点，另一方面看看课程结束后对学习者有哪些方面的改善，以及学习者自身的体会。成果展示包括知识点的展示、收获的知识点、自身的感悟、发生的转变，以及需要做出的行动、综合性成果展示。

第二步：设置形式（set form）

确定内容后，要考虑需要学习者用什么样的形式展示出来，是直接讲出来，还是写出来、画出来，或者做出来。

要根据内容来设置形式。比如操作类内容，像礼仪、点钞等，更适合演示出来。项目结束了，请学习者来一个“汇报演出”，也是成果展示的一种方式。

还有的内容适合写出来，或者画出来，比如用文字、图表呈现，通常是公文、Excel 表格等。还有一类属于思想成果，可以让大家用创意图形呈现。

案例

汇报演出式成果展示

版权课程合伙人 W 老师分享了他的案例：

我是一家能源行业企业的培训负责人，学习“建构主义 7D 精品课程开发”课程后，成果展示型学习活动给我触动很大。以前我们组织的项目好像更重视内容，重视项目的过程，对最后的成果不太重视，导致很多时候项目结束了，学员并不清楚自己的收获，领导问他们学习收获的时候，他们基本都说不出来。这导致领导认为培训是没有效果的，不太支持下属来参加培训，我们组织培训就比较难。

学习 7D 后，我们非常重视成果设计，每次项目结束，都有成果展示。其中有一次是“新晋经理领导力”项目，我设计的成果展示是成果汇报。在项目一开始就告诉所有学员，项目最后一天有成果汇报，汇报的内容是整个项目的收获，而且过程中还有团队 PK，汇报演出将邀请公司高层前来观摩。

任务布置下去，一下把全部参训学员的热情点燃了，整个项目过程中大家积极参与，一直保持着情绪高昂的学习状态。

在成果汇报的时候，我们不仅邀请了公司高管，还邀请了各部门负责人，也就是这些学员的直接上级。最后，成果汇报演出非常成功，学员、学员的主管领导和公司高管都给予了很高的评价，我们部门也在年底获得表彰，关键是营造了公司的学习氛围，这有助于我们更好地开展培训工作。当然，这也对我们提出了更高的要求，我们要不断优化，每个项目都想有“新花样”，希望大家多多提供宝贵意见和建议。

第三步：规划框架（program frame）

需要为学员提供一个框架，依据这个框架，学习者展示自己的成果。这个框架相当于一个舞台，学习者在上面展示他们的才华。如果没有这个舞台，他们就无从展示。同样，如果没有框架，学习者就无从下手，最终无法展示成果。

成果展示型学习活动概括地讲就是：老师设定框架，学员填充内容。所以本质上是一个萃取的过程，老师把学习者学习的精华萃取并且呈现出来。

框架设计的方式也非常多，常用的是几点收获、几点感悟、几个变化、几个成长、几个行动等等。

案例

圣诞树模型

湛卢坊老师通常用的成果展示方式是“圣诞树模型”(见图 4–15)。

图 4–15 圣诞树模型

“圣诞树模型”的要求是“四三二一”，即四个收获、三个感悟、两个转变、一个行动。

“圣诞树模型”有两种方式，第一种是“个人的圣诞树”，按照“四三二一”的要求，每个人写出自己的内容；第二种是“小组的圣诞树”。因为个人已经有了圣诞树，小组再来做一个统一的圣诞树，同样按照“四三二一”的要求。做“小组圣诞树”的时候把个人的智慧总结起来，再深化，达成共识，然后每个小组选一位代表上台展示“圣诞树模型”，就是成果展示。展示完之后，老师再总结评价，指出每个小组的亮点。这就是一个完整的成果展示环节。

操作过程就是老师把圣诞树画出来做示范，要求大家画自己的圣诞树，然后按照“四三二一”填写自己的内容。在统一框架之下，大家充分展示自己的才华。

提示一下，“圣诞树模型”的要求比较高，操作比较复杂，如果是小组展示，通常需要半小时以上，所以建议时间长度为一天或一天以上的课程使用“圣诞树模型”。

第四步：引发展示（guide show）

引发学习者多样化展示，这一点非常重要。学习成果展示不是考试，没有标准答案。

学习成果最大的魅力是个性化展示，同样的学习内容，会有不一样的学习成果，这才是真正的建构、真正的点燃。

这要求老师在设计成果框架的时候要有开放性，给学习者提供一个充分发挥的空间。比如“圣诞树模型”的“四三二一”就很笼统，就是为了让学习者充分发挥。

另外，在现场展示的过程中，老师也要引导多样性，给予每一种成果正面的积极评价。

这里“引发”的英文用了“guide”这个词，而不是常用的“lead”和“facilitation”，就是要求老师要像导游一样，引导学习者欣赏美景，并且展示美景。

在使用“圣诞树模型”的时候，老师会引导学习者把圣诞树画得有特色，鼓励他们有不一样的建构。甚至有学员做的看上去并不是“圣诞树模型”，但只要是符合了“四三二一”的要求，一样要给予奖励，这就是鼓励多样化的展示。

7D 小布丁

每个人都是不一样烟火，你只需要用成果展示去点燃。

开发成果展示型学习活动的三个注意事项

成果展示型学习活动虽然容易操作，但还是有几点要注意。

成果的多样性

只有取得了多样化的成果才能说明学习者真正有所收获，成果展示不是中小学考试的“题目一样，答案标准”。同样的学习，有不一样的成果才是真正的建构。

要注意难度

成果展示的目的是给予学员信心，证明项目的成功。如果成果展示的难度太大，不能把成果展示出来，反倒会带来负面作用。所以，成果并不是越多越好，而是越精越好。

要注意时间规划

由于每个人的学习背景不一样，学习收获不一样，导致展示成果的时候现场时间不好把控。往往成果展示又是在课程最后才进行，操作不好容易导致时间不够用，所以要充分预留时间。

学习任务

请为自己的课程设计成果展示型学习活动，并在课程结构图上进行标注，同时把具体操作细节写在学习活动集里面。

本章小结

本章是课程开发中最重要的内容，也是花费时间最长的内容，包括知识点的开发、案例的开发和学习活动的开发。学习活动的开发既是重点，也是难点。在四类学习活动中，技能演练型学习活动和案例分析型学习活动是其中的重点和难点，都是最能体现建构主义教学思想的教学活动。学习活动除了开发，对呈现和交付也都有很高的要求，都需要持续的学习与训练。

一、重点回顾

1. 点燃学习者学习热情的三个法宝：提问，引发思考；案例，激活旧知；学习活动，建立新知。

2. 知识点开发的 CNEB 模型。

3. 案例的类型：数据型、实例型、故事型、复合型。案例的用途：举例说明、案例分析、案例教学。案例开发的 CCGO 模型。

4. 问题讨论型学习活动开发流程 CISR 模型，技能演练型学习活动开发流程 STPS 模型，案例分析型学习活动开发流程 SCDP 模型，成果展示型学习活动开发流程 CSPG 模型。

二、常用工具

1. 案例素材集。

案例素材集

一、数据型案例

1.

2.

二、实例型案例

1.

2.

三、故事型案例

1.

2.

四、复合型案例

1.

2.

备注：案例模板

案例一：　　主题：

案例名称				备注
时间		地点		
人物				可不用真名
具体情景				
案例表达的观点				
案例的类型	故事型、实例型、数据型案例			

2. 学习活动集。

将根据学习活动开发步骤设计出的问题讨论型、案例分析型、技能演练型、成果展示型四种主题性学习活动，运用到自己的课程中，并按照下面表格，做详细的记录。

学习活动类型	使用位置（知识点）	操作步骤	使用目的	时长预估

三、课后作业

内容开发是课程开发最核心的部分，需要花很多时间和精力把这部分做充实。

1. 请根据书中提及的方法和工具，对课程的知识点内容进行优化。

2. 请根据案例开发的原则和流程，优化案例。

3. 请根据四类主题性学习活动开发步骤及学习活动的要素，为课程设计合适的学习活动，同时在结构图上标注什么地方采用了哪一类学习活动，并把课程中用到的学习活动汇总整理后放到学习活动集里。

05

4D 成果设计（Result Design）：强化学习收益

7D 小贴士

学习一门课程，能够学到哪些知识和技能？有没有学会？是否有一些成果输出？这是客户方和用户比较关注的问题，仅一份课后评估问卷不足以客观全面地反映出这些信息。如何把课程实施过程中学习者的所学所获记录、呈现出来？这就要做成果的设计和输出。

学习成果设计中常见的问题

学习要有成果和效果，没有成果的培训就是浪费，这是大家的共识。目前在培训的学习成果设计中，依然存在着问题。

对成果不够重视

很多课程的开发者和授课老师更在乎学习过程，而对于学习者的学习成果重视不够，认为只要把过程做好了，成果自然就有了。还有的老师认为，老师只对教学内容负责，学习者的收获应该由学习者自己负责。

案例

某些高校教学不够重视学习成果

在“建构主义 7D 精品课程开发”深圳班，来自某知名大学医学院教学部的负责人 C 老师讲：我在管理教师教学的过程中，一直感觉一些老师的教学中存在某些不足，通过这几天的学习我发现，这些老师的教学设计中存在的最大问题就是学习成果设计不足。在教学过程中，更多是内容为王，不太关注学习者的反应，也忽视了成果设计这一环节，在教学过程中没有专门的成果展示，

> 等到某一门课程结束了，仅仅通过期末考试的方式来检验学习成果，往往不够科学和全面。

这位老师反映的不仅是他们学校中老师的教学现象，也是大学教育和职业培训中常见的现象。

很多培训课堂都是老师把时间安排得满满的，到时间准时下课，收拾电脑走人。有些老师会留回答问题的时间，但也不过20分钟左右，并不能深入。

一门课程结束了，学习者到底学到了什么？老师不清楚，学习者也不清楚，培训组织者更不清楚。

缺乏正确的方法

在商业培训中，有越来越多的老师意识到了培训成果的价值，一方面来自培训管理者的压力和学习者的反馈，大家对于培训学习效果越来越看重，反过来也迫使老师重视成果；另一方面来自老师的职业要求和对专业的精进，使他们重视学习成果。

但是由于缺乏相关的理论指导，没有具体的操作方法，因此行业内大多数老师采用培训评估的方式来看学习成果，然而在具体操作中，这种做法还存在某些不足。

培训评估大多是培训者组织的活动：包括学员对老师的评估、学员对培训管理者的评估，以及培训管理者对学员的评估。欠缺了最关键的环节——培训师对学员的评估，而教学主体的缺失是培训评估失效的关键所在。

真正决定教学成果的是教学方式，所以改善教学方式才是改善教学成果的最重要手段。

因此，与其改善评估方式，不如直接改善教学方式。越来越多的老师已经意识到了这一点，并且做出了一些尝试。

案例

礼仪课的成果设计

在“7D精品课程开发工作坊”上海班，一位S老师跟大家分享：

我上的是服务礼仪的课程，每次上课感觉还可以，学员满意度也挺高，但就是客户重复购买率不高。我和助理还专门讨论过几次这个问题，也问过客户，都没有找到问题所在。

通过这几天的工作坊，我突然明白了，原来是我的学习成果设计不够。

我往往把时间安排得太满了，课讲完了，也就下课了，没有专门花时间让学员进行成果的总结，更没有让学员对成果进行展示。这样学员总是感觉很好，但又说不出自己到底学到了什么，而培训管理者也无法衡量学习所得。

这次学习我最大的触动是以后要在课程结束之前专门安排学习成果展示环节，用“圣诞树模型”让大家建构。这样既能强化他们的学习所得，又能让管理者看到学习的真正成果和价值。

教学的目的是要看到成果。让学习者真正得到成果，才是真正的意义建构。

7D小布丁

学习成果不是评估出来的，而是设计出来的。

成果设计的价值和设计原则

成果设计的含义

成果设计是指课程开发师及培训师在课程开发及课程实施的过程中，采用多种方式和手段，以学习成果为目标，干预学习者的学习行为，最终达成学习成果的教学活动。这里有几个关键点：

第一，学习成果以终为始。学习成果是目标，也是手段，一切设计都是为了达成学习成果。

第二，以老师为主导。成果设计的具体方式方法是由老师（课程开发师和培训师）主导的教学活动。

第三，以学习者为主体。学习者是各项具体活动的执行者，也是学习成果的直接责任人。

学习成果是各种教学理论历来非常重视的内容，很多专家对此都有专门阐述。

7D 小课堂

教学设计大师加涅（Robert Mills Gagne）认为学习结果分成五类，分别是言语信息、智慧技能、认知策略、动作技能和态度。

艾莱克斯•卢蒂文（Alexis Ludewig）、艾米•斯瓦尔（Amy Swan）所著的《追求学习结果的 88 个经典教学设计》，虽然主要是针对中小学的教学设计，但对于成人培训也有借鉴意义。

成果设计的三大价值

从成人培训角度，学习成果设计具有三大价值。

激发学习热情

这是对于学习者的价值。根据学习理论的强化原则，在学习过程中，要对成果进行专门设计，让成果凸显出来。对于学习者来讲，取得显著的甚至超过预期的成果，是对学习者最大的激励。学习者自己努力换来的成果，不仅是对前期努力的一种认可，更能够激发他们的信心，激励学习者更加努力地持续学习。

案例

对孩子的激励

我女儿在上幼儿园的时候就喜欢上了绘画兴趣班，每次上完课回家总是很开心地告诉家里人，她又获得了小红花。还有一次她的画被学校收藏了，儿童节那天学校展示出来，她满操场寻找她的作品。

女儿上了很多兴趣班，拉丁舞、民族舞、古筝、口才、书法等，其他的都渐渐放弃了，唯一保持到现在的就是绘画。其他奖状弄丢了很多，但绘画类的奖品她保留得最完整，满屋子都是她的各种绘画作品。

孩子是需要激励的，学习成果是对孩子最大的激励。成年人也需要激励，哪怕是已经退休的老专家。

案例

老专家的感受

有一次给军工研究所上“课程开发及精彩呈现十项修炼”课

程，课程结束后，一位 60 多岁的老专家很激动地跟大家分享：

本来我已经退休了，研究所返聘我回来，是想让我发挥余热，让我把这几十年的经验总结出来，帮助年轻人。虽然我感觉自己还是有些经验的，但是一直没有有效地提炼出来。通过这几天的学习，以及开发出来精品课程和配套的相关内容，我突然发现，原来我懂这么多。

关键是我一直认为我就是一个搞技术的人，只会做不会说，通过这几天的训练，我发现我居然还能讲出来，而且能够获得大家的认可。

看来我可以更好地帮助单位的年轻人了，也不枉费领导对我的信任。

提供教学改进依据

学习成果的产生不仅对授课老师有价值，也是对教学效果的检验，根据学习者的成果，可以检验教学的质量，老师可以依此对教学进行相应调整。

在教学过程中，老师需要针对学习者的情况对自己的教学，包括教学内容和教学方式进行不断总结和评估，并做出有针对性的调整，这是因材施教的体现。

那么，如何判断学习者的学习状况呢？如何评估他们的理解程度和掌握程度呢？一个重要依据就是学习成果。

如果在学习过程中，老师无法把握学习者的学习状况，而是一味地按照既定的教学方式实施教学，到最后会取得什么样的教学成果？

评估投入价值

这是针对培训主办方来说的。培训是一个商业行为，即使是组织的内部培训，也要投入人力、物力和时间，投入值不值，是否达到了预期效果，是培训主办者所关注的。

在具体的培训项目中，如果是企业内训，用户是学员，客户是培训管理者或者学员所在单位的领导。有时用户与客户对于培训的看法存在差异，但用户和客户在学习效果上的看法是一致的：学有所获是大家共同的追求。

培训结束了，企业的相关领导往往会看学习的具体成果，看看下面的对话：

场景一

领导：这两天你们学了“高效沟通”课程，老师讲得怎么样？

员工：老师讲得挺好。

领导：那你有没有收获？

员工：有呀，很多收获。

领导：那你们具体学到了什么呢？

员工：哦……这个……

领导：讲不出来，看来是白学了，反倒影响了工作，下次不要再去了。

场景二

领导：你们学了“高效沟通”课程，老师讲得怎么样？

员工：老师讲得挺好。

领导：那你有没有收获？

员工：有呀，很多收获。

领导：那你们具体学到了什么呢？

员工：我学到了以下几点，第一点……第二点……

领导：很好，下次继续学习，以便更好地推动工作。

工学矛盾指的是工作和学习的矛盾，是企业在组织培训过程中遇到的挑战。产生工学矛盾的原因很多，解决的方式也很多，其中之一就是让学习真正有成果，从而助力工作开展。

成果设计的四个原则

目标导向

成果设计应该安排在课程的哪个环节？这是很多讲师容易感到困惑的。在辅导学员的过程中，大家接触到成果设计的重要性和方法后，知道其是有价值的，但是不清楚应该在哪些地方添加成果设计。这就要考虑到成果设计的目的，本质上是检验学员的学习效果，学习效果又跟学习目标紧密联系。所以，成果设计要以学习目标为导向，在可以体现、检验学习目标是否达成的地方进行成果设计。

适度性

课程开发中的成果设计要注意适度性和有效性，不能为了设计而设计。成果设计并不一定越多越好，而要适度。要了解成果设计的根本目的，并在关键地方进行科学设计。

多样性

成果设计有很多种方式方法，课程中一开始用得最多的是做测试，学了课程开发后，用得较多的是提问题，整体来说方式比较单一。大家可以根据内容的位置、重要性、内容形式，采取不同形式的成果设计。

即时性

很多课程通常都是在完全结束的时候做成果设计，做测试，看一下学员的掌握情况。其实，在课程过程中也需要实时检验，及时纠偏。把握学习成果检验的即时性，也是对学员学习激励的即时性。

成果设计的类型及方法

按照建构主义教学理论，所谓的成果，实际上是学习者建构的表现，通过学习者的意义建构来反映学习效果。

学习成果的设计，实际就是在教学过程中，通过精心的设计，让学习者实现有意义的建构。所以，在本书中，尤其是本章，学习成果设计有时会用“建构”来表述。

学习成果设计的三种类型

学习成果的设计按照不同的角度分为多种类型：从教学过程来看，可以分为过程设计和结果设计；从人群来看，可以分为个人成果设计和团队成果设计；从成果展示的方式来看，可以分为私下成果设计和公开成果设计。

过程设计和结果设计

过程设计就是指在学习过程中，针对某个模块、某个单元、某个课时进行设计，让学习效果及时得到反馈，学习的成果及时得到强化。

学习的过程设计往往容易被忽略。学习成果的过程设计就如同开车时的导航，开车的过程中需要根据导航的指示进行相应调整，以确保走在正确的道路上。但是在实际的培训中往往不是这样的。很多老师把学习过程中学习者的参与性当作唯一的标准，只要看到学习者在积极参与，有回应，有互动，甚至有掌声和笑声，就以为学习的效果很好。所以，他们在课程设计的时候强调“笑料”的设计。其实这只是表象，如果没有设计学习成果展示，根本无法确认学习者真正的学习效果，等到培训结束才发现问题就已经晚了。

案例

没有成果设计的项目

有一次给某制造业企业做领导力发展项目，在前期调研的时候，其培训负责人讲到了一个现象，他们曾经请某家机构做过这个项目，在项目实施过程中，尤其是课程实施过程中，学习者积极参与，踊跃回答问题，大家感觉都挺好的。

但是当课程结束时候，请大家说些心得体会，大多数人都说不出具体的东西来，都是一些“感悟深刻”“很多启发”等比较虚的表达。通过交流发现，导致项目失败的原因很多，其中之一就是没有进行学习过程中的成果设计。

结果阶段的成果设计就是在整个培训接近尾声时，专门预留一段时间，对全部内容进行系统地回顾和总结，对学习成果进行强化，并且展示。

学习成果在结尾的设计主要是老师教学设计的意识问题，一旦意识到了，操作方法很容易掌握，效果也会立竿见影。

案例

7D 课程开发的时间安排

我们在“建构主义 7D 精品课程开发”项目中，发现很多课程开发师对于课程结束部分的时间预留不够，比如一天的课程，结束部分也就 10 分钟左右，设计的结尾方式往往是总结、回顾之类的内容。更多是老师所采用的内容，忽略了学习者参与的建构。因此在指导课程设计的时候，对于课程结尾部分的时间要有硬性要求：一般 3 个小时的课程，首尾预留 30 分钟；6 个小时的课程，首尾预留 60 分钟；两天的课程，首尾预留两个小时。

在首尾中，重点是“尾”，也就是在结课的时候，首尾的时间比例是 1∶2，即开场占 1/3，结尾占 2/3。比如一天的课程，开场不要超过 20 分钟，结尾不要少于 40 分钟。

注意：课程结束阶段的成果设计重在成果，而不是节外生枝，该结束时就要及时结束。

大家经常走的极端是把结尾的建构做得特别多。

在一次给某银行做课程开发辅导的时候，一位老师的结尾是这样设计的：在结课的时候做了案例分析，进行了技能演练，最后还留了作业。整个结构看起来正课内容部分反而比较空，感觉“脚”太重。所以我们建议这位老师把相关成果设计前置到相应知识点，均衡一下，同时也是为了做到成果的即时性。

课程结束阶段的成果设计与课程结尾的方法有联系也有区别，参见本书第八章“结课的方法”部分。

团队建构和个人建构

从学习者的成果呈现群体来看，学习成果的设计可以分为团队建构和个人建构。团队建构，就是让学习者通过小组的方式将学习内容进行加工，将学习的收获以小组为单位通过某种方式展示出来。这是在培训中最常见的成果设计，同时团队建构还能激发出大家更多的协作性。

个人建构是个人参与到学习中，这是最基本的学习成果展示方式，其表现形式非常多，尤其体现在学习活动中，只要学习者认真参与到学习中，再进行个人建构，就能获得个人提升。比如，在讲师的授课技巧培训课程中，每一位讲师都要进行授课技巧训练，做个人技能演练，让每一位讲师看得到自己的学习成果、自己的改变，同时也可以看到他人的表现。而在课程开发现场，通常是以小组作为开发主体，对成果的设计则展示了团队的力量和智慧。

私下成果设计和公开成果设计

按照成果展示的方式来看，学习成果的设计可以分为私下成果设计和公开成果设计。私下建构是学习者操作成果，并不需要把成果公开展示出来，老师通过单独的沟通和交流去检测和评估。

公开成果设计是学习者把所学内容公开呈现出来，便于大家观摩学习和考核。比如在课程开发过程中，在课题设计、目标设计环节，基本上采用的是私下成果设计，老师会辅导每个课题组就产出成果进行单独沟通。

而结构图出来的时候，通常会让课题小组上台展示，所有人都会进行意见反馈。当然，什么时间私下沟通，什么时间公开展示，需要考虑的因素比较多，一般在相对比较大的成果节点及时间允许的情况下，可以进行公开展示，这样可以让学员共同参与。

需要注意的是，以上各种成果设计方式是交叉的、相互联系的，既显出建构的多样性和丰富性，更激发了学习者的学习热情。

总之，在教学设计中，应尽可能设计多种成果展示方式和形式，让学习者不断建构。

学习过程中的成果设计的五种方法

回答问题

在教学过程中，让学习者直接回答问题，从而判断其学习效果，是最常见的检验成果的方法。这种方法便于操作，比较适合知识类、概念类内容。它把课程中关键的、核心的知识点变成问题，让学员回答，有助于老师了解学员对知识的掌握情况。

而这种方法的不足在于缺乏代表性，因为无法让每个学习者都回答问题。往往是照顾了积极学习的人，而忽略了大多数人，而且单纯问答几个问题也无法深入检验学习效果。

便利贴

便利贴的方式是指让学习者把学习心得或者对内容的理解写在便利贴上，并且上墙呈现，这样可以促进学习者不断总结，同时又能引导集体学习，老师也可以通过查看便利贴内容，判断学习者的掌握情况。

案例

便利贴展示

在“建构主义教学思想”这个模块的内容中，我们采用了成果展示便利贴。当建构主义教学思想相关内容结束后，提出“我理解的建构主义教学思想是什么含义，对我有何启示”的议题，要求大家把这两个问题的答案写到便利贴上，贴到“学习园地”。老师抽时间看大家的答案，从而判断大家的理解情况，如果发现有人有疑问或者大家普遍存在的问题，老师就可以进行及时答疑。

为了吸引大家多贴便利贴，可以用奖励的方式。这样，培训过程中学习者有什么感悟、想法、问题、建议都可以写便利贴贴到“学习园地”，营造一种良好的学习氛围。培训全部结束之后，这些便利贴就是可视化的学习成果。

行动学习一类的培训模式，包括促动技术、引导技术等工作坊，最常用的就是用成果设计的方式，每个环节都可以采用这样的方式，现场学习氛围很好，成果看得见，值得学习和借鉴。

实际操作

实际操作，指在每个学习内容结束后，或者所有学习内容结束后，让学习者实际操作所学内容，从而检验学习效果。这种做法既包括过程检测，也包括结果检测。实际上，这就是技能演练型学习活动的运用。

这点往往是培训中欠缺的。培训中如果没有实际操作的检验，就无法判断学习效果。尤其是操作技能方面的培训，成果设计可以说是必需的。

相互竞争

学习者之间的竞争及辩论是促进学习的极其重要的方式，通过适当引导让学习者直接辩论，能够让学习者对学习内容有更加深入的理解和运用，同时还能促进学习者之间的学习和交流，真正激发出团队智慧。

当然，如果能把辩论研讨的结果展示出来，那就是更好的成果设计。建构主义所倡导的学习共同体的团队学习，也包括学习者之间的交流和碰撞。

作业练习

在学习过程中，尤其是在每一节课结束的时候，通过布置作业，可以让学习者持续保持学习状态，是很好的学习成果设计方式。这也是中小学教育中最常见的方式，但是在成人培训中往往被忽略。

作业练习还可以和学习活动相结合，在即将下课的时候把正在做的学习活动布置成作业，既能让学习者持续学习，又能控制时间。因为在学习活动过程中，各个小组或者个人的学习进度不一样。

在精品课程开发课堂上，每个模块都可以给大家布置作业，及时反应学习成果，而且成果都是可视化的，会把一些作业张贴到教室中。大家一步步完成作业，看着自己的学习成果，非常有成就感。老师也会就作业情况，及时给予反馈和辅导。

课程结束阶段成果设计的三种方法

学习迁移能力是培训的基本要求，只有学员真正做到学以致用，学习才会产生真正的价值。

以学习能力迁移作为整个教学的目标和指导，可以说是教学的基本准则，贯穿于教学的整个过程，所以在学习和培训结束的时候，将学习成果迁移到工作中的成果设计就成为最主要内容。

在教学过程中的学习成果设计方法，比如回答问题、便利贴、作业练习等方法也都适用于结束时的成果设计。除此之外，还有一些方法可以让学习能力迁移。

复盘建构

复盘建构指在学习后进行复盘，对所学内容进行全面的回顾，总结对今后工作的启发，是一种系统总结的方式。

复盘的方式可以分为老师的复盘和学习者的复盘。通常两者需要结合，以相互促进。

当然，为了复盘的效果，在教学过程中，采用意义建构的方式便于学习者建构，同时也结合了后续的行动计划。

圣诞树模型

圣诞树模型的意义建构是湛卢坊团队独创的一种结尾建构方式。老师让大家按照模型中的“四三二一”进行个人的回顾和建构，每个人都按照自己的理解画一棵圣诞树，然后在小组内进行融合，共同创造出一棵具有代表性的圣诞树。重点落脚到“一个行动计划”上。

行动计划

行动计划是比较常用的一种强化课程效果的方式。任何培训最终都要落到实践应用中，学习之后，每个人根据自己的情况列出一个应用计划，让所学内容真正落地。这需要个人的坚持，也需要组织方的跟进、监督。像在情境高尔夫课程中，会给学员提供一些管理工具，在课程结束时，会布置作业，让学员将课程中所学的工具在实践中进行应用并做记录（见图 5-1）。

课后实践二：
建设性反馈 BID 练习记录表

请在两周之内至少找到一名下属或项目组成员进行面对面沟通，在倾听基础上重点练习 BID 反馈，做到可以流畅运用模型。为了便于总结复盘，请把对话要点记录于“BID 建设性反馈练习记录表”上

谈话对象		日期	
对话背景			
BID 模型	B（行为）		
	I（影响）		
	D（期望）		
对方反应			
自我评估			

图 5-1　BID 建设性反馈练习

考核法

考核法，包括考核、测试、测评、验收等，可以说是一种最基本的成果设计方法，也是学校教育中的基本方法。虽然学校一直在强调“减负”，但是没有考核是行不通的，成人培养更是如此。

考核法就是在培训结束的时候对学习者进行考核，以便了解学习者的学习情况，为后续的培训辅导及教学提供依据。

考核的方式方法很多，对个人和团队都可以使用，主要有以下几种：

第一种是测试题，通常的做法是把课程内容设计成测试题，对全员进行考核。

第二种是抽样考核，即抽取一定的学习者进行考核，测试、回答问题。

第三种是成果验收，让学习者把学习内容进行展示，既是考核，也是验收。比如 7D 系列课程中，最后环节都是让学习者展示开发出来的课程，这也是验收。

第四种是认证考核，培训行业有很多“认证课程”，学员通过考核可以获取相关证书。

除此之外，还有其他各种方法，比如个人 PK 或者团队 PK，也是很好的考核方式。

考核是最基本的环节，也是成果设计最重要的内容。教学上称之为学习评价。课程过程中的考核被称为形成性评价，课程结束的考核被称为终结性评价，两者结合更加科学和全面。从这个角度讲，本章的成果设计，就是评价的具体表现。

7D 小布丁

没有评价的学习就是浪费时间。

以下是几种成果展示的图示（见图 5–2）：

这些方法其实很简单，一学就会，又能够达到立竿见影的效果。其实很多方法，大多数老师都在运用，只是他们没有经过系统的设计。

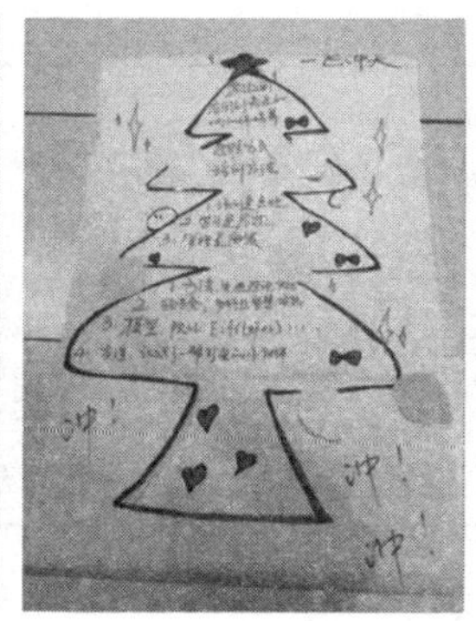
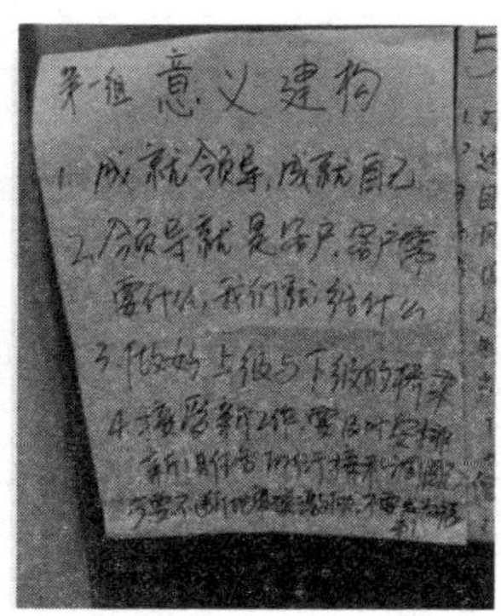

图 5-2　几种成果展示示例

本章小结

一、重点回顾

成果设计的类型：过程设计和结果设计、团队建构和个人建构、私下成果设计和公开成果设计。

成果设计的方法：学习过程中有回答问题、便利贴、实际操作、相互辩论、作业练习等；学习结束时有复盘建构、圣诞树模型、行动计划等。

二、常用工具（提供两个工具模板供参考）

培训后行动计划书

培训项目名称		培训时间	
学员姓名		所在部门	
学员直接主管上级姓名（跟踪评估人）		岗位职务	
行动计划	完成期限	完成标准	完成情况

直接主管上级对行动计划完成情况的评估：

评估人签名：

年 月 日

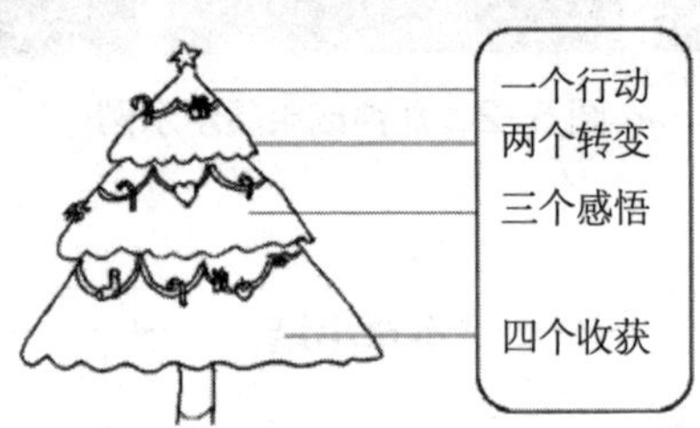

圣诞树模型

三、课后作业

请拿出自己的课程结构图看一下，在哪些地方可以进行成果设计？通过什么方式可以将成果呈现出来？确认后，标注在课程结构图上，同时把需要的工具表格汇总在辅助材料中。

06

5D 材料设计（Material Design）：制作学习材料

7D 小贴士

一门课程的框架搭建完整，内容开发好，最后就应该是输出成品了。课程的输出载体是各类学习材料，由此组成一个完整的课程资料包。材料设计环节就像房屋的“软装”，只有经过精心设计、配套完整的课程才能真正算得上精品课程。

开发学习材料中常见的问题

学习的材料也可以称为课程的相关资料，是一门课程必备的内容，也是课程的基本内容，但是大部分老师在这方面的准备依然存在着不足。

材料单一不完整

现在很多老师，包括职业培训师，所讲的课程就只有一个 PPT，可谓“一个课件走天下”。材料非常单一，不利于知识的沉淀和传播。

案例

精品课程大赛的课程包

在由《中国培训》杂志主办的“好讲师”系列大赛中，湛卢坊团队连续几年独家承办“中国精品课程大赛”，从初赛开始，就提出了“课程包”的要求。由初赛的“三件套”到复赛的“五件套”，再到决赛的“八件套”，做出了统一的要求，按照这些要求给参加的课程提供指导。在总决赛的时候，所有参赛课程都超过了“八件套”，绝大多数是“十件套”以上。

目前整个行业对于课程的配套材料还理解得不够深刻，以为课程就是 PPT，实际上 PPT 无法承载精品课程的完整内容。

材料缺乏整体规划

这是指课程的各种材料缺乏统一的规划和安排，虽然有一些资料，但还不够统一，只是把材料拼凑在了一起。有些老师的课程资料比较全，但是却比较凌乱，没有规划。

学习材料的功能不清晰

一门课程有完整的课程包，每个材料都有相应的价值和作用。一门课程，至少包括三类关系人：学习者、部门主管或者培训主管、老师，那么课程包的相关资料就要针对不同的相关人。很多老师并不清楚学习材料的价值，也不太清楚应该如何制作学习材料，更不知道针对不同的关系人要有不同的学习材料。

PPT 常见的错误及设计的原则

PPT 在课程中叫课件，是课程内容的主要载体，是课程包的核心内容。制作 PPT 是课程培训师的基本功，很多培训师在这方面也存在着一些不足。

PPT 常见的问题

培训师制作和运用 PPT 的时候存在一些常见的错误。

第一，太过依赖 PPT

很多培训师在上课的时候完全对着 PPT 念，没有 PPT 就没法实施教学。这是很多内训师常见的问题，有些职业培训师也有类似问题。

一个很重要的原因是 PPT 制作出现了问题，老师在备课的时候，把绝大部分内容都放在了 PPT 上，导致老师记不住，上课的时候只能对着 PPT 念。

还有一个很重要的原因就是在做 PPT 之前，老师没有设计课程结构图，缺乏整体的课程思路框架，离开 PPT 就不知道应该讲什么、怎么讲了。

第二，不懂 PPT 的美化

很多老师的课件全篇都是文字，就像是 Word 搬家，或者图片、文字、表格都在一张 PPT 上呈现，导致 PPT 的信息量非常大，影响了视觉效果，毫无美感。

“留白”是 PPT 制作的基本要求，留出空白，可以更好地凸显关键内容，集中学习者的注意力。很多 PPT 满页都是密密麻麻的内容，甚至有些老师为了不留有空白，还专门去搜索一些图片装进 PPT 里。

有一次我们给某油田做内训师辅导，发现其中一门课程运用了大量无效图片，我们建议他去掉这些内容，这位老师回答：“哎呀，老师，我花了好多时间找的这些图片，好舍不得呀。”

第三，不分场合地使用 PPT

PPT 整体上分为两种类型：一种是阅读型 PPT，另一种是演示型 PPT。

阅读型 PPT 就是把课程内容全部放在 PPT 中，包括关键的文字、数字、图表、表格。它的作用就是让对方通过阅读，掌握所有内容，不需要其他人在旁边做解释。这是在日常工作中，经常做工作汇报时，以及给客户做某些方案的时候采用的类型。

演示型 PPT 的内容主要是课程的核心要素，更多的内容是通过老师讲述出来的，老师上课用的一般都是演示型 PPT。

第四，把制作 PPT 当作课程开发

PPT 从课程角度叫课件。按照精品课程“八件套”来说，课件（讲师手册）只是其中一部分，而且是课程的最后一个环节。培训行业习惯性把课件当作课程，有些老师甚至把制作 PPT 当作唯一的事情，只想优化 PPT，而忘记了案例开发、学习活动开发等内容。

设计 PPT 的三个原则

PPT 是协助老师教学的。在制作的过程中，要遵循以下三个基本原则。

第一个原则：一目了然

对于学习者来说，一目了然就是看到 PPT 就能明白内容是什么。如果 PPT 非常复杂，学员看不懂，他会一方面听老师讲，希望把注意力放在老师身上；一方面又要去记忆，甚至抄写 PPT 内容，这样会感到很累。

一目了然，对于老师来说，才能完全放开阐述。其实在培训行业，有慢慢淡化 PPT 的趋势。很多流派，包括教练技术、引导技术，PPT 更多是在起宣传和引导作用，上课的时候已经不用 PPT 了。

作为课程开发师，要注意：你在 PPT 中放入的任何信息都可能会吸引学习者。所以 PPT 上的信息越多，越不能让学习者专注。

第二个原则：视觉化

PPT 看起来要美观、舒服。PPT 的作用是协助老师教学，帮助学习者理解，好的 PPT 能够为课程增彩。

对 PPT 的视觉效果有以下几个要求：

第一，整体风格要一致

同一层级之间的风格要统一。考查一门课程的 PPT，首先是通过浏览模式看课程设计的结构、各个模块的风格。规范的课件结构是非常清楚的，便于讲师做自我检测，看是否有遗漏或者重复的内容。

第二，内容要简洁

关于 PPT 的文字使用有一种说法：文不如字，字不如表，表不如图，图不如景。

文不如字，是说一大段文章不如几个关键字，能让学员非常清晰地看到核心内容，而不是在一段文字中找不出重点。

字不如表，是说有些数据类内容可以用表格来呈现，更加直观，尤其数据型案例，表格能一目了然地呈现，文字则很难一目了然。

表不如图，因为图片、图画、图形更加形象，更有视觉感，让学习者看起来更舒服。

图不如景，设计一种场景氛围更能够吸引学员参与。

第三个原则：实用主义

PPT 有用即可。实际上，PPT 的作用只是辅助教学，绝不应该成为教学的主体，不应该把学员的注意力都吸引到 PPT 的表面上。

员工参加主题为“销售技巧”的培训回来，领导问他：“老师讲得怎么样？”员工回答：“老师做的 PPT 很漂亮。”领导再问：“我问老师讲得怎么样，你学到了什么？”学员说：“我就是对老师做的 PPT 印象很深，技术真的很高。”这就是 PPT 把老师的专业给掩盖了。

PPT 的实用主义原则其实遵循了奥卡姆剃刀原则，如无必要，勿增实体。如果对学习者学习内容没有什么实际作用，就不需要添加 PPT。

关于 PPT 的制作，业内很多老师都在讲相关课程，也有很多在线学习课程在讲常规的 PPT 制作技巧方法，本书不再赘述。

学习任务

请拿出自己的课件，看看是否符合以上原则？哪些地方可以进行优化？

制作 PPT 的五步流程

首先回忆一下课程开发的几个步骤，也是本书的主要内容：第一步设计主题，第二步设计结构，第三步设计内容，第四步设计成果，第五步设计材料。PPT 属于学习材料的一部分，在前四步的基础之上，PPT 制作也有个规范化流程。

通常，PPT 制作的流程如图 6–1 所示。

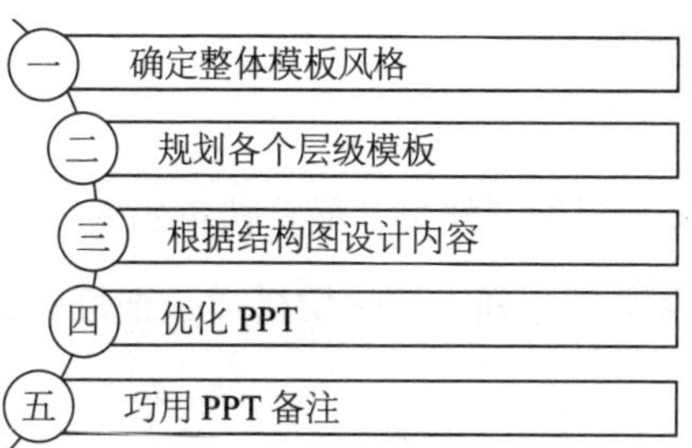

图 6-1　PPT 制作流程

这个流程基于系统化思维方式，按照课程开发的逻辑，先搭框架，再填内容，最后做整体优化。这样可以保证思路清晰，始终保持整体观，避免一开始就纠结于小细节，导致效率低下。下面来看每一步操作。

确定整体风格模板

PPT 的模板要与课程主题相关，也要与企业文化相关。所以在选择模板的时候，首先要考虑的是，如果是企业内部课程，那么，企业内部有没有统一的模板？如果有，那就比较简单，使用统一模板。如果企业没有严格的要求，就可以根据自己的内容来选择模板。比如商务的、清新的、温文尔雅的、高科技的，等等。

确定模板主要应考虑两个方面：一是颜色，课程是产品，也是人格化的体现，颜色最能体现人的风格；二是模板的风格，不同的模板呈现风格不一样。

如果是个人的课程，风格也应该保持一致，这样长时间就能形成独特的符号。

规划各个层级模板

这是建构主义教学做课件设计最具特色的内容。和课程开发一样，先搭框架，按照金字塔原理一层一层搭建，把每一层级过渡页的样式区别出来。

图 6–2 所示的 PPT 浏览图，帮助讲师在根据结构图做课件的时候，提前看有几个层级，先做好各个层级模板的规划，了解章标题和节标题，以及内容页分别长什么样子。

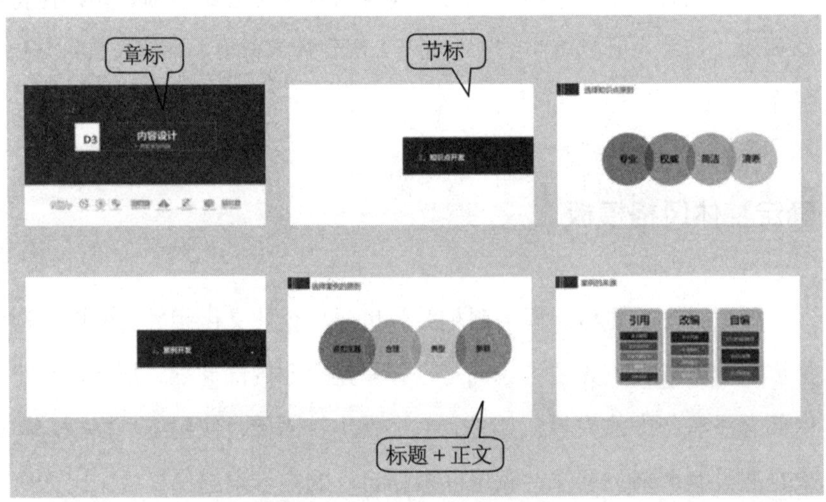

图 6–2　PPT 浏览图

层级模板的标题页设计可以在 PPT 母版里设计好，也可以在 PPT 编辑状态下设计，样式根据自己的喜好来定，保证层级统一、版式一致，不同层级过渡页有所区别就可以。

另外，目前有很多软件可以做 PPT 设计，可以智能优化，比如有个软件叫“PPT 美化大师”，自带分级功能，把结构图中规划好的层级标题输入进去，它会自动做模板规划。只是目前它只能做到二级设计，再多就需要讲师自己添加了。

根据结构图设计内容

框架搭好后，就可以结合课程结构图，看看每个层级有什么内容，再逐步添加到 PPT 中。

PPT 导入部分设计

PPT 其实就是课程的可视化载体，可以把课程的逻辑结构呈现出来。所以按照课程开发流程，PPT 的导入也是有规范化流程的（见图 6–3）。

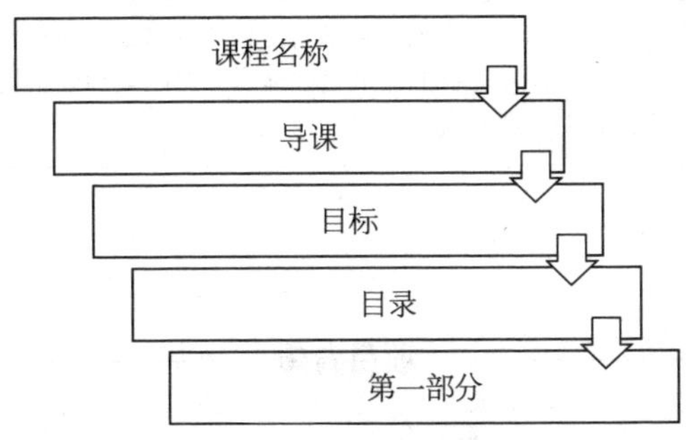

图 6–3　PPT 导入流程

按照逻辑顺序有序展开，可以让学习者逐步清晰课程是要做什么、自己为什么要来学习、自己的收获是什么，以及对要学习哪些内容做到心中有数。

PPT 内容设计

关于 PPT 内容的填充，建议大家尝试使用“PPT 工具模型素材”，比如，PPT 中自带的 SmartArt，就有很多类型的工具模型，让内容模型化，而不是只有单纯的文字（见图 6–4）。除此之外，还有专门的模型素材包，讲师可以根据内容性质选择适合的模型。

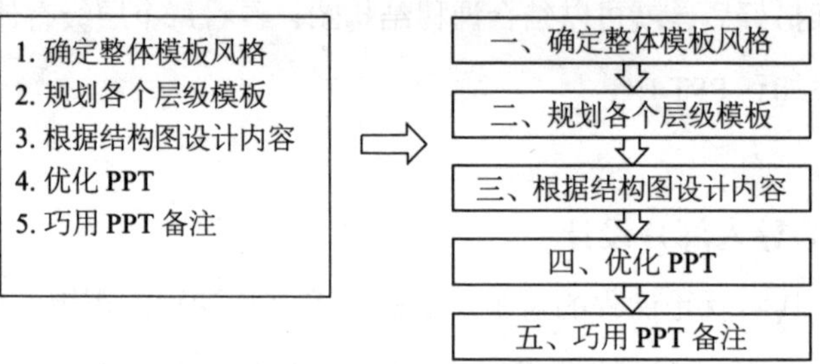

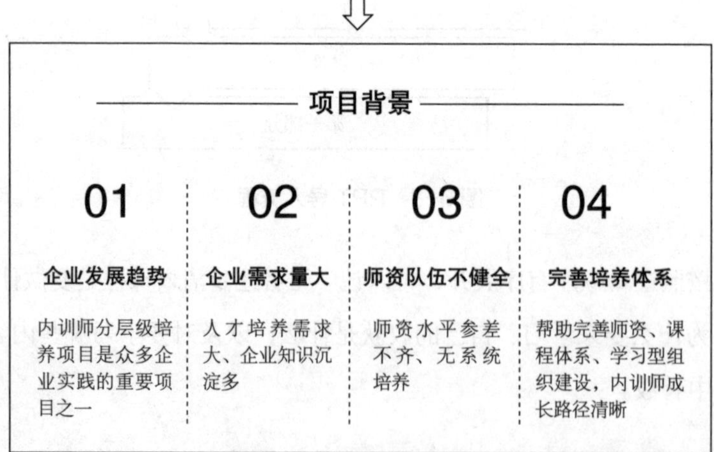

图 6–4 让内容模块化

优化 PPT

在完成所有内容填充后，再统一看整个 PPT。在浏览模式下阅读，看整体的风格、排版、色彩等细节问题，做统一优化，尽量保持风格统一。

这里需要提醒的是，很多老师忽略字体及大小，不同页同一级别的文字常常大小、字体不一，这需要统一调整。同时建议尽量避免使用艺术字体，比如立体、阴影等，商务场合使用的 PPT 就用常规字体，宋体、微软雅黑等就可以，需要专门进行 PPT 设计的课程除外。

在 PPT 页面的呈现中，常见的有以下问题。

口语化内容太多

很多老师的课件文字特别多，而且有很多口语化内容，比如，“我们来看”“所以呢”“鉴于这种情况”，等等。这些字眼不需要体现在 PPT 上。

在辅导一位金融企业的课程开发师制作课件时，有一部分这样的内容：

承保对象：出口企业的应收账款。

主要承保风险是：商业信用风险和政治风险。

商业信用风险主要包括：买方因破产而无力支付债务、买方拖欠货款、买方因自身原因而拒绝收货及付款等。

政治风险主要包括：因买方所在国禁止或限制汇兑、实施进口管制、撤销进口许可证、发生战争、暴乱等卖方、买方均无法控制的情况，导致买方无法支付货款。

仔细阅读，我们可以发现，上面的文字可以进行精简，让语言更简洁。

我们可以找到这些文字之间的关系：承保风险分为两类，分别对两类进行了解释。这样可以用模型图来表示之间的关系（见图 6–5），比一堆文字视觉上更好，也比较清晰。

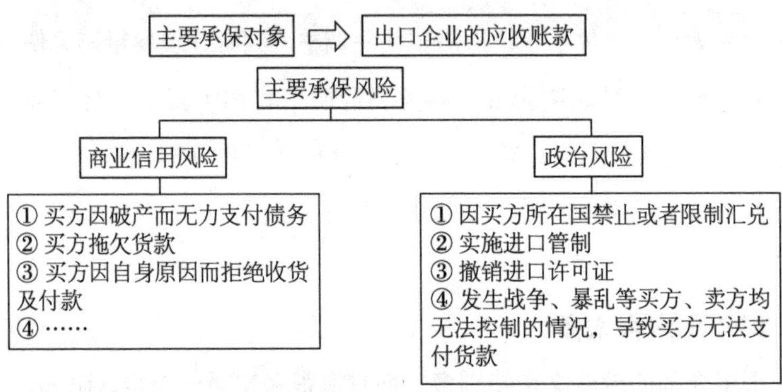

图 6–5 精简文字

同一页内容较多

在一页 PPT 上展示很多主题内容，让学习者抓不住重点。这样的 PPT 页面上的文字就是 Word 搬家，所有要讲的内容都放到上面，也会让学习者分神。所以要对内容进行提炼，找出内容中的逻辑关系。

PPT 的页面内容应该遵循“一页一主题”原则，做到聚焦，让学习者能够清晰了解这一页要讲什么内容。比如下面的案例，是两个独立的内容，可以放在两张 PPT 上展示（见图 6–6）。

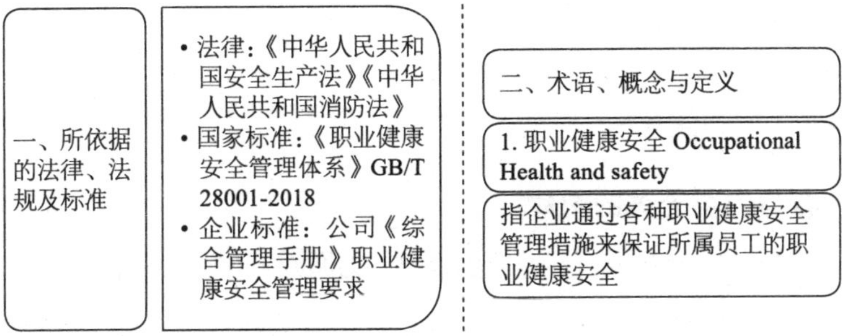

一、所依据的法律、法规及标准

- 法律：《中华人民共和国安全生产法》《中华人民共和国消防法》
- 国家标准：《职业健康安全管理体系》GB/T 28001-2018
- 企业标准：公司《综合管理手册》职业健康安全管理要求

二、术语、概念与定义

1. 职业健康安全 Occupational Health and safety

指企业通过各种职业健康安全管理措施来保证所属员工的职业健康安全

图 6-6 PPT 主题较多的示例

页面结构混乱

很多老师的课件在大结构上是按照章节划分的，非常清晰，但是，具体到每一章的内容就会比较混乱，基本上没有逻辑，只是知识点的堆积。这一方面是因为在做课程结构图规划时，没有做到很细；另一方面是因为 PPT 层级划分不清晰。

图 6–7 中显示课程的第一部分内容比较多，整体看起来结构不清晰，不便于记忆和理解。

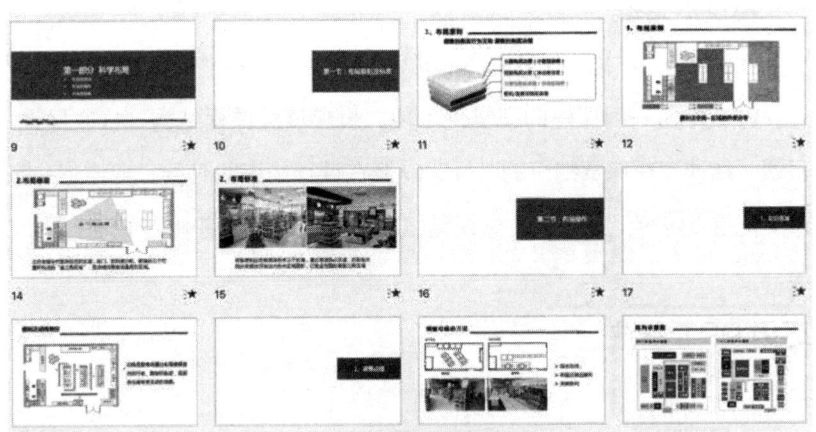

图 6–7 页面混乱的 PPT

如果能结合课程结构图，对 PPT 层级再向下进行设计，同时增加两级结构过渡页，就会比较清晰了。

有与内容无关的图片

在 PPT 的设计中，要遵循奥卡姆剃刀原则：如无必要，勿增实体。意思是在页面呈现中，出现的任何要素都应该是有意义和作用的，追求实用主义，无用的内容就要删除。而在实际辅导中，我们发现，很多老师为了 PPT 的视觉效果，经常增加一些与主题不相干的图片素材，这会分散学习者的注意力。比如图 6–8 中的情况。

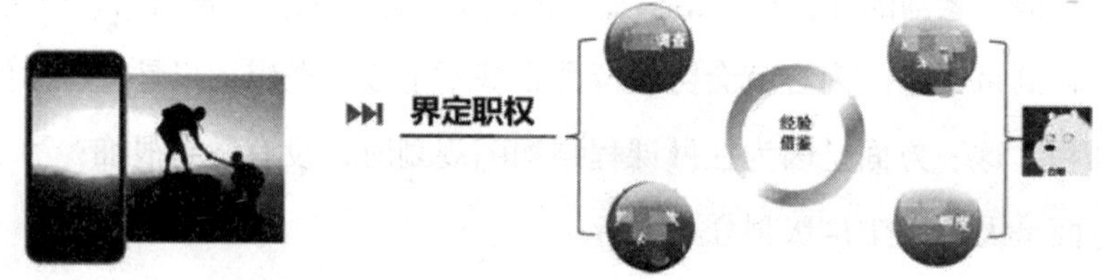

图 6–8 图片素材过多的 PPT

模块不完整

在 PPT 设计中，很多讲师非常注重开头，往往忽视了对结尾的设计。PPT 作为一门课程的视觉化呈现，也应该像课程结构一样有导课、正课、结课。在每章结束的时候，以及在课程结束的时候，要增加一张 PPT 把重点内容汇总起来，做视觉化总结，帮助学习者强化学习效果。

巧用 PPT 备注

如果课程是企业内部使用的，建议在每一页 PPT 或者关键页简单注明此页的目的，采用的教学活动、时长等，以提示讲师实施教学。

这样也可以形成标准化课件，便于内部的传承（见图 6–9）。

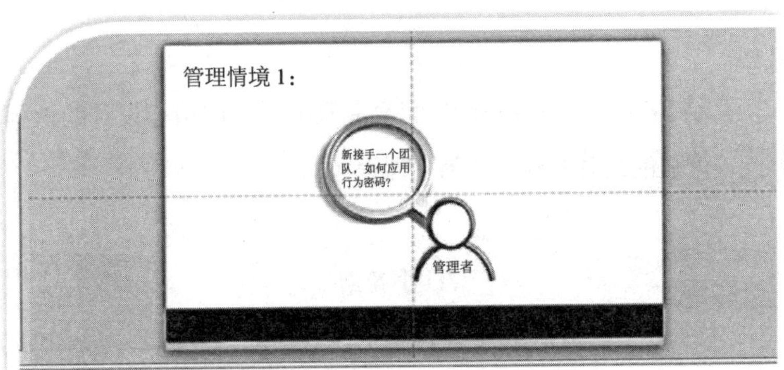

授课时长： 15 分钟
教学目标： 结合实际，深入体会管理的行为密码
教学方法： 案例研讨
教学流程与讲述要点：
（1）以上我们了解了管理行为的三个“密码”。下面，给大家讲个案例（需更新案例）……
听了以上的案例（故事），结合刚才我们学习的行为密码，请各小组展开讨论：如果新接手一个团队，应该如何应用行为密码？……
（2）请各小组派代表小结发言。
（3）刚才大家的讨论很热烈，小组代表发言也很精彩。
看来大家对管理行为的密码都分析得很到位了，很好。

图 6–9　PPT 备注示例

以上五步是制作 PPT 的基本流程。需要强调的是，一定要结合课程结构图来完成。我们在辅导课程开发师的过程中，往往会遇到把结构图完全抛弃，独立制作 PPT，导致制作出来的 PPT 跟课程结构图不一致的情况。

PPT 制作好了，要做到课程简介、课程结构图、PPT 三合一，三者逻辑保持一致。

学习任务

请按照流程制作 PPT。

精品课程“八件套”的制作和整理

一套精心装修的房屋一定是配套完整的。一门精心设计的课程也是如此，课程的配套资料，称为“课程包”。

7D 小花絮

本书的初稿重点放在了 PPT 的制作，后来考虑到关于 PPT 制作的内容汗牛充栋，相反，“课程资料包”是个新内容，很多读者可能对此需求更大，因此把制作 PPT 相关内容进行了删减，增加了这部分内容。本节内容主要是对前一部分的内容的整理、优化，以及相应补充。

课程不一样的，课程的资料包也不一样，这里介绍行业内常见的课程资料“八件套”（见图 6–10）。

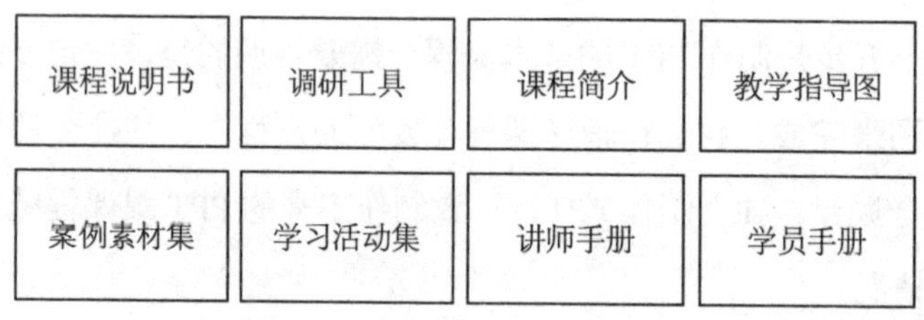

图 6–10　精品课程“八件套”

接下来对八种课程配套材料从含义、作用和价值，以及操作方法方面进行阐述。

课程说明书的制作

课程说明书，也叫“课程开发说明书”，用于对即将开发的课程进行概括性说明。内容包括课程名称、对象、时长、创作思路、理论基础、内容框架、课程目标等。

课程说明书的主要作用有以下几方面。

第一，帮助课程开发师在课程开发之前，对即将开发的课程进行整体和初步的规划，同时发现不足，并且做好相应准备。

如果一个课程开发师无法填写课程说明书，就表明这个课程开发师存在某些困惑，这将会影响到课程开发的过程。要么多做准备，要么及时更换课题，不要在开发一段时间后再发现问题。

第二，帮助主管部门初步审核课程。一家企业开发的课程要用在企业培训中才有价值，所以首先要确保课程是会被采购的，这需要企业培训主管部门对课程进行初步审核，符合企业的需要才能开发。培训的主管部门通过审核课程说明书，判断课程的价值，发现问题并及时纠正。

在实践中，往往存在这种情况：企业内训师辛苦开发的课程被束之高阁，根本无法用上。这不仅浪费了人力物力，更是对企业内训师的打击，影响他们的课程开发热情，同时也影响企业高层对于企业内部开发课程的态度，他们会认为这是浪费时间。

第三，帮助培训老师了解学习者（课程开发师）的状况。在 7D 精品课程开发中培训老师可以通过学习者的课程说明书来了解学习者的基本状况，掌握他们的课程开发基础水平。比如前文提到的“课程名称”，如果各个课程说明书提供的课程名称都符合标准，就表明学习者的基础较好；反之也能发现问题。

综上所述，课程说明书是一个非常好的工具。在课程开发前，让课程开发师填写课程说明书，对于课程开发师本人、企业的项目负责人，以及授课老师都很有价值。

这是常用的课程说明书模板，供读者参考（见图 6–11）。

本说明书是开发课程的基础，同时也给授课老师提供最有效的信息，请如实填写。

姓名（课题开发小组所有成员）：　　部门：　　填写日期：

项目	说明 / 举例	内容
课题方向	写出拟开发课题的方向或名字。	
课程背景	希望解决什么样的问题？ 是什么原因要开发这个课题？	
学员对象	开发出来讲给什么人听？	
授课时长	一小时？半天？一天？	
内容来源	来自什么理论？什么书籍？还是来自于实践经验的总结？	
课程目标	学员有什么样的收获： 了解了什么？ 掌握了什么？	
内容简介	课程结构模块： 整体上分为几个模块？ 每个模块又包括哪些？	
难点及困惑	你在开发本课程时遇到了哪些问题？ 最大的困难是什么？	
期望成果	你期望本次学习最大的收获是什么？	

图 6–11　课程说明书模板

由于课程开发师此前并没有经过专业训练，也不一定能够掌握课程开发的完整内容，所以这个课程说明书的要求比较宽泛，并不需要课程开发师完全按照正式标准填写。

比如“课程名称”的标准要求是对象 + 内容，但是因为课程开发师并没有学习过，所以只需要填写自己的课程名称就可以。

调研工具的整理

调研工具是课程包中的必备内容，调研工具不是仅有一个，而是包括很多类型，至少应包括以下两个：

一是背景调查表，用于了解学习者的基本情况，以及主管部门对本次培训的期待和建议。

二是课程内容调查表，主要是对学习者进行调查，了解他们的真实需求。

调研的内容在本书第二章中已经有阐述，有关书籍材料也比较多，此处不再赘述。

课程简介的制作

课程简介是对课程整体性的全局性介绍，通过课程简介，学习者就能对课程有整体的了解。因其主要部分是课程大纲，有时课程简介也被称作“课程大纲”。

课程简介是课程资料包中的必备内容，是“课程核心三件套”之一，此外还包括教学指导图，讲师版 PPT（讲师手册）。

课程简介跟课程说明书有相似的地方，不同之处在于课程简介是课程开发结束后对课程的整体概括，课程说明书是课程正式开发之前的初步规划；课程简介主要是给客户看的，采购课程的负责人通过看课程简介可以对课程有个初步了解，进行初步采购意向的判断。

对于职业培训师来说，一家企业如果想采购某门课程，通常会要求培训师把课程简介先发过去，做整体了解。

在企业内部培训中，企业部门主管也通过课程简介来了解培训内容，从而安排相应员工来参加培训。

因此课程简介是必不可少的。没有课程简介，客户就无法采购。

教学指导图的设计

教学指导图是指导培训师教学的教学指南，在课程结构图的基础之上，增加教学方面的内容。

教学指导图提供课程的整体规划，能够让培训师对课程内容和教学方法了然于胸，对于正式上课充满信心。

教学指导图是目前行业中比较欠缺的内容，很多老师没有指导图，只有 PPT，或者只有“脑图”（脑海中的图）。如果能够将所有教学内容和方法设计成一张教学指导图，就能够非常清晰地梳理整个内容，做到心中有数，做事不慌。

课程的内容加上教学设计，就成了教学指导图，包括时间安排、重点难点规划、学习活动的安排、成果设计的具体方法等。这就是像施工图一样的培训师教学指南。

案例素材集的整理

案例是课程的基本材料，案例素材集是课程中各种案例的集合。培训师在上课的过程中可以选择其中对应的案例。

本书第四章中对案例开发有详细的阐述，案例素材集就是将开发出来的各种案例集合在一起。

学习活动集的整理

学习活动是最能体现建构主义教学思想的内容，也是让学习真正得以建构的内容。学习活动集就是将课程的各项学习活动统一归纳，系统集合。具体内容在本书第四章。

讲师手册的开发

到底什么是讲师手册，不同的流派有不同的看法。从行为主义教学观来看，讲师手册就是教学指导书，是老师上课的教学指南，对于教学内容、教学方法等有详细的说明。讲师手册应包括每一节课的安排，每一页 PPT 的内容，还有讲课的“话术”，甚至“语言稿”，即把每个内容详细写出来，形成标准化教学指南。老师在上课之前，需要认真备课，把课程内容及教学方式、学习活动等内容完整地记下来。老师上课的时候，只需要按照教材详细呈现即可。

这种基于行为主义的教学理念强调了内容的重要性，采用标准化教学，能够确保课程内容不走样，便于更好地复制。这就是因“材”施教，“材”指的是教材。

这种思想指导下的讲师手册对行业影响深远，很多培训师，包括企业培训的管理者都以此作为课程标准。

这种“以教为主”的行为主义教学思想在本书第七章会有阐述。

从建构主义教学观来看，讲师手册就是带有备注的 PPT。PPT 是课程的核心内容，讲师手册在此基础上标注了教学方法、学习活动、时间安排等。讲师手册并没有统一的“话术”，更没有完整的文字内容。老师在备课的时候，除了要记住 PPT 呈现的关键内容外，还要根据教学过程的具体状况采用相应的应变措施，而不是完全背诵教材。

建构主义认为，老师在上课的时候应真正做到以学习者为中心，根据学习者学习状况进行相应调整，如果仅仅是背诵内容，就不能做到以学习者为中心。同时，为了保证课程有整体规划，需要用教学指导图进行指导。概括地说，就是老师上课的时候，在教学指导图的指导下，按照备注版的 PPT 上课，同时以案例集和学习活动集作为备用材料。

学员手册的制作

学员手册是学员学习过程中最基本的材料，主要内容是学员版的 PPT，还包括学习过程中能用到的各种工具、表格，以及练习题等配套的学习材料，同时加上了课堂纪律、时间安排等内容。

学员手册也是基本配套教材，有些老师对此不够重视，因此带来了种种问题。

学员手册中常见的问题

第一，没有学员手册。有些培训师觉得没有必要做学员手册，没有意识到这个材料的价值，觉得学员上课拿着笔记本记就可以了，或者认为学员不需要记笔记就可以学得会、记得住。

第二，将学员手册等同于讲师手册。很多老师提供的学员版 PPT 和讲师版 PPT 是一样的，只是改了个名字。如果内容再详细一些，学员甚至直接拿着 PPT 就可以自己去学习了。这种情况容易让学员上课时不注意听讲，因为老师讲的内容都在学员手册上了。

第三，学员手册删减过多。有的讲师为了保证内容的神秘性，也为了让学员上课注意听讲，将学员手册删减了大部分内容。这容易让学员分散太多注意力到记笔记上，顾不上听老师讲解。

学员手册的制作原则

第一，聚焦

要聚焦学员手册的作用，学员手册是为了让学员对内容有提前的预习，围绕这个目标及整个课程目标进行学员手册设计。

如何让学员在开课前了解到课程的目的、收益？在讲师设计课件的时候，课程导入部分有完整的流程，所以这部分内容要保留在学员手册里，尤其是课程的目标、目录页。在实际操作中，很多讲师对这两部分进行了删减，这会让学员不清楚方向。

第二，适度

学员手册不完全等同于讲师手册。在学员提前预习的情况下，对有些内容进行适当删减，也是为了让学员适当做笔记。记录可以让记忆更深刻，也可以吸引学员注意力。

第三，便捷

要以学员为中心，考虑记录的便捷性。学员手册删减的多是文字部分，尽量不要对需要记忆的表格、工具做删减，否则学员记录起来会比较麻烦。学员手册最终要打印成纸质版教材，在制作的时候，建议转换时采用每页两张、三张 PPT，便于学员有足够空间来做记录。

在精品课程“八件套”中，各个学习材料都有自己的价值和作用，都是课程的必备材料。其中课程简介、教学指导图、讲师手册“三件套”非常重要，是核心的教学材料，缺一不可。

学习任务

请拿出自己开发的课程结构图，按照课件制作的规范流程，一步步为自己的课程做 PPT 设计。过往有课件的，作为此次素材选用的相关资料，避免在原课件上做修改。了解了规范的做法，就用起来吧。

本章小结

一、重点回顾

1. 课件制作的五步流程。

2. 课件制作的原则：一目了然、实用主义、视觉化。

3. 精品课程“八件套”的制作。

二、课后作业

1. 对照本章提到的学习材料，检查一下自己的课程，看材料是否完备，还有哪些需要完善补充；当然，学习材料不仅限于精品课程“八件套”，还可以有其他材料来辅助课程的顺利实施。

2. 按照课件的制作流程为自己的新课程制作课件，不要在原来的课件基础上修改，原来的课件只作为素材资料。

07

6D 亮点设计（Lightspot Design）：创建课程特色

7D 小贴士

主题、结构、内容、成果以及材料设计做好了，一门课程就基本完成了。如何让大家眼前一亮？如何让学员在学习中有深刻的体验，收获更多？如何让这门课程体现出自己的特色？如何与众不同？这就需要亮点设计，也就是创新性设计。

课程设计缺乏亮点的表现

一门普通无特色的课程通常在三个方面存在不足：课程名称、课程内容，还有教学方法。

课程名称缺乏特色

课程名称是通用的，没有独特的、与众不同的、令人耳目一新的名字。包括企业的内部培训师，他们通常带着某个开发任务而来，开发的主题就是实际工作中的某个问题。

职业培训师也存在这样的问题，他们开发的课程带有某些模仿性质，看到市场上有些课程比较受欢迎，就去开发，或者是接到客户的需求就去开发课程。

因此，我们会看到很多类似的课程名称，如“新员工入职培训”“企业文化”“执行力”“高效沟通”“招聘技巧”等通用课程名称，还有一些涉及企业内部的课程，比如“客户经理培训”（某金融企业）、“大客户管理”（某通信行业）、“班组长培训”（某汽车厂家）。

案例 相同名字引起的误会

在一个培训师群里，有个人发了一个公益广告，一位 Z 老师将要分享题为“逻辑呈现——重新定义 ×××”的课程。L 老师看到了，提出疑问：“这位老师，你课程名称跟我的是一样的，这是不是侵权？”其他老师也有类似感觉。

我问：你这门课程申请版权和注册商标没有？

L 老师答：内容申请了版权，但课程名称没有被商标局批准。

我问：为什么呢？

L 老师答：商标局认为这个名称没有辨识度，属于行业通用类课程，所以没有批准。

我说：既然商标管理部门都这么说，那么对方用这个名称就不算侵权。至于内容是否侵权，那要看到了内容才能判断。

行业通用类课程名称不能申请注册商标，因为没有原创性，算是行业的公共产品，不能被独占。比如“领导力”“TTT”“执行力”“HRBP”“商务礼仪”“绩效改进”等都不能注册。就算因为某种原因注册了，也得不到市场的认可。比如你注册了“TTT”，其他人也讲 TTT 的时候，你能说“喂，老兄，你侵权了，TTT 是我的”吗？那样只会贻笑大方。

在企业内部课程中，课程名称上最常见的错误是“有内容无对象”，这是因为内训师开发课程的时候没有把学员放在其中，不是以学员为中心，而是以内容为中心了，开发出来的课程缺乏针对性。这样的课程在实际授课中，由于对象没有聚焦，一旦遇到学员层次不一样，就会缺乏针对性。

还有一种是“有问题无解决方案”。有很多“问题式标题”，比如

“如何提高执行力”“怎么制定战略”“如何高效沟通”，类似这样的标题，虽然表面上看可以用提问的方式吸引学员，但是学员真正关心的是解决方案。像“阿里管理三板斧”这样的解决方案式课程名称更有吸引力。

课程内容没有创新

如果说课程名称缺乏亮点只是“皮外伤”的话，那么，课程内容上缺乏新意就可以说是“内伤”，甚至是致命伤了。

一个好的课程名字可以说有“锦上添花”的作用。内容为王，好的课程名称要名副其实，课程内容才是关键所在。

课程内容上缺乏新意，根本原因有三个：

第一，缺乏知识体系。一些老师在开发课程的时候，没有比较完整的知识体系，在内容上更多是模仿和借鉴，缺乏自我创新。

第二，缺乏教学技术，比如“萃取技术”。有的老师虽然收集了很多资料，但是不能有效区分出其中的要点，只能简单地拼凑，缺乏有效组织与提炼，没有重新建构。

第三，缺乏实践验证。没有真正的体验和感悟，就不能掌握其内容，更多是浮于表面，所谓“纸上得来终觉浅”。

案例

机场大师的衰落

在培训行业中，有一类“机场大师”，就是在机场书店播放光盘和视频的大师。这类大师在视频里口若悬河、滔滔不绝，好像无所不能。仔细听听，他们讲的无非是“无用的真理”。这样的大师长江后浪推前浪，各领风骚三五年。在“知识付费”时代，大多数都被淘汰了。

教学理念不够先进

由于教学理念落后，导致教学方法、培训方式缺乏新意，没有与时俱进，一直沿用旧时的教学方法。

很多培训师没有经过专门的教学技术训练，只是参加了一些 TTT 课程，就成了培训师。甚至有些培训师没有参加任何专业训练，就是看了其他老师讲课，自己跟着学，就变成了培训师。

随着互联网的推动、线上平台的发展，学员们拥有多种学习途径和渠道，在看过很多“明星大腕”讲课后，“欣赏水平”提高了，对于职业培训师更加挑剔了，也提出了更高的要求。

对于企业内训师来说，他们面对的学员其实就是单位的同事，大家朝夕相处都很熟悉，某一天你摇身一变成为“讲师”，昔日的兄弟姐妹如何把你当老师？

教学理念就像导航系统，没有导航系统，如何能去陌生的地方？没有教学理念，如何确保教学效果？

教学设计的三个阶段

7D 小布丁

如果我们要去一个陌生的地方，就需要导航系统的指引。

教学理论就像导航系统，可以指导课程开发。

在教学界、培训界，教学思想及教学策略经历了三个阶段：以教为主、以学为主、双主教学（见图 7–1）。

图 7–1 教学设计的三个阶段

行为主义“以教为主”阶段

基于行为主义的以教为主阶段，就是以老师为中心，以教材为中心。在这样的教学情境中，教学内容是成熟的、固定的，老师只要按照既定的教学规划和安排，有效实施即可，很少考虑学员的具体情况。

行为主义教学思想是有着悠久历史和广泛影响力的，其核心逻辑是“刺激—反应”模式，也就是用外界刺激引发学员反应，从而达到学习的目的。这种教学思想在面对简单劳动、简单学习的时候的确有效，甚至立竿见影。比如老师在教学生发音的时候，老师教，学生跟着念，学生很快就学会了发音。

行为主义教学本身是有意义和价值的，就算是在现代社会，在某些领域的初级技能或知识的教学中依然有效。

受行为主义的影响，在成人培训过程中，很多老师往往把内容简单化、机械化，让学员完全按照这样的方式简单复制和照搬。

秉承行为主义教学的行为，往往倡导“归零”“空杯”“复制”，以老师为中心，要求学员无条件按照老师的要求去做，非常严格。

案例

“复制是最好的学习”

在我们和某省一家金融企业的“课程开发及内训师培养”项目合作中，培训部长 Q 老师分享了自己感受：

我们曾经请某位老师讲课程开发，每个组开发的是不同的课程，老师让大家开发的时候，不管课程主题怎么样，都该用一样的开场白，包括互动的时候都应该采用相同的方式。老师始终强调“复制是最好的学习”。

当时学员跟我交流说这样的教法让他们感到很难受，大家机械学习，而且上台时一招一式都要按照老师的要求复制。几天学下来，学员备受打击，感觉失去了自我。最终开发出来的课程也大同小异，都不是大家需要的课程。

我一直觉得这种方式有些问题，但是不知道问题出在哪里，直到听到“教育不是灌输，而是点燃”时才恍然大悟，原来那位老师就是在灌输，让我们“归零”，根本不是“点燃”，而是“毁灭”。

这种现象很常见，源自最早一批“讲师训练班”。

7D 小课堂

在 20 世纪 90 年代，随着保险、直销等行业输入中国，有一门专门培养内部讲师的课程“讲师训练班”，课程以培养讲师表达和呈现为核心内容。后来，这门课程被一些老师（导师）传入培训界，成为培养培训师的重要课程。很多职业培训师就是通过参加这样的课程走向职业培训师道路的，这些职业培训师又把“标准化”的课程带到了企业中。

这门课程源自保险、直销领域的业务员培训，那些业务员在开拓业务的时候，需要统一规范的讲解，企业本身有着完整的内容。因为课程内容已经非常标准化了，所以学员只需要呈现和表达即可，即“完美呈现”或“精彩表达”。同时，又因为学员本身背景不一样，要求不一样，因此只需要复制即可，这样刚好发挥了行为主义简单直接的优势。在这个特定的领域，在对象确定、内容又固定的情况之下，这种标准化的课程是有价值的。

但是对于成人培训来说，对象变了，教学内容变了，教学方法是否也应该随之变化呢？

换种说法，每一次培训面对的都是劣构问题，而标准化的教学是解决良构问题。良构问题的解决方案是否能够解决劣构问题？

案例

版权课程的标准化

在培训机构和培训师参与的沙龙现场，其中一个课题是“版权课程的标准化和定制化”。一位机构老板与培训师的对话很有意思。

H 老板：W 老师，您好，又见到您了，您现在还是讲您认证的版权课程 ××× 吗？

W 老师：一直讲这个哟。H 老板，多安排课程，多多合作哦。

H 老板：我们合作好多次了，您的课程我都很熟悉了，我听了前一个内容，就知道您接下来要讲什么案例，要做什么练习。

W 老师：这是标准化的，当时认证的时候要求必须这么讲，是要经过严格考核才能获得认证的。

H 老板：我就是有点奇怪，请您上课的学员行业不一样，管理层级不一样，甚至培训的天数都不一样，但是感觉您每次讲的都一样，我都能够猜到要讲什么。

W 老师：是的，这是我认证的国外经典的版权课程。版权课程就是这样的，必须标准化。

H 老板：但是我总是觉得有点问题，学员的反应也不太好。

W 老师：学员有什么反应？

H 老板：学员说“老师好像不清楚我们的真实状况，上课过程中也不管我们的学习情况，只是按照自己准备的内容在讲。很多案例其实与我们没有关系，我们也搞不懂”。

W 老师：哦，其实我也得到过类似反馈，我也有困惑，觉得也应该有所改变，但是又不敢改——如果改了还算不算版权课程呢？毕竟这是标准化的。

我：我有个问题问一下大家，有没有包治百病的万能药呢？

大家回应：当然没有。

我：如果课程是药品，有没有适合所有学员的、一成不变的课程呢？

H 老板：那这么说来版权课程没有价值？

我：我们不要怀疑经典版权课程的价值。我们是否可以在标准化基础上再开发呢？是否可以做到定制化或者个性化呢？

W 老师：嗯，这个问题有意思，其实我最近一年来也在做类似的思考。

经过激烈的讨论，大家一致认为版权课程也应该相应做些变化和调整。后来 W 老师做了很多调整，除了跟 H 老板继续合作外，也跟很多机构合作个性化的版权课程，广受欢迎。

人本主义“以学为主”阶段

行为主义指导下的“以教为主”的方式，在教学过程中遇到了很多挑战，也产生了很多弊端，反过来推动教学从业者反思，也迫使教育界发生转变。大家逐渐意识到了教育要关注学习者的个性差异，发扬学习者的主观性，激发其学习动机，从而进入人本主义的“以学为主”阶段。

这种人本主义教学思想在欧美教学中非常盛行，也迎合了当时的“自由主义思潮”，所以广受欢迎，风靡全球。后来发展到完全以学习者为主，老师尽量减少外部干预，而让学习者自由发展的状态。教学效果更多依赖于学习者本身，如果学习者本身有良好的自律性和学习习惯，会取得很好的学习效果；相反，如果学习者自律性差，或者没有良好的学习环境，会走向另外一个极端。因此，教育界也在不断反思和改良。

案例

学生网课带来的差别

近年，在线教学成为热点。作为一名小学生的家长，我有切身感受。短短 2～3 个月的网课带来了巨大的差距：自律性好的孩子取得了良好的学习效果；那些自律性差，又没有家长监督的孩子，学习效果就不尽如人意。

这种“以学为主”的思想在培训界大量存在，甚至成为重要的指导思想，在一些舶来品的培训中广泛存在。

案例 **自由的共创**

在一次教学论坛上，有一位老师分享了他遇到的案例：

我曾经参加了华东某地一个线下沙龙活动，邀请了一位 P 老师组织“世界咖啡”活动。

当时这位老师让大家随机分组，每组规划出一个问题，也不管这个问题是什么主题，只要是小组共创即可，然后让大家分组讨论，P 老师在一旁刷微信。

现场一共八个组，每个组的主题完全不一样，既有工作问题，也有生活问题。在过程中，有的小组积极参与，讨论很热烈；有的小组非常安静，没有讨论。

20 分钟后，有几个小组基本“熄火”，不再讨论；还有人提前离开，一边走一边抱怨来错了地方；那些坚持到底的小组感觉很有收获。

我在过程中提示 P 老师去干预一下，但是 P 老师不为所动，告诉我这是正常状态。

这种基于人本主义的“以学为主”的教学方式，教学成果往往不太可控，最终由学员本身决定。如同网课一样，导致学习效果出现“非常好”和“非常差”的极端现象。

建构主义“双主教学”阶段

以学为主的教学方式会导致教学结果不可控制，由此带来的负面影响也让教育界人士反思，尤其在 2000 年前后，引起了教育界大论战。

在这样的背景之下，基于建构主义的“以学习者为主体，以老师为主导”的双主策略逐渐成为行业主流。虽然在具体操作方式上依然存在争议，但是在国内教育界，“双主教学”基本达成了共识。

“双主教学”作为培训师授课的指导思想，在每一个环节都需要贯穿始终。学习者为主体，老师为主导，就像硬币的两面，互相依存，缺一不可。

教学设计的三个阶段并不是完全割裂的，相互之间也有关联，但发展脉络是清晰的，也就是不断发展和迭代。

那么，下一个阶段是什么呢？

案例

脑科学是否科学？

在几年前的培训行业论坛上，一位资深专家Z博士跟我交流。“段老师，你的建构主义已经落后了，现在是脑科学时代了。”我回应道：“这个建构主义可不是我的，是大家的。我只是建构主义的践行者。既然脑科学是未来教育培训行业的趋势，我倒要去学习了解一下。”

因为与全国众多医学院合作过“医学院教师授课技能”项目，认识很多脑科学领域的专家，我就不断去请教他们。印象最深刻的是上海交大某附属医院的脑神经博士C教授，因为我们很熟悉，接下来是我们的对话。

C教授：用脑神经科学来教学？段老师，你知道我们学这个专业要花多少时间吗？

我一愣：这个我不太清楚。

C教授：我本科5年，硕士3年，博士3年，加起来11年呀。就算有些学校推行新学制“硕博连读”3年，加上本科至少也是8年呀。

我：这么长时间！

C 教授：而且我们还需要大量的临床实践经验，就算从事这项工作 15 年，我们都不敢自称专家，更不敢轻易去教人家。

我：这是你谦虚了，你本来就是你们医学院的教授嘛。

C 教授：是呀，我还带研究生。像你们成人培训，一般也就几天时间，能教会学员什么？

C 教授越说越激动：关键是作为培训师，你是否是专家？是谁承认你是专家的？你做了多少研究？你自己都没有搞懂，还去培训别人，不是瞎闹吗？

我：嗯。有道理，确实需要反思。

与教授的对话，引起了我的思考：脑科学确实是门科学，而且是一门博大精深的科学，想在短时间内教会他人掌握这门科学，到底科学不科学？

C 教授看到我的沉思，继续说：段老师，我学习过你的课程，其实我觉得这个建构主义融入了很多脑神经内容，本来学习就与脑神经有关。我建议你，不用专门提什么脑科学，就专注建构主义，并且不断优化就好。

导航系统在不断迭代升级，最先进的北斗导航系统已经开通。教学理论也在不断发展，课程开发更需要与时俱进，不断创新，才能脱颖而出。

建构主义是开放的、包容的、发展的，也是与时俱进的。

7D 小布丁

要建构“建构主义”，不要被“建构主义”建构。

课程的亮点设计

在建构主义“双主教学”指导下，培训师可以对课程进行不断优化，如果想要脱颖而出，那就要对课程进行亮点设计，也就是创新性设计。

课程的亮点可以从三个方面进行设计：课程名称吸引人、课程内容打动人、教学方法点燃人（见图 7–2）。

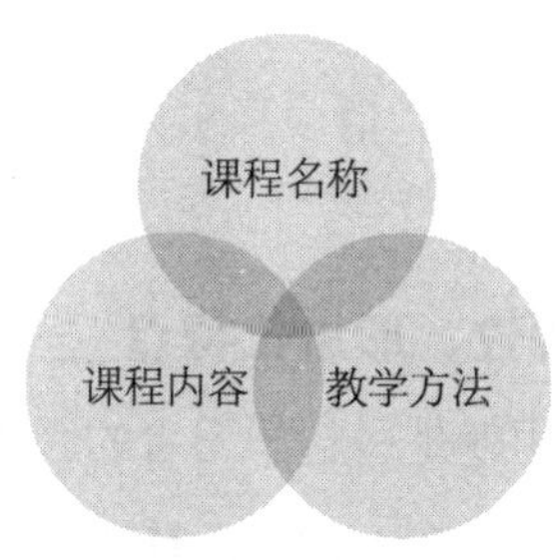

图 7–2 亮点设计三个方向

课程名称的亮点设计

课程名称有时也叫课程标题，这与本书第二章中的课程名称内容有直接联系，可以结合起来阅读和运用。

在信息泛滥的时代，在各种课程层出不穷的行业中，如何让课程脱颖而出，引起别人关注呢？最容易做到的就是有一个的课程名称。

那些知名的课程除了内容的专业精心准备外，经过仔细打磨、精心设计的名字也是其中必备要素。

好的课程名称，本质上是激活旧知，可以唤起学习者心中的旧知，把新知和旧知巧妙联系起来，促使学习者产生新知，还便于传播。

可以从以下几个角度进行课程名称设计。

短小精干，便于传播

根据人的记忆力习惯，好的课程名称通常是 3 ~ 7 个字，四五个字的居多。如果名称太长了，就需要有简称，比如“高效能人士的七个习惯”，大家习惯性称其为“七个习惯”。

如果课程名称太长，又不能缩减，可以采用双标题甚至三个标题的做法。事实上很多课程都是双标题，比如“金字塔原理”，小标题为“表达的工具”；“拆掉部门墙：情境高尔夫——横向管理”。

课程名称具有联想性、形象化特点

课程名称的一个作用就是引起学习者的联想，激活学习者的旧知。比如“金字塔原理”“情境高尔夫”“六顶思考帽”“奥卡姆剃刀”等知名版权课程。某地产集团“建构主义 7D 精品课程开发”项目中，一个小组开发的课程叫“独孤九剑——地产项目落地实务”，也属于这种类型。

卖点聚焦，直击痛点

一个好的课程名称要聚焦培训对象，说明是针对哪一类人的课程，吸引这类人参加。尤其是企业内部开发的课程，就是针对企业内部某一类人，或者某些特定工作岗位的员工的，所以一定要聚焦。

内容也要聚焦，要有专门针对某些实际工作问题的解决方案。比如某金融企业开发的“客户经理电话邀约技巧”“职场小白变形记”。

解决方案要具体、可视化、数字化

在课程题目设计中，常常出现提问式课程名称，比如“如何提高工作积极性”“如何防范贷款风险”。还有一种课程名称是题目解决方案式的，那么哪种名称更具有吸引力呢？

我在朋友圈看到某减肥产品打了一个广告——“你想减肥吗？××减肥食品让你梦想成真”，这是提问式；如果换为“30天减肥10斤——××减肥食品让你梦想成真”，这就是解决方案式广告。你觉得哪一种广告语更具有吸引力呢？“高效能人士如何建立好习惯”与“高效能人士的七个习惯”，“如何防范贷款风险”与“四步防范小额贷款风险”，哪种方式更有吸引力？

总结起来，一个好的课程名称，设计的方式主要有以下几种（见表7-1）。

表 7-1 几种课程名称设计方式

类型	典型名称	说明
对象＋主题	• 柜员销售技巧培训 • 中层管理者管理技能训练 • 设备新员工焊接机器人基础操作与维护	对象和内容非常明确
主题＋对象＋量化	• 新能源产品新媒体推广五步法 • 整车开发经理风险管控七大模块 • 工艺人员对高效作业的三维五级评估法	不仅包括主题和对象，还把课程内容量化
双标题	• 情境高尔夫“向下管理”——如何有效地管理下属 • 赢在执行——提升中层执行力的五项修炼 • 七大浪费治理技巧——基层管理人员技能培训	一个标题不足以表达时可以用双标题的方式
形象化标题	• 六顶思考帽 • 柜台严防违法开卡“三板斧” • 老会计教你打造聚合支付“金钟罩”	课程中提供的知识、技能、方法的作用可以用“物品”或者形容词来表达

简化的方法

比如“非式”标题。“非人力资源经理的人力资源管理”“非财务经理的财务管理”，甚至是“非财务人员财务管理”“非销售经理的销售技能”等。前文说过，一般课程题目不要超过七个字，所以这类名称可以进行简化，简化后，也要被行业接受、认可。

当然，在运用简化的时候要谨慎，避免出现歧义。我们给一家通信企业做课程开发项目时，他们有个法务人员参与课程开发，开发的课程是“非法务人员的法律知识培训”，如果简称“非法”培训，就容易引起误解。

另外，还有很重要一点，如果想把课程设计成版权课程，尤其是想要注册商标，重要指标是“识别性”，具有个性化和独创性。而这样的名称是需要灵感的，需要长期积累，才能厚积薄发。

像本章提到的案例“逻辑呈现——重新定义 ×××”，从题目上看，没有任何新意，用了“重新定义”这个词，反倒有盲目跟风玩噱头的嫌疑。如果在内容上有创新，可以起名“四步重新定义 ×××”，或者更有吸引力一点叫“SPCR 重新定义 ×××”，SPCR 是四个要素的简称（SPCR 只是举个例子，没有实际意义）。

需要引起重视的是，优化课程的名称并不是做“标题党”，只有好的名称，未必就是好课程。在不断优化课程名称的时候，还要对内容不断梳理。如果在课程题目中已经梳理出“数字化”，那么设计内容就顺理成章了。反过来，在设计内容的时候，还要优化课程名称，依然是内容为王，必须做到名副其实。

课程内容的创新设计思路和方法

精品课程的本质是内容为王，内容制胜。一门课程的真正特色是内容，内容是课程与众不同脱颖而出的关键所在。

版权课程就是内容为王的最好体现。

7D 小课堂：版权课程的概念

版权课程是培训行业的一个专有名词。在欧美培训行业中，版权课程是基本要求，没有版权课程根本没法生存。如今版权课程也成为国内发展趋势，在行业影响力最大的“我有好课程”大赛中一个重要奖项就是版权课程奖项。但在国内，对于版权课程并没有科学的定义，甚至在网络上也找不到对这个概念的解释。

版权课程的类型

这里从几个角度对版权课程进行一些说明。

从法律角度：三种类型

第一类是注册商标，课程的名字一旦获得注册商标，其他人就不能再用。

第二类是版权登记，把课程相关内容（包括本书提到的精品课程“八件套”）在国家版权局登记，进行保护，这相对容易操作。

第三类是公开发表，尤其是出版书籍、论文以及专业文章，这样内容更全面，保护的更多。

从内容角度：四种类型

版权课程最重要的核心点是原创，或者叫创新。对于版权课程原创的定义，行业内并没有统一说法，可以参考药物的分类：一类新药“成分原料”是原创的，二类新药是处方或配方是原创的，三类新药剂型是创新的，四类新药包装有创新。一类版权课原理是原创的，二类版权课内容是新的组合，三类版权课培训方式是创新的，四类版权课相关材料、配套工具是创新的。

内容上如何设计出特色呢？这是精品课程的体现，也是创新的体现。

内容创新思路

如果想在内容上创新，有以下几个思路。

第一，新的原理

在原理上创新是最难的，这需要做深入的研究，尤其需要做深入的基础研究。培训本质上属于应用科学，培训的从业者无法真正做到基础研究，属于在他人研究基础上的运用型研究。培训从业者在课程上的创新，可以在前人成果之上进行改良、调整。比如基于彼得·德鲁克的学术成果发展起来的系列课程和项目。

第二，重新组合

一类新药在原料上创新是非常难的，培训可以学习二类新药，在组合方式上创新。实际上这种创新是培训业最主要的思路，也是很多经典版权课程的共同特征。

“七个习惯”这门课程中每个习惯都不是创新，但是以聚焦“高效能”为目标，将七个习惯有机组合，并配以相应工具，就是创新。

“领越领导力”课程中的五个领导力要素，每一个要素都不是原创的，但是在浩如烟海的领导力理论及各种流派中，选择五个要素并进行有效组织，再配以相应的教学方式，就是一种创新。

本书的 7D，其根本原理还是基本的教学设计理论，尤其是加涅《教学设计原理》。7D 基本工具源自经典的模型 ADDIE，尤其聚焦 ADD。我们在参阅大量的教学设计及教学技术的书籍后，经过丰富的实践运用，不断地矫正、调整，最终设计出 7D。7D 本质上也是一种组合，每个设计都不是原创的，但是七个设计组合成一种课程开发的教学工具和方法，这属于原创。

创新的具体方法

内容创新的具体方法归纳起来可以称为减法、加法和建模。

第一，减法：聚焦

其一，内容上聚焦，删除一些内容，比如“领越领导力”，只留五种领导力因素。

其二，对象上聚焦，跨部门沟通、向上沟通、向下沟通。

其三，对象和内容都聚焦，比如“营销人员的沟通礼仪”“客服人员的服务礼仪”“向上管理的沟通礼仪”。

第二，加法：跨界

其一，内容上加上某种原理或者理论。比如基于建构主义的教学设计，开发出课程“教练式领导力”。

其二，加上一些情景，比如“情景化市场营销”。

其三，教学方法的增加，比如“引导式课程开发技术”。

湛卢坊的版权课程“可视化思维学习路径图”就是采用了一种跨界创新的方式：“可视化思维＋学习路径图”，建构主义与学习路径图相结合。详情见本书第九章。

第三，建模：建立一种独特的内容模型

建模是难度较大的一种创新方式，它在前两者的基础上，进行全新的组合和规划，就是提炼和拔高。它是课程与众不同的地方，也是体现技术含量的地方。

在课程内容上的建模，就是把课程的核心内容进行提炼和优化，建立一种通用的标准。比如前面提到的“领越领导力”的五个方面就是建模。

建模既是一种内容的创新，又是课程系统性设计的方法，本书第八章有更详细的阐述。

案例 **银行业 BCT 场景化课程开发**

咨谟技术公司开发的银行业版本的课程“银行业 BCT 场景化课程开发”(简称“BCT 课程”)，就是基于减法、加法和建模的一个实践。

首先是减法。“建构主义 7D 精品课程开发”是适合每一个行业的课程开发技术，在这个基础上，“BCT 课程”做了减法，专注于银行业；进一步再做减法，银行业的相关课程很多，“BCT 课程”是聚焦银行业的业务类课程。

其次是加法。“BCT 课程”加入了场景化要素，把银行业的具体场景业务结合起来，每个核心模块都是基于银行业务的具体场景，这就形成了特色。

再次是建模。场景化的课程开发很多，但是如何做到独特的场景化？如何区别于其他的场景化课程开发？开发团队提炼出了“BCT 模型”。

通过以上整体设计，“BCT 课程”形成了自己的特色：技术上用课程开发技术，行业上聚焦银行业的业务，运用场景化教学技术，提炼出 BCT 的内容模型。

教学方法上的创新

在课程的教学方式上增加亮点，是相对更容易操作的思路，也是行业发展的趋势。

建构主义教学思想本质上是在教学技术上有创新，与传统单纯的讲授式教学相比，建构主义更多体现在学员的建构上，能够更快脱颖而出。

教学方法创新也是必由之路，在数字化时代，很多如“混沌大学”“得到大学”“黑马训练营”的大腕上课，普通培训师如果还用传统的讲授方式，与这些名人相比，是毫无优势的。

但是如果在教学内容和教学方法上创新，普通培训师的优势就能体现出来；大腕上课更多的是经验分享，运用的是演讲、故事等方式，他们没有正式学过教学技术，更不懂组织研讨、训练等技术手段，而这正是建构主义教学的优势。

所以，从竞争策略的角度，各位培训师不要去跟大腕拼背景、拼名气，也不要与他们去拼演讲技巧，而要拼教学技术和学习技术。

7D 小课堂：三个转变及结合

《建构主义学习设计与课程开发》一书中提到了建构主义教学相对于传统讲授型教学的三个转变：内容变问题、讲授变研讨、答案变共识。

经过这几年的不断实践，这种转变也得到了充分的运用和检验，同时结合教学的具体情境，这“三个转变”也重新建构了，变成“三个结合”，也就是“三个 +”，即“知识 + 问题”“讲授 + 研讨”“答案 + 共识”。

在内容设置上，除了传统的知识点、概念、理论、原理等方面，还加上了问题，在课程的实施过程中，与内容对应的就是讲授知识点，研讨问题。

实际上，这个问题就是指“3D内容设计”中开发的四类学习活动，因此研讨就变成了讨论、演练等学习活动。

在《建构主义学习设计与课程开发》一书中，对行业最常用的五种教学模式进行了简单介绍：直导教学模式、讨论教学模式、体验教学模式、问题教学模式、情境教学模式。有兴趣的读者可以去阅读，也建议阅读和学习更多相关书籍和课程，然后选择适合自己的教学模式，深度学习和运用，这不仅会让你的课程有创新，更能提高核心竞争力。

教学方法的创新是培训师要终身学习的话题，这个内容不属于“课程开发”，不再赘述。

课程的亮点设计，本质上是课程的创新，也是课程的不断迭代。这是提升课程质量的关键，也是提升核心竞争力的关键所在，需要持续做下去，创新永不停歇，成长永不止步。

本章小结

一、重点回顾

1. 教学设计的三个阶段：1.0 以教为主，以老师为中心，以教材为中心；2.0 以学为主，以学习者为主，老师尽量减少外部干预；3.0 以学习者为主体，老师为主导，双方协作完成学习任务。

2. 课程亮点设计的三个方面：标题亮点设计、内容创新、教学方法创新。

二、常用工具

1. 标题亮点设计的四个角度：短小精干，便于传播；名字具有联想性、形象化；卖点聚焦，直击痛点；解决方案要具体、可视化、数字化。

2. 内容创新三种方法：减法（聚焦）、加法（跨界）、建模（建立一种独特的内容模型）。

3. 教学方法创新：直导教学模式、讨论教学模式、体验教学模式、问题教学模式、情境教学模式。

三、课后作业

看一下自己开发的课程是否可以进行名称的优化，设计有特色的标题？在内容上是否可以有创新？在教学方法上可采用什么样的方式来点燃学员热情？

08

7D 综合设计（Integrated Design）：促进学习转化

7D 小贴士

一门课程在前期的开发中，各个模块都已经设计完毕，此时还需要一个综合的设计，让各个模块之间形成一个整体，以便在有效的教学设计下让课程发挥最大的效用。

课程整体设计方面存在的问题

课程的整体设计除了某一门课程内部的设计，还包括各门课程之间的综合设计。这种设计能够让不同的课程之间形成整体，相互支撑，更好地达成目标。

缺乏系统设计的三种表现

第一种表现，在线公开课内容缺乏联系。针对不同对象的公开课，内容缺乏统一性，形成拼凑式课程设计。

某些大学（网络学习）的课程，邀请了多家高校的教授或者某些企业家授课，这些“专家”相互之间缺乏交流和沟通，不仅课程内容上缺乏系统设计，还存在学术门户之别、门派和风格之争，甚至存在相互否定和诋毁的情况。

这样的网络公开课本身就是靠名人效应，更多是以传播知识为主。同时因为本身属于公开课，目的是满足更多学员需求，并没有特定学员对象，因此课程之间缺乏系统设计也是可以理解的。这种“营养保健品”式的课程也成了行业的常态。

第二种表现，线下公开课缺乏内在逻辑。这种公开课的学习对象是多家不同企业的员工，学员对象是特定的，他们会在某个特定时间（通常一年）一起上课，这就要求对课程内容进行系统设计，让内容具有整体性。现在这类课程往往也是拼凑的，虽然进行了系统设计，但还不够科学，内容之间缺乏内在逻辑。

第三种表现，企业内训拼盘组合。同一家企业的系列课程，面对同一批学员，选用多门课程，课程之间缺乏系统设计，这样的"拼盘式"培训在业界大量存在。

缺乏系统设计的三个原因

产生这种现象的原因，主要有以下几个：

第一，老师之间缺乏整体设计。行业中存在一些中介机构，没有专业的师资团队，拿到客户的需求之后，去找老师，拼凑在一起。这些老师相互之间根本不认识，也就谈不上系统设计。老师们各自独立，接到机构需求就去上课，也没有时间和精力与其他老师共同协商，一起设计课程。

第二，缺乏系统设计的技术，有些机构有自己的师资，但是没有掌握系统设计的技术。只是简单把师资组合在一起，最多是在课程名称上设计，在课程内容上缺乏内在连接。

第三，企业需求太广泛，机构不能完全满足企业需求，这就需要到外部邀请师资进行合作，外部师资和内部师资缺乏统一协调。

生活是系统的，学习却是碎片的，学习的目的是解决生活中的问题，这种零散的碎片内容很难被有效吸收，也无法真正转化为有价值的内容。根据学习者碎片化的学习习惯，一门好课程还要进行模块化设计，以顺应学习者需要。整体内容系统化的设计，具体内容模块化的设计，双管齐下，才能更好地促进学习的转化和运用，让学习真正产生价值。

教学设计的三个思维

教学设计最常用的三个思维是用户思维、系统思维和设计思维（见图 8–1）。

图 8–1　教学设计的三个思维

前面提到的培训中的常见的现象，其出现的根本原因是在课程设计和教学设计中没有先进的理论做指导，只是盲目的拼凑。

这三个思维是连贯性的、相互关联的，而且贯穿教学始终。

用户思维的要求和体现

用户思维也就是从用户（学习者）的角度去设计课程，从前期调研、诊断到内容开发，再到实施及学习效果的追踪、落地，都应该贯穿始终。以学习者为中心是建构主义教学的核心，也是本书贯穿始终的思想。

以学习者为中心在教学设计中最直接的体现就是一切教学内容的开发和教学活动的实施都围绕学习者进行，而且根据学习者的状况不断进行调整。

在课程开发的过程中，请永远记住以下问题：

学习者是谁？他们现有的知识体系是什么样的？他们有什么样的从业背景？他们的需求是什么？他们有什么痛点？希望达成什么目标？他们能理解这样的课程结构吗？这样的课程结构符合他们的认知习惯吗？对于他们来说，最重要的内容是什么？他们的学习难点有哪些？他们能理解这些知识点吗？他们会产生误解和歧义吗？这些案例与他们相关吗？能够激活他们的旧知吗？这些学习活动他们能够深度参与吗？能够解决他们什么问题？这些学习材料符合他们的学习习惯吗？他们能够理解其中的含义吗？学习者最终的收获是什么？如何强化他们的学习成果？如何促使学习者学以致用？如何提供后续支持？以上问题都是“用户思维”的体现。

答案越清楚，教学就越有底气，课程质量就越有保证。

7D 小花絮

开发课程以学习者为中心，写作以读者为中心，都是用户思维的体现。

在创作本书的时候，我们曾经设计了好几种模式，其中一种就是以版权课程“奥卡姆剃刀——精准解决问题”的案例作为引子，根据 7D 流程，每一章以这门课程作为导入，用一个完整的案例来呈现 7D 技术。后来考虑到读者绝大部分是碎片化的学习，很难连续阅读本书，采用一个完整案例反倒不利于阅读，于是取消了这种设计；同时强化了模块的完整性，希望读者就算是碎片化的学习也能有收获。

系统思维的要求和体现

什么叫系统思维？就是原则性与灵活性有机结合的思维方式。运用系统思维能抓住整体，抓住要害，不失原则地采取灵活有效的方法处置事务。

结合课程开发的场景，系统思维就体现在对于课程进行全局性的整体思考和规划。包括课程开发的整个流程，具体到对某个知识点、案例和学习活动进行整体规划。

这种整体规划能够将课程整合成一个完整体系，使其从课程内容到教学方式都成为有机体。

系统思维可在课程开发的四种场景下体现：

第一，课程内容开发的流程完整性。从主题设计到结构设计，到内容开发，再到课程的材料及配套资料，整个流程是完整的。

第二，课程内容与教学方式的匹配性。根据课程具体内容，采取相应的教学策略。包括知识类的内容采用的教学方式、态度类的内容采用的教学方式、技能类的内容采用的教学方式，还包括重点内容采用的教学策略等。

第三，同一门课程的内容之间的连接性。包括课程内容的各个模块之间的连接性——知识点之间的连接性、案例之间的连接性、学习活动之间的连接性，以及知识点、案例、学习活动三者之间的连接性。

第四，不同课程之间的连接性。虽然不是同一门课程，但是可以通过连接形成系列课程，系列课程之间还有关联。

以上四种场景是课程系统设计的主要模式。最常用的是前三种，同一门课程形成整体系统。做到这点，就可以算是真正的精品课程。

如果做到了第四种，就已经不只是一门课程，而是系列课程了，甚至形成了品牌。

为便于读者阅读和理解本书，以本书作为案例。

案例

7D 精品课程开发的系统设计

7D 精品课程开发的过程需要整体全局思考：

第一是 7D 的整体性。从 1D 到 5D 属于课程开发的基础内容，这 5 个 D 之间是相互连接、环环相扣的：首先确定主题，然后设计课程框架，再填充内容，接下来强化学习成果，最后整理成学习材料。在 5D 基础上再进一步提升，6D 是亮点设计，让课程与众不同；7D 再进行综合设计，提升课程技术含量，从而在众多课程中脱颖而出。

第二是 7D 之间互相交织。比如 1D 主题设计中包括课程的名称要求，6D 亮点设计部分又对课程名称进行了优化和拔高；在 2D 结构设计部分强调课程整体的三段式，在 7D 部分进行完整的三维设计。

第三是后续内容的连接性。7D 属于课程开发，专注于课程内容的开发，也融入了相关教学设计，为后面的课程实施打下坚实的基础。7D 最后的环节是三维设计，就是对课程内容的系统设计，又链接到后面的课程“三维七步精彩课程实施”。

第四是与其他书籍内容的关联性。本书与《培训师 21 项技能修炼》的上册，以及《建构主义学习设计与课程开发》两本书有直接关联，在内容中也有提示。比如关于建构主义的核心要素的内容在《建构主义学习设计与课程开发》这本书中，课程的导课和结课的主要内容在《培训师 21 项技能修炼》这本书中。

读者在阅读本书的时候，看到这样的“系统性”，可以打破“先后次序阅读”的习惯，找到相关内容阅读和强化。

另外，本书的很多内容及表达是不断出现的，比如“以学习者为中心”“问题解决”这些建构主义关键词反复出现。这种重复可以理解为强化。

设计思维的要求和体现

设计思维是一种为寻求未来改进结果提供实用和富有创造性解决方案的思维方式，其以解决方案为基础，或者说是以解决方案为导向。作为一种思维方式，设计思维被普遍认为具有综合处理能力的性质，它能够理解问题产生的背景、催生洞察力及解决方法，并能够理性分析和找出最合适的解决方案。

可以说，设计思维是一种创造性的、整体性的、着重于解决方案的思维方式。

设计思维放在教学这个大场景下，可以理解为教学设计。

7D 小布丁

教学设计是根据课程目标和教学对象的特点，将教学诸要素进行有序安排，确定合适的教学方案的设想和计划。

设计思维是课程开发最底层的思维，它让课程整体有设计感。无论是标题还是内容，无论是教学方法还是案例或学习活动，都应有一套完整的设计思路和方法。

从这个角度讲，设计思维和系统思维是联系在一起的整体，称为系统设计。实际上，教学设计有时也被称为教学系统设计。

7D 小课堂

加涅的《教学设计原理》中界定为："教学设计是一个系统化 (systematic) 规划教学系统的过程。教学系统本身是对资源和程序做出有利于学习的安排。任何组织机构，如果其目的旨在开发人的才能，均可以被包括在教学系统中。"

教学设计是一项系统工程，它由教学目标和教学对象的分析、教学内容和方法的选择，以及教学评估等子系统组成，各子系统既相对独立，又相互依存、相互制约，组成一个有机整体。各子系统的功能并不等价，其中教学目标起到指导其他子系统的作用。教学设计应立足于整体，每个子系统应协调于整个教学系统中，做到整体与部分辩证统一，系统分析与系统综合有机结合，最终达到教学系统的整体优化。

设计思维在课程开发中如同系统思维一样，在课程目标与内容之间、课程内容之间、课程内容呈现方法之间各个方面都有精心设计。设计思维在教学中可产生"不说不知道，一说太奇妙"的感觉，能够给学习者带来更好的学习体验："哦，原来是这样，太棒了"，从而最终达成更好的学习效果。

用户思维、系统思维和设计思维是教学设计及课程开发中非常重要的思维，在课程开发中是整体的综合性运用。

虽然教学设计是一门科学，但是如果借用一些艺术化手法，也可以让课程更加精彩。

案例

复仇者联盟的启示

复仇者联盟系列电影就是精心设计的大片。从系统设计上看，“复联”系列有以下几个精心设计：

1. 每个主演都是系列电影中的英雄人物，比如钢铁侠、蜘蛛侠、雷神。

2. 每个英雄都有系列电影，如钢铁侠系列、蜘蛛侠系列。

3. 把这些英雄组织在一起设计成“复联”系列。

4. 每个系列内部及各个系列之间都有连接。比如雷神之锤，除了雷神之外，一般人是举不起的，甚至都动不了。而在“复联4”中，雷神和灭霸战斗的时候，美国队长拿了雷神之锤来参与战斗，梗在哪里？当时雷神说，我以前就知道你有这个能力，是在“复联2”中有一个情节“美国队长动了雷神之锤”。

如何让各个系列交织在一起形成一个整体呢？很简单，就是本书一直倡导的任务驱动，用任务驱动的方式连成一个整体——“各路英雄团结一致，战胜灭霸拯救世界”。

用这个案例是因为课程开发“功夫在诗外”，有时候跨界思维能够带来更多的启示。

课程系统化设计的五种方法

运用用户思维、系统思维和设计思维，将课程整合成一个完整整体，具体有以下几种方法。

任务驱动法

任务驱动法是建构主义及本书一直倡导的方法，这在第三章中已作为重点阐述。任务驱动法就是从内容上形成一个整体，而且能够从任务驱动的角度对内容进行聚焦，与任务相关的内容就进入课程，关系不大的内容就可以省略。

比如前文提到的“接待礼仪”这门通用课程，如果采用任务驱动法，场景就变成了以“某部门人员完成接待任务”作为主线，围绕这条线进行内容开发，省略了很多与接待无关的礼仪内容，更加聚焦。否则就变成常规的礼仪课，时间不够，学习者也学不会。

在新员工入职培训中，其中一个内容是“公司组织结构”，通常就是按照各部门进行分别介绍。我们在某电力企业课程开发项目中，一个小组用任务驱动法，以新员工办事作为线索，以办事流程把各部分联系起来，不仅介绍了各部门，还帮助新员工弄清楚了每个部门的职责，以及遇到事情该如何与相关部门沟通。

任务驱动法是课程系统设计最有效的方式，核心在于设计关键任务，一旦设计好了任务，整个流程就清楚了，也就把学员和具体的核心内容联系在了一起。

当然，任务驱动法在操作中有一定难度。

问题贯穿法

问题贯穿法即用问题链接，就是围绕主题设计出几个关键问题，然后用这几个关键问题将所有内容形成整体。

问题贯穿法与建构主义的问题解决一脉相承，任务驱动法需要设计完整任务，有较大难度，而问题贯穿法只需要在问题上下功夫，注意以下几个关键点：

第一，聚焦主题设计问题。要围绕最核心的主题设计问题，也可以把各个问题对应到相应的主题中去。假如整个课程有四个模块，每个模块都可以用问题来带动开展，整个课程就是四个问题有待解决。

第二，问题具有典型性和代表性。这些问题是学员共同的“痛点”，一门课程要解决的问题很多，选择的问题是关键的、具有代表性的问题，也是学员最关注的问题。

第三，以学员解决问题贯穿始终。课程的开始、课程的过程到课程的结束，都是学员在解决问题，老师在过程中通过讲解相应的知识点，引导学员解决问题。

案例

跨部门管理的问题链接

在给华东某轨道交通企业的管理层上“奥卡姆剃刀——精准解决问题”课程时，我们增加了问题贯穿法。

刚上课的时候，由各个小组围绕“跨部门管理中常见的五个问题”设计任务，每个小组收集最具有代表性、难度也比较大的五个问题设计成“问题树”，由小组代表进行简单阐述，然后贴在小组的学习园地里。

在上课的过程中，把大家所提的问题融入相关内容，老师引导学员做相应的思考和讨论，并且把他们的想法用“便利贴”的方式贴在“问题树”上，包括建议和方法都记录下来并张贴。这样，在整个学习过程中，大家都处于问题探讨中。

课程结束的时候，再组织各小组围绕“问题树”进行深入研讨，最后制定出解决方案。

整个教学过程由问题贯穿始终：刚开始呈现问题，过程中讨论问题，最后解决问题，形成一个完整的闭环。

通过这个案例，我们可以发现问题贯穿法其实跟问题分析型学习活动很接近。只不过问题分析型学习活动是集中一个时间段探讨和解决问题，而问题贯穿法是将问题分析与解决贯穿课程始终。

相对于任务驱动法来说，问题贯穿法是更容易操作，也非常受学员欢迎的方法，同时契合了建构主义“学员解决问题”的基本原则。

案例链接法

案例链接法就是以案例的方式把课程各内容模块链接成一个整体。案例链接法的案例主要呈现方式有以下几种：

第一，由多个案例组成，案例之间有某种关联性，每一个案例对应一个主模块。每个模块都由案例导入课程主要内容，这些案例形成一个整体。

案例

学习项目六脉神剑

我们辅导了一家汽车行业的企业大学，开发出了一门“学习项目品牌建设的六脉神剑”课程，就是采用了案例链接的方式，将学习项目品牌化运营分成六个环节，每个环节以一个案例作为导入，用案例将所有内容结合成整体。案例并不是同一个，但是相互之间有关联。

第二，将完整的案例分解成各个小案例，每个小案例都对应一个主题，对应到具体的主题模块，整个课程是非常完整的案例分析。案例贯穿整个教学过程，类似案例教学法。这种操作方式难度很大，需要开发完整的案例，对于案例的开发和加工要求很高；教学过程中也需要强大的驾驭能力。在现实中很难见到这样的教学，但是一旦使用效果就会很好。

本书前面提到的案例，一个讲“企业扩张的四种方式”的教授用了这样的方式：整个课程就是企业扩张发展的完整案例，根据企业扩张的四种方式，把案例分解成四种类型，分别融合到四个主题中，然后逐个学习。用完整的案例链接，加上案例分析，就变成了案例教学法。

案例链接法最常用的是利用各个案例的有机组合，形成完整的课程内容。

场景设计法

场景设计法即场景链接，就是用场景将各内容模块连接成一个整体。

场景化学习是最近几年广受欢迎的方法。场景化是建构主义最经典的理论，有时也称为情景化。戴维·乔纳森最推崇情景化，其出版的专著《学会解决问题：支持问题解决的学习环境设计手册》主要内容就是讲情景设计。

用不同的应用场景将各内容连接成一个整体。这些场景能够把学习者代入到具体的内容中去，让学习者更加投入和更多参与。版权课程“非暴力沟通”就运用了这样的方式。

场景设计法与案例链接法有些相似，如果案例的内容更丰富，情节更精彩，内容更具有典型性，就可以变成场景。

要素建模法

关于建模在上一章中已有介绍，这里从系统设计角度进一步阐述。

要素建模法即要素链接，就是在课程开发过程中，基于某个原理或者理论要素，将各要素组成一个整体，然后根据各要素分头展开。各要素相对独立，连接起来又是一个整体。

很多经典课程都是基于要素链接开发的。这些课程逻辑清晰，模块间既独立又相互联系，形成了一个整体。

咨询行业有很多这样的经典模型，可以把项目轻松变成课程。比如，波特五力模型、波士顿矩阵、SWOT 分析法。

培训行业也有很多这样的经典课程，比如“高效能人士的七个习惯”“领越领导力”“MBTI”“六顶思考帽”，等等。

案例

五线谱混合式学习项目

湛卢坊教育科技与《培训》杂志共同举办的“五线谱混合式学习项目设计”认证项目，其核心内容“五线谱”，就是以戴维·乔纳森有意义学习五要素作为基本原理。根据这五个要素开发出“混合式学习项目设计”的五条线，称为“五线谱”，这五条线分别展开。五条线相互独立，又互相依存，共同谱写了混合式学习项目的美好篇章。详细内容见本书第九章。

要素建模法的关键在于要素的科学性，也就是模型的科学性，这些要素模型必须符合相关理论标准，有丰富的实践作为验证。这需要足够的时间去学习、钻研和实践，这个过程本身是课程开发最重要的内容。

以上五种方法中任务驱动法是最常用的，但是难度较大；问题贯穿法是最容易操作的方法；案例链接法和场景设计法是最吸引人的方法；要素建模法是最有技术含量的方法。

这五种方法既可以单独使用，也可以综合使用，每种方法都能够将课程内容连接成一个有机整体，成为真正的精品课程。

当然，仅有整体性的系统化设计还不够，如果具体到某个知识点是支离破碎的，也算不上真正的精品课程。

真正的精品课程是整体上有系统性，具体内容又是模块化的。

课程的模块化“三维设计”

课程的模块化设计，指的是对课程的主要内容进行模块化设计，从而让每一个模块是独立和完整的。根据人们从小养成的三段式的学习习惯和认知习惯，把课程的主要模块进行结构化设计，便于学习者更好地学习和掌握，同时更加符合人们碎片化的学习方式。因此，在课程整体系统性设计的基础上，具体内容还需要进行模块化设计。

三维设计的三个具体要求

模块化设计最经典的是“三段式”——导课、正课、结课，也称为“三维设计”。导课也叫课程的导入，或者课程的开场；正课就是课程的主要内容，也叫正文部分；结课也叫课程的结束，或者课程的结尾。

三维设计有三个具体要求。

第一，整个课程都要有三维设计

无论课程的时长是多少，一个小时、三个小时、六个小时、两天，还是 10 分钟、20 分钟、30 分钟，甚至微课，都要有导课、正课和结课。只要是一门课程，就应该有始有终。

但是在实际的课程中，课程设计往往是有欠缺的，课程时间长的有“三段式”设计，而一些课程时间较短的，比如 30 分钟以内的课程，就有头无尾，有尾无头，甚至无头无尾了。

第二，每一节课都要有三维设计

每一节课都是一个独立模块，当然应该有始有终，但是现实中很多人这点没有做好。以半天课程为例，可以分成三节课。往往是第一节课上课的时候有导课，但是没有结课，老师以“大家休息 10 分钟”作为结束语，没有真正的结课。第二节课上课的时候没有导课，通常是“好的，大家休息好了，我们继续……”；这节课结束的时候同样没有结课，以“大家休息 10 分钟”作为结束语。第三节课上课的时候没有导课，结束的时候结课，但是没对半天的课程进行结课。

第三，每一个主要内容都要有三维设计

每一个主要内容都应该做到模块化。以上文半天的课程为例，并不是每个主要内容都刚好是一节课，有可能在这节课中有两个主题，那么每个主题都需要三维设计。

此外，还有一种情况是某个主要内容贯穿在两节中，这个主要内容结束也要结课，这才是完整的结束。

总之，三维设计是课程的基本结构模型。整个课程结束需要三维设计，每节课需要三维设计，每个主要内容也需要三维设计。

三维设计的时间规划

关于课程的时间安排和重点规划，在本书第三章“结构设计”已经做了阐述，这里仅从三维设计的角度进行补充。

在课程设计中，遵循 20/80 法则，即“导课 + 结课”占整门课程时间的 20%，正课占 80%。

在“导课 + 结课”中，导课占的比重小，结课占的比重大。结课的比重大是为了强化学习成果，确保学习效果。

培训圈里有种被大家吐槽的负面现象：一个小时的分享，老师开场的自我介绍就花了 30 分钟，浪费了学习者的宝贵时间，这样的老师应该立即“下课”。

以企业的课程为例：如果课程时间是一个小时，那么，“导课 + 结课”应该是 10 分钟左右，正课是 50 分钟左右。以此类推，两个小时的课程中，“导课 + 结课”应该是 20 分钟；三个小时的课程中，“导课 + 结课”是 30 分钟。

在这个时间比例的基础上，再分别进行导课和结课的具体内容开发。

7D 小花絮

关于导课和结课的方法，也就是课程开场白和课程结尾的方法，相关书籍和课程非常多，本书主要选用了《培训师 21 项技能修炼》中的部分内容做概述。读者可以选择使用，也可以采用其他方法，应根据内容的需要和时间的规划来选择具体方法。

结构设计、内容设计和材料设计都属于正课部分，不再重复。

常用的八种导课方法

完整的导课包括导课的方法及其他内容，其他内容在前文已经阐述，这里只讲导课的方法。

导课的方法也叫课程导入，在课程呈现及演讲场景中叫作开场白。这里介绍几种最常见的导课方法，这些方法适用于所有课程，大家可以根据课程的具体内容和时间安排进行选择（见图 8–2）。

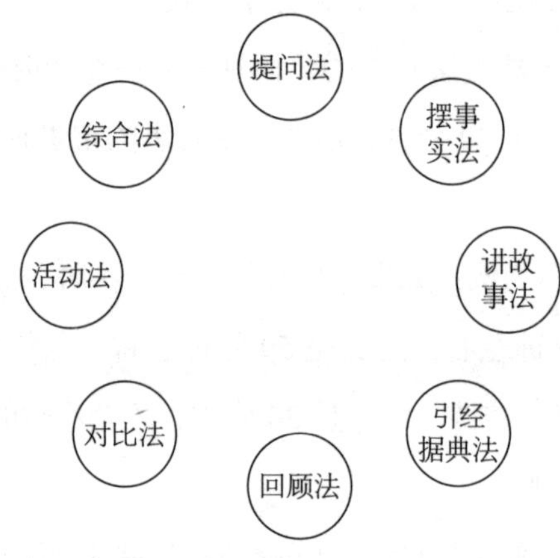

图 8–2　导课的方法

提问法

提问法是在课程开始的时候抛出几个与主题相关的问题，引发学员思考，引起学员注意。

这种方法适用于所有课程，包括几个小时的大课和几分钟的微课。大课提的问题复杂些，可以是连续性的问题。微课的提问就比较简单，一个问题即可。

提问法是建构主义“点燃三宝”中最常用的方法。提问引发思考，这是提问法作为导课的作用，在开场时提问即可，不一定需要学员现场回答。

摆事实法

一些和主题相关的事实、数据能够引起学员的注意。根据人们的认知习惯，他们通常对于负面事实更加关注。在开场的时候，介绍一些与主题相关的负面新闻、负面数据，可以引起学员注意，激发他们学习的兴趣。

比如在讲用电安全的课程前，先列举因为不注意用电带来的安全事故的相关新闻，引起大家对主题的兴趣和重视。

讲故事法

课程开场先讲一个故事来吸引学员。这个故事可以是真人真事，也可以是寓言故事。

一个内训师讲“企业文化的缘由”时，开场说：“在今天课程开始前，我先给大家讲个故事。在 2007 年的 9 月，有一名‘海归’……这就是我们公司成立的渊源，在十多年的磨砺成长过程中，是什么让我们公司在激烈的竞争中稳步成长？是什么让大家拧成一股绳，朝着共同的目标奋斗？那就是‘文化’，今天我们就来聊聊公司的企业文化及它的极大魅力。”

故事要短小精悍，不能冗长，作为导课目的就是吸引人。

引经据典法

利用名人名言、名言警句，或者知名公司的名言等来引出主题。如果在结课环节再用相关的典故，可以形成一个闭环，显得课程更有设计感。比如导课时用“教育不是灌输，而是点燃”，结课时用“学习不是禁锢，而是启迪”。

回顾法

回顾法指第二次上课的时候对第一次上课时候讲的内容进行总结和回顾。三维设计中的很多场景适合用这样的方法。回顾法本质上是激活旧知，把旧知和新知结合起来。

什么情况下更适合用回顾法？第一是课程时间比较长，第二是课程内容比较重要，且课程内容前后联系比较紧密。

对比法

用于先后对比、新旧对比等，形成鲜明的对比效果，从而引起学员的兴趣。比如，有一位讲师是做形体训练的。一开始上课，他就说：“大家看看半年前的我，再看看现在的我，差别大不大？”

活动法

为了引出主题，设计一个小活动或者游戏，让大家受到启发。比如，有位老师在讲沟通的时候，先让大家做了个折纸的游戏，体现出因为信息单项传输带来的工作效率降低，从而引出沟通在工作中的重要性。

综合法

综合法指前面提到的几种方法的结合，通常是提问加其他方法。

导课的方法非常多，关键是要选择合适的内容和场景，按照奥卡姆剃刀原则选择最合适的方法。

常用的五种结课方法

在完整的课程中，结课包括结课的内容和结束的方法，在成果设计部分已经介绍过结课的内容，这里只介绍结课的方法，这些方法有时也叫结束语。

结课有一个最基本的原则，就是呼应。导课用的方法、案例、语句，结课都可以用。这样更容易使课程形成一个整体。除了导课的方法外，结课还有一些常用的方法。

总结法

对所学内容进行概括总结，起到强化结果的作用。需要注意的是，这里的总结是对所学知识的总结＋提炼，不是原原本本再讲一遍，而是强化重点。

号召法

号召大家共同努力，鼓励大家一起做。号召大家对所学知识进行运用，也是一种激励。

展望未来法

展望未来法和号召法可以结合起来使用，用愿景来激发学员热情。这两种方法如果用得好，可以让整门课程站位更高，让人感觉有新意，也促使学员在学过后去行动。

推崇后文法

推崇后文法是内训师或职业培训师在培训中容易忽略的一种方法，

就是对后面内容进行隐而不露的预报，多用于一系列连续课程，一门课程结束后对后面的课程内容进行推崇，引起学员对后面的课程的兴趣，从而激发他们的学习意愿。老师在课程结束的时候要推崇下一节课的内容，让学员感觉后面还有更加精彩的内容和方法。

比如有的老师讲一天的课程，到快结束的时候讲道："各位同事，各位领导，感谢大家来学习。沟通的五个部分中最重要的三个部分都已经讲完了，后面还有两个部分，如果你们下午有时间，欢迎到现场来继续学习。"学员一听，最重要的三个部分结束了，我下午忙得很，下午就不来了。所以这样的老师上课，会让学员越来越少。

推崇后文法是把前面的内容进行总结，然后推崇后面的内容。除了推崇自己要讲的内容外，还要学会推崇其他老师。

比如一位内训师这样推崇后面的老师："我们上午花了一个小时给大家介绍了公司的发展史，让大家对公司的历史有所了解。公司的发展史给了我们什么启示，公司形成了什么样的企业文化？这部分内容在下午将由公司连续三年的绩优者张老师为大家分享，相信能够带给大家非常重要的启发，让我们共同期待。"这样既推崇了内容，又推崇了老师，让整个内容形成整体。

综合法

开场白中的综合法是"提问+其他"，结课中的综合法是"总结+其他"。大家要注意结课的重要性，经常见到很多老师上课虎头蛇尾，前面设计得很精彩，到最后就没有力度了，有的甚至直接说"我的课程到此结束，谢谢大家"。要充分利用好"豹尾"的作用，让课程效果得到强化。

需要注意的是，在"成果设计"一章，我们谈到了成果设计的具体方法，成果设计的方法可以与结课的方法结合起来运用。最重要的原则是“一定有结课”！

课程的三维设计是对整个课程内容进行模块化梳理。导课方法和结课方法，类似于给每个模块戴上一个“罩子”，形成独立组建式模块，既让课程开发师对于内容非常熟悉，又适合学习者碎片化学习。

本章属于综合设计，是对整个课程内容的全面梳理和规划，既让课程形成系统的整体，又做到模块的独立和完整，各自独立，又相互依存。

本书的正课部分是第二章到第八章，即精品课程开发的七个设计：主题设计、结构设计、内容设计、成果设计、材料设计、亮点设计和综合设计。七个设计各自独立，又相互依存，形成一个整体，每个模块都有具体的原则原理、方法技巧、标准和工具。按照这七个设计开发出来的课程再经过不断实践、持续打磨和优化，就可以成为具有行业竞争力的精品课程。

本章小结

一、重点回顾

1. 教学设计最常用的三个思维：用户思维、系统思维和设计思维。

2. 课程系统化设计的五种方法：任务驱动法、问题贯穿法、案例链接法、场景设计法、要素建模法。

3. 课程模块化设计，即三维设计：导课、正课、结课的设计。

二、常用工具

1. 导课的八种常用方法：提问法、摆事实法、讲故事法、引经据典法、回顾法、对比法、活动法、综合法。

2. 结课常用五种方法：总结法、号召法、展望未来法、推崇后文法、综合法。

三、课后作业

1. 对课程内容进行全面系统化设计和模块化梳理。

2. 为每个模块设计导课和结课的方法，可以单独做成 PPT，也可以放在备注里。

09

数字化时代的
课程开发趋势

7D 小贴士

按照“导课—正课—结课”的结构，本书第一章是导课，第二章到第八章是正课 7D 的内容，本章属于结课。

本章是个独立章节，按照“总—分—总”的方式，第一部分是“总”：学习路径图，规划整门课程的整体框架；第二、三、四部分是主要内容：微课开发、经验萃取、深度定制的精品课程；第五部分“学习项目设计”是“总”，用学习项目把前面内容有机组合成整体。

本章涉及的五个内容是完整的主题，每个主题都是几天的课程内容。篇幅所限，做了大量浓缩，每部分内容只占本来内容的1/20左右，所以只能反映一个大概框架。

可视化思维学习路径图

组织学习需要系统化设计，更需要顶层设计。一般来说，搭建课程体系是一个非常庞大而且复杂的工程。企业在发展，员工在进步，数字化时代要求快速反应，如何快速搭建组织员工的学习与成长发展路径图呢？这里为大家介绍可视化思维学习路径图。

可视化思维学习路径图的概念

可视化思维学习路径图就是用系列思维工具，开发员工的学习内容，并且将学习的过程和内容以可视化形式呈现出来。概括为“思维赋能，成长可见”。

在建构主义教育理念下，学习者将学会搭建学习路径图的方法流程，运用搭建学习路径图的思维方式，掌握不同步骤使用不同思维工具的方法，最后能够达到举一反三的效果。可视化思维学习路径图就是运用思维工具来建构学习者的学习路径图，每一步都用图形呈现出来，让成长看得见，有时也简称其为“可视化路径图”。可视化思维路径图不仅是让员工的成长自己看得见，也让组织能够看得见。

7D 小布丁

可视化思维路径图可以帮助课程开发师捋清楚课程逻辑，对课程体系进行梳理和整合；提升和设置合适的培训层级，培养实践；还可以优化内部课程资源，统一协调。

可视化思维学习路径图的四步流程

可视化思维路径图的创作流程，每一步背后都有相应的思维工具。具体步骤可以归纳为四步（见图 9–1）。接下来逐一详细介绍。

第一步：对比型思维双气泡图

这一步的目的是运用对比型思维，厘清岗位职责，界定岗位职责边界，制作成双气泡图。我们在企业里做培训的时候会发现，一个部门不同职位的同事是在做同一个大的工作任务。

图 9–1 可视化思维学习路径图流程

比如，某企业销售部的职务有：销售总监、大区销售经理、销售经理、销售助理、销售数据分析员等。他们在大任务方向上都是做销售工作的，但是每个人都有不同的职责。销售总监对部门销售业绩负责，主要负责了解企业战略、制定部门销售战略方向和销售策略、代理商销售策略制定等。大区销售经理根据部门销售战略方向和销售策略，执行代理商销售策略，制定销售经理目标，带领销售团队完成区域销售目标等。

他们所处的都是销售岗位，但主要职责和工作范围、负责程度是不一样的。我们在梳理具体岗位前，需要厘清最小经营生产单位的所有岗位职责，明确在这个部门（科室）所有岗位的职责是什么，范围在哪里，边界在哪里。不仅要做到各岗位工作任务职责清晰，也要为清晰的人才培养路径打下坚实的基础。

具体的厘清方法是什么呢？我们在参考企业经营战略、部门总职责分解后，再对各岗位主要职责进行梳理，会发现有的岗位职责，尤其是平级岗位，即便是按照现有岗位说明书来梳理，也有些界限模糊，那么我们就需要借助可视化思维中的对比型思维，利用双气泡图来梳理和完善边界，如图 9–2 所示。

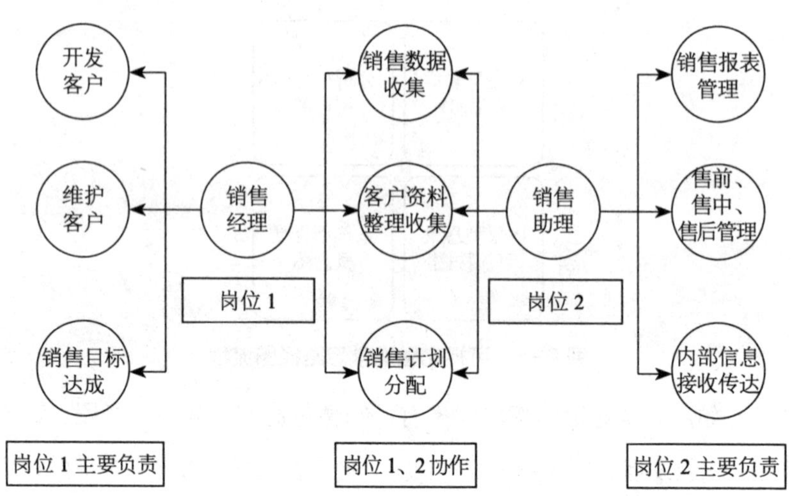

图 9-2 双气泡图梳理岗位边界

在第二列、第四列写上需要厘清的岗位名称，中间部分是两个岗位需要共同协作完成的工作任务和职责。两边是他们需要自己完成的工作任务和职责。通过这种比较性思维，就可以可视化地发现岗位之间的主要职责界限。

第二步：分析型思维树形图

这一步的主要工作是单个岗位的任务梳理，确定岗位重点任务。

在完成最小生产经营单位的各岗位之间的职责界限厘清后，就要深入研究单个岗位的任务和主要任务了。在第一步我们通过企业战略、部门任务、岗位界限从上往下厘清了各岗位的职责和任务，在这个环节要通过岗位的任务萃取，结合公司岗位任务，确认单个岗位的重点工作内容。

这里用到的是发散型思维和分析型思维，以上一步梳理的岗位任务为基础，发散性思考在实际工作实践中，还有哪些工作任务是需要这个岗位完成的，然后归类整理岗位任务。

在一些高速发展的行业里，随着时代的发展，岗位职责越来越具有综合性，对岗位能力的要求也比较高。比如某大型通信企业的前端客户经理，三年前只要求开发客户，达成销售目标等岗位要求，但是最近因为携号转网的开放、5G 的普及等一系列市场变动，通信市场竞争日益激烈，企业就要求前端客户经理不仅仅会开发客户，达成销售目标，还要会获取客户信息，分析客户信息，整合针对客户需求的解决方案等。这些职责是从实际工作中衍生出来的，对实际业务来说是非常重要的工作职责。

发散型思维圆圈图

现在需要运用发散型思维对岗位的实际任务进行发散，这里用到的发散型思维可视化工具是圆圈图（见图 9–3）。第一步，把要发散任务的岗位写在中心圆里；第二步，把原有的固定任务写在中心圆周围；第三步，从不同方向发散工作任务，如工作流程、工作对象、工作内容等，每个岗位至少发散 15 条以上任务。其实这是一个工作任务萃取的过程，也符合一开始的要求。

图 9–3 发散型思维圆圈图

使用可视化思维学习路径图的学员要对岗位有丰富的经验，甚至有带过这个岗位的徒弟的经验。一个岗位一个发散型思维圆圈图。

分析型思维树形图

岗位任务发散之后，需要通过分析型思维进行任务分析。第一步，去重，把重复的、零散的任务信息条目删除合并；第二步，归类，把同一类任务条目进行归类，并且提炼出最重要的任务排在前面。这里具体用到了树形图（见图 9–4）。

第三步：因果型思维复流程图

这一步的主要工作是岗位胜任力梳理，确定岗位学习目标。

结合从上到下的岗位职责、从下到上的岗位任务萃取，确认重点岗位之后，我们可以用转化的方式把任务转化成能力，最终转化成学习任务。把岗位任务转化成胜任力，这是一项比较困难的任务。一般企业培训管理人员容易把任务认为是能力，其实岗位胜任力是完成这项任务所需要具备的能力。把岗位任务萃取成胜任力模型的时候，会用到代表因果型思维的复流程图，一对一表达任务和胜任力的关系。

把任务转化成胜任力的简单步骤是：

第一，句型转换："动词 + 名词"（任务）变成岗位需要有"名词 + 能力"。

第二，用因果关系复流程图，分清楚是任务还是胜任力。

我在给某电力行业企业财务管理师岗位做可视化思维学习路径图的时候，这个岗位有一项任务是"编制年度财务预算报表及分析报告"，在转换成胜任力时，学员转换的是具备预算知识，其实这是跳过了胜任力来到了学习目标，这样做的结果是容易缺失学习目标。后来

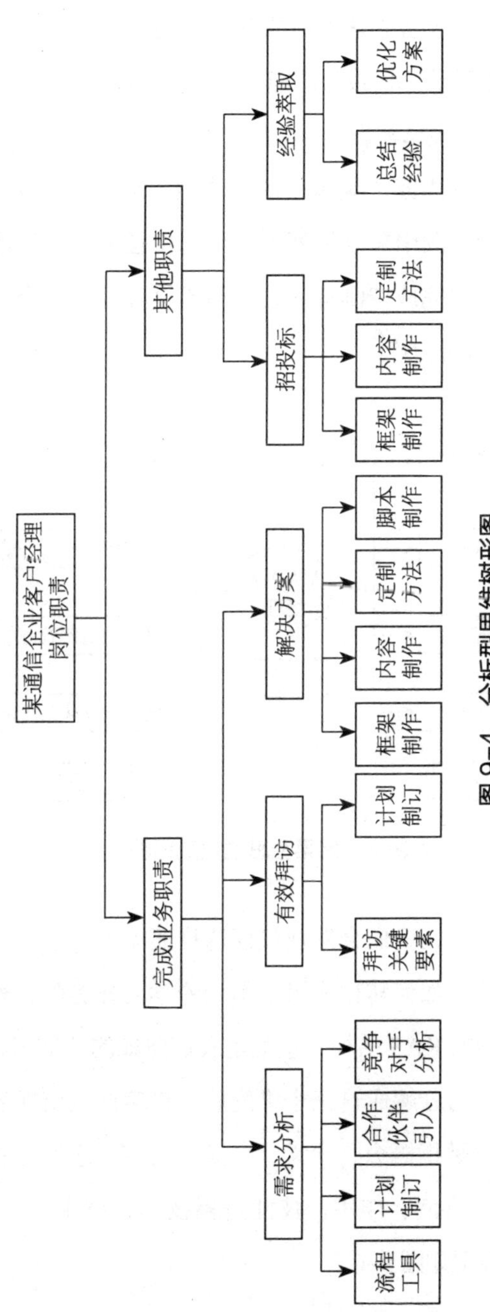

图 9-4 分析型思维树形图

发现“编制年度财务预算报表及分析报告”可以直接变换成“具有编制年度财务预算报表及分析报告的能力”，这就是一个比较综合的能力了，不仅仅需要具有预算知识。

在图 9–5 中，我选取了某单位的人力资源经理的部分工作任务，来对应岗位胜任力。图中可以清晰地看到岗位任务和岗位能力之间的一对一关系，因为要完成“制订人力资源年度计划”这个任务，必须具备“人力资源计划能力”。

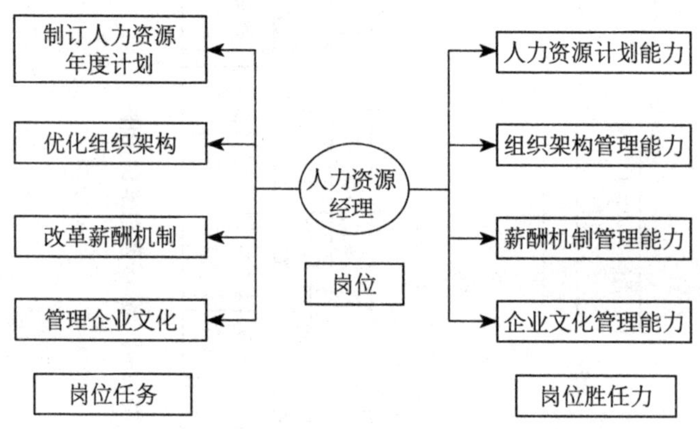

图 9–5 因果型思维复流程图

完成能力匹配后，我们会发现仅仅这样还不够，这样的胜任力仅是粗浅的概念，那么如何转化成可以培训的学习任务呢？就需要把胜任力分解成可培训的 KAS 结构，也就是我们熟知的“知识、态度、技能”结构，把胜任力分解成这三个维度后，自然而然就转变成学习的目标方向了。知识是指概念、含义、定义、内容，态度是指认识、看法、观点、意义、价值、作用，技能是指技巧、技术、工具、方法、流程、模型等。模型如图 9–6。

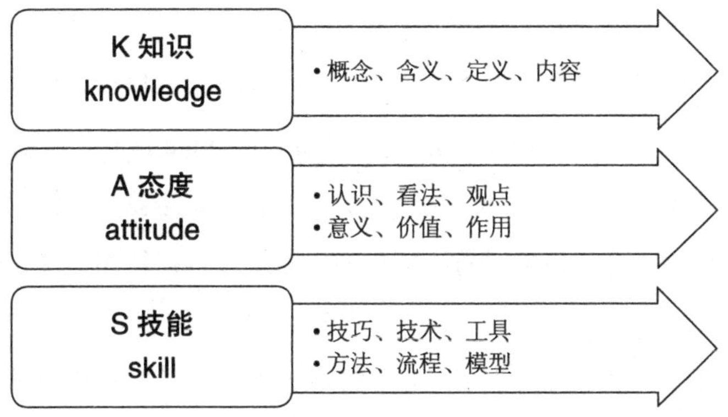

图 9-6 学习目标分解 KAS 模型

前文讲到的某电力行业企业的财务管理师岗位，岗位任务是“编制年度财务预算报表及分析报告”，岗位胜任力是“编制年度财务预算报表及分析报告的能力”。我们在把胜任力转化成学习目标时，会发现这个胜任力可以分解为：知识能力，即有预算管理知识、预算编制知识、预算分析知识；态度能力，即有预算管理意识、风险防范意识；技能能力，即有预算分析技能、预算编制技能等。这样一看，要比原来的单个预算管理知识的单个学习目标详细全面，长远来看对于长期、全面培养人才也是非常有利的。

第四步：系统型思维概念图

整合学习任务，建构可视化思维学习路径图。由岗位胜任力转变为岗位学习目标后，我们会发现，学习任务水到渠成、呼之欲出，但是仅仅设置学习任务就可以了吗？不是。我们绘制可视化学习路径图，是为了企业人才培养的目标。

在这一步里需要用到多维度视角，各方面综合考虑的系统型思维。比如对于一个岗位来说，学习任务是分层级的，可能是初级的，也可能是高级的。学习任务不仅仅可以分层级，学习形式也是有分别的。现在很多成长型企业在发展过程中，发现需要大量培训岗位，需要大量的课程，而课程又有很多形式，比如 E-learning 课程、业务骨干萃取出来的课程，以及基础通用课程。我们将针对企业实际情况，系统全面地考虑各个维度的设置，使可视化思维学习路径图更加符合企业实情。

先要考虑的是岗位层级维度。在一定程度上，可视化思维学习路径图的设立也会影响到企业内部的组织架构的战略方向。我们来看看世界 500 强美妆集团 LRL 内部成熟的晋升机制，他们使用的是晋升流程图（见图 9–7）。在这张图里，每个岗位的员工都可以轻松找到自己的位置和晋升路径，也可以看出最基层的 BA（美容顾问）开始有两条上升路径：一是专业技能路径，二是管理能力路径。而且这些路径是可以选择的，通道也是显而易见的。

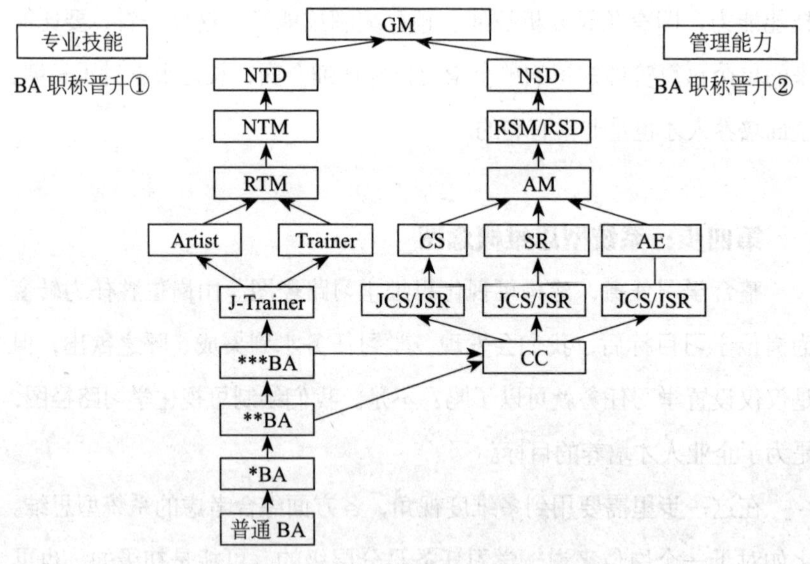

图 9–7 某国际美妆集团晋升路径图

在确定了岗位层级后，除了完善的晋升机制外，保障晋升的要数培训系统了。从图 9–8 中，我们可以看到 LRL 集团有完善的培训系统。不仅能看到一线 BA 的成长路径，也能看到其成长的学习路径，还有培训的频率、培训的内容占比、培训课程内容等，是真正意义上的系统图。

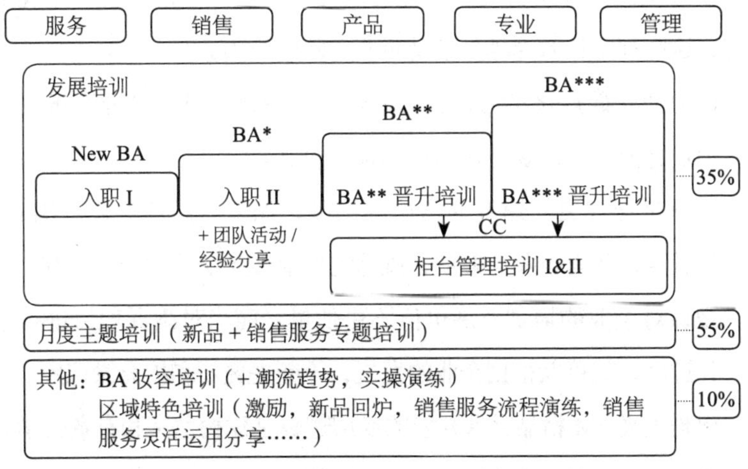

图 9–8 某国际美妆集团课程培训系统图

捋清楚底层逻辑（主要是岗位学习任务层级和岗位学习任务的实施形式），用系统图可视化表达出来后，后期该用什么形式制定学习路径图就迎刃而解了。

以上和大家简单描述了可视化思维学习路径图绘制的过程中需要用到的几种底层思维方式和工具，以及这些思维的应用工具。掌握了思维方式，可视化思维学习路径图也就成形了。

可视化思维学习路径图设计好了，接下来就是开发具体的内容，主要有微课、组织经验和精品课程等。

建构主义 5M 精品微课开发

学习路径图设计好了之后，就需要有具体的课程内容。在数字化时代，线上、线下融合的 OMO 方式成为学习主流，微课就是在线学习的主要方式。微课本身的特性是时间短、内容少、成本低、呈现形式丰富，这些都是让微课越来越受企业青睐的原因。

但即使是碎片化学习，也需要进行系统化设计。企业在推进微课开发项目之前，一定要进行项目的顶层设计。

微课是迭代更新速度非常快的产品，如果只是碎片化产出几门、几十门微课，随着企业的发展，微课的价值便无法受到企业重视。

微课对企业的培训发展价值不可估量。而当对微课项目进行系统化设计过后，就可以根据企业的发展，不断去更新和扩充微课库。

建构主义 5M 精品微课开发的底层逻辑是建构主义和有意义学习的五要素。关于有意义学习五要素已经在第四章介绍过，根据有意义学习五要素，我们设计出微课开发的五步流程，每一步都是“道—法—器”的融合。

确定主题：意图性

意图性的定义是激发学习者的学习意图。我们需要给微课取一个能够吸引用户观看，并且能第一时间让用户知道课程内容的标题。

选题的四个原则

微课选题的时候要遵循情境、对象、问题、适用性这四个原则

（见图 9–9）。微课一般可用于这些情境：公司宣传、产品介绍、自媒体、知识讲解、技能讲授、态度传播等。

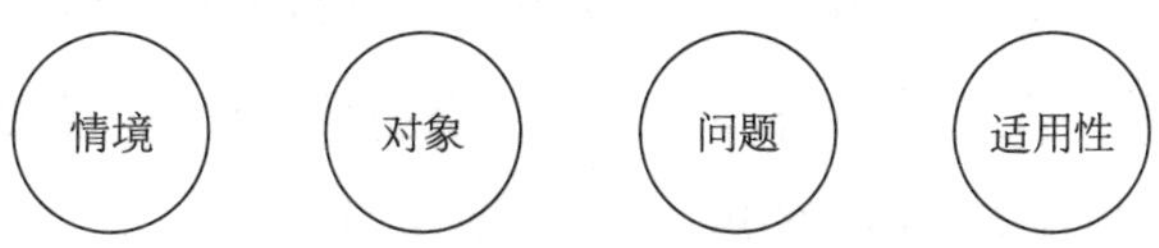

图 9–9 微课选题的四个原则

企业需根据实际业务工作需求，选择情境进行微课开发。

微课，讲究“轻”，所以只能讲解一个知识点。另外，微课的标题必须精准到接受内容的人群，也就是课程对象。微课解决的一定是工作场景中的实际问题。

选题确定的三个步骤

在确定选题时，我们需要将工作中的常见问题进行罗列，并筛选出罗列的问题中，符合重点、难点、痛点的问题。筛选出的问题一定是具备急迫性的，是工作中高频次处理的问题。个人要根据工作岗位的实际情况进行选择，从筛选出来的问题中确定一个问题，作为本次微课开发的选题（见图 9–10）。

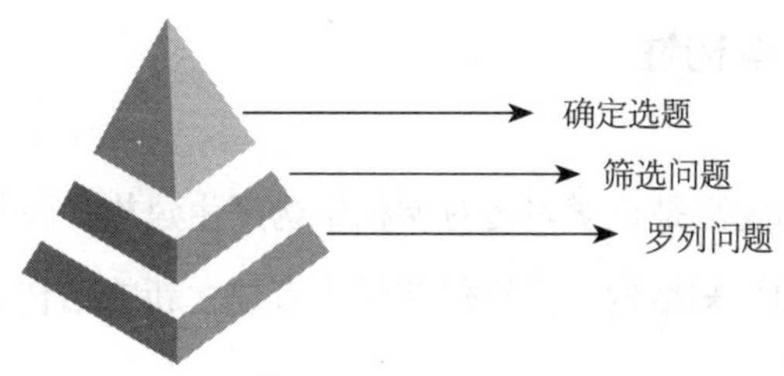

图 9–10 确定微课选题的三个步骤

标题确定的四化模型

四化模型，即用户化、收益化、敏捷化、数字化。

用户化：以用户为中心，标题需要清晰地表达出课程的教学对象。

收益化：学完这门课程可以让用户获得什么收益，需要在标题中清晰表述，以便吸引精准的用户进行课程学习。

敏捷化：标题透露出的信息为这门课程非常简单，短时间内就能快速学会，刺激用户立即进行课程学习。

数字化：人对数字是非常敏感的，尤其是对内容看似非常容易掌握的小的数字，所以应尽可能地将标题数字化。

标题举例：

培训师需要避免的 5 种错误开场方式

培训经理快速搭建组织架构的 4 个方法

职场人士必须掌握的 5S 桌面管理技巧

新进员工入职时必须完成的 3 件事

……

这些微课标题符合四化模型，会更容易吸引用户学习课程。

设计结构：建构性

建构性的定义是让学习者对课程结构产生建构，因此学习的内容需要符合人的认知结构，并且促使学习者建立新的结构，这才是有意义的学习。

标题确定后，学习者需要梳理微课结构。

微课设计的三段式结构

微课三段式结构设计让微课的内容开发变得更加简单。用户可对应微课结构，开发出相应的微课内容，最终确保微课内容是结构化的。

微课主体结构设计的 PRM 模型

微课的主体结构设计可以遵循 PRM 模型（见图 9–11）。

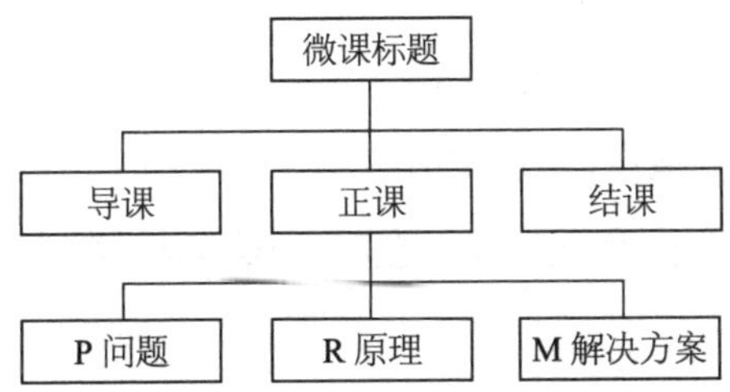

图 9–11 微课主体结构设计 PRM 模型

phenomenon（现象）：聚焦问题，尽可能列举工作场景中的不良现象。

reason（原理）：分析产生这些问题、现象的原因。原因可能来自外部，也可能来自内部组织。具体的问题具体分析即可。

measures（解决方案）：根据这些问题提出针对性解决方案。解决方案可以是方法、技巧或工具等。

市场中的微课结构设计模型有很多种，还有常见的 2W1H（what、why、how）模型、SCQA［situation（情况）、complication（复杂）、question（问题）、answer（答案）］模型等，也都非常容易上手。

微课结构设计模型有很多种，选择其中一种掌握即可。

组织内容：真实性

真实性的定义是用户结合实际的工作场景、工作问题进行微课的内容开发，用真实的内容帮助学习者理解新知，而且能够运用新知。

组织内容的常规问题

内容不够聚焦，没有明显的内容结构或者结构不完整。

情境切换时，内容未进行衔接，导致各个情境独立。

内容台词书面化或太过口语化。

内容没有核心重点，与主题不一致。

了解组织内容的常规错误，在实际操作时及时规避，可提升成品产出的效率。

微课的三种类型

知识类微课。一般用于公司企业文化、制度等内容讲解，此类微课一般为系列课程，可以持续不断扩充更新。

技能类微课。一般用于某项技能的讲授。用户通过学习这门微课能直接掌握解决问题的能力。企业对技能类微课的需求是相对较多的。

场景案例类微课。有某种具体场景的案例，这样的案例包含了某些知识或技能。

编写脚本：主动性

主动性是说微课的多种呈现形式，可以激发用户的学习兴趣。

画面设计的常规问题

脚本描绘的画面，工具无法实现或代替。

课程一镜到底或两三个画面来回切换、情境画面不够丰富。

情境元素太多、画面喧宾夺主。

画面使用的图片素材模糊。

画面设计的常规元素

流程图、模型图、图片、相关场景物品元素、气泡图、文本框等。

画面设计要求

画面要动静结合，不可使用纯静态画面。

画面要凸显内容，元素摆放要合理。

微课的画面不能低于 10 个，一般需达到 16 个及以上。时间越长的微课，画面要越多。

合理搭配使用常规元素，再给元素施以动态效果，会让微课的整体呈现效果提升许多。

视频类微课脚本编写

脚本必须简单，太过复杂的脚本会给用户增加负担和工作量。脚本中核心的填写项是画面元素、解说词，其中解说词就是课程内容逐字稿，需要按照微课结构去做对应内容的填充。完成微课脚本后，即可进入微课的制作部分。

制作成片：协作性

协作性是教学过程中的互动设计，由师生协作产出成果。

选用工具

不同的微课制作工具所对应的微课脚本也是不同的，因为不同工具本身带的功能和素材不同，做出来的成果也有所区别。

制作工具包

音乐素材包。在音乐方面，一般要使用轻快、柔和的纯音乐作为背景音乐。常用的素材网站有熊猫办公、图客巴巴、千库网等。

素材网站。除了工具本身自带的素材外，我们还可以到专业素材网站搜索相关的素材去丰富微课画面。常用的素材网站有觅元素、稿定设计、千图网等。

语音合成网站。微课配音的方式有三种：自己配音、专业配音、合成语音配音。因为熟悉内容，自己配音可使语音带有抑扬顿挫，让微课看起来更加自然。合成语音配音网站非常多，比如讯飞、灵云语音云等。如何配音可以根据个人喜好和微课内容决定。

在制作成片前，一般要先根据“微课脚本”到素材网站去准备一部分行业常用元素，以提升成片制作效率。

当然，具体采用哪种微课制作方法，要根据个人或企业的时间、投入成本和具体需求决定。

总之，因为互联网发展及用户对“碎片化学习”的需求激增，微课产品是符合市场发展趋势的，而市场对微课也提出了更高的要求。随着企业的重视、市场的优胜劣汰，微课的呈现也在不断吸纳和采用更多先进的技术和工具，同时，微课开发技术还在不断完善、迭代、升级和改良。

FOCU 组织经验萃取

组织经验萃取是最近几年培训行业比较热门的话题，也是未来发展的一种趋势。经验萃取技术贯穿了本书的始终，课程名称、案例开发、学习活动开发、微课开发等都需要萃取技术，这是课程开发师的核心技术。

经验萃取的概念和价值

经验与萃取

经验是教育和培训领域的基础概念和核心概念。教育学家杜威认为，经验就是由实践得到的知识及技能，也包括体验。经验分为自己经历获得的直接经验和向他人学习的间接经验。经验还可分为组织经验和个人经验。

“萃取”这个词源自化学领域，意思是“提纯”，也就是吸取精华。在药物生产中，萃取是非常重要的环节。培训行业的组织经验萃取指的是通过专业的技术和流程，把组织内部的优秀经验提取出来，变为组织共同资产，助力企业发展。

组织经验萃取的三大价值

组织经验萃取的主要价值有以下几方面。

第一，为继任者提供指导。

很多企业人才培养采用了导师制或师徒制，导师或师傅通过积累的大量工作经验为继任者迅速适应岗位提供具体指导，避免了其走弯路。

第二，助力管理者提升绩效。

萃取组织中优秀的成功经验，可以有效帮助管理者做到绩效改善与提升。

第三，组织知识管理的利器。

很多时候，员工离职意味着把经验也带走了。通过萃取，可以把员工优秀的经验传承下来，形成企业的知识体系，成为组织的宝贵财富。

组织经验萃取的分类

按照经验的性质分

知识类：一些基本的理论、理念、概念、要素等。比如萃取企业文化的核心价值理念，提炼出几个关键词。

态度类：心态和意识方面的提炼。比如企业内训师的五个心态、销售精英必备的六个维度等。

技能类：某些具体的操作方法、工具和流程。目前提到的“经验萃取”大多属于这类，比如产品介绍的 FAB 法则、目标制定的 SMART 法则、教练辅导的 GROW 模型等。

综合类：综合类的萃取就是指萃取出来的成果包括了知识、态度和技能中的两项或者三项。最典型的是案例，萃取出来相对比较完整的案例包括了知识、态度和技能三个方面。

按照岗位的性质分

每一个岗位发展到一定阶段都可以积累一些经验，其中一部分需要传承和发扬的精华就需要萃取出来。包括管理人员、技术骨干、业务精英的经验萃取等。总之，每个岗位都可以萃取。

C-FOCU 经验萃取模型的理论来源

库伯学习圈理论

美国社会心理学家、教育家大卫·库伯（David Kolb）在所著的《体验学习：体验——学习发展的源泉》中提出了颇具影响力的体验学习概念（见图 9–12）。

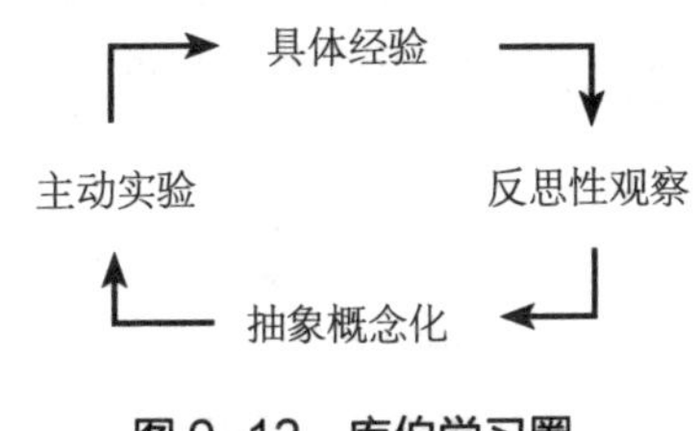

图 9–12 库伯学习圈

SECI 模型

SECI 模型的最初原型是野中郁次郎（Ikujiro Nonaka）和竹内弘高（Hirotaka Takeuchi）于 1995 年在他们合著的《创新求胜》（*The Knowledge-Creating Company*）一书中提出的（见图 9–13）。

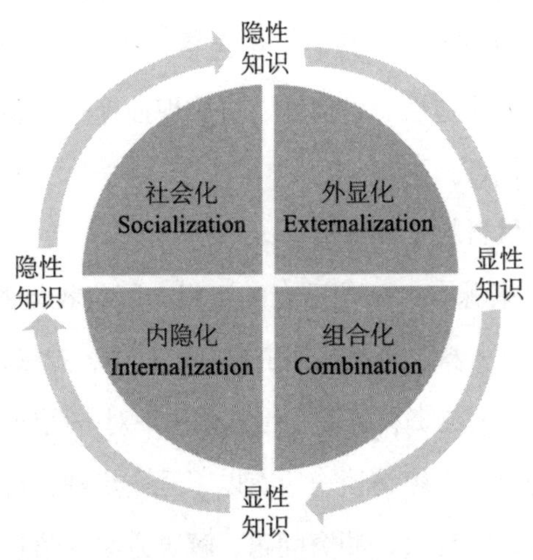

图 9–13 SECI 模型

C-FOCU 经验萃取模型

基于库伯学习圈理论和 SECI 模型，结合建构主义教学指导思想，我们可以把经验萃取分为四步（见图 9–14）。

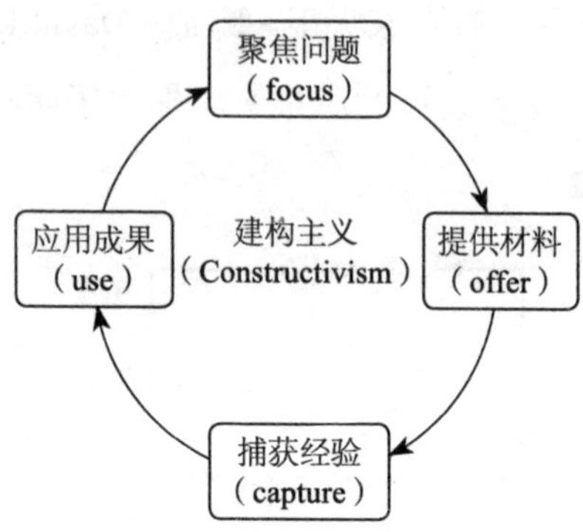

图 9–14 经验萃取四步

接下来，我们对组织经验萃取的四步进行简单分析。

第一步，聚焦问题（focus）

这是组织经验萃取的第一要求，有以下几个环节。

首先，聚焦业务痛点。结合明确且具体的业务场景，以绩效为导向。其次，分解业务结构。可以按照流程步骤、时间先后、模块要素等方式尽可能地分解穷尽。最后，锁定萃取焦点。在所分解的业务节点中，用代表性、紧迫性、价值性、可实现性等四大要点来进行筛选，从而锁定萃取的焦点。

第二步，提供材料（offer）

常见的资料来源有：公司已有的资料、网络收集的资料、专业书籍资料、专业期刊资料、专家访谈资料等。其中，专家访谈资料是组织经验萃取过程中主要的资料来源，可以采用一对一面谈、在线访谈、小组座谈的方式进行。专家访谈一般有以下几个步骤：首先，实践描述，包括对实践的起因、经过、冲突问题、解决方案等信息的描述；其次，解构实践，对实践的细节进行剖析，哪些地方做得比较好，哪些地方做得还不够好，原因是什么；最后，启示反思，主要是对未来类似实践的建议，如果以后发生类似的事情，可以从哪些方面进行改善（见表 9–1）。

表 9–1 专家访谈备忘录

项目	描述
概述性信息	时间、地点、人物、事件、起因、经过、结果
细节信息	关键点、具体想法与行为、结果与影响
探索信息	可能发生的状况与行为

第三步，捕获经验（capture）

捕获经验是经验萃取的核心环节，需要领域专家共同参与完成。具体可以通过四个步骤展开。

去粗取精：主要是排除偶发因素和个案行为，然后筛选重点因素，找到关键要点。

梳理关系：将筛选出来的关键要点进行结构化排列，可以按照金字塔原理或者概念图来梳理层级与关系。

揭示规律：可以按照知识要点的复杂程度和抽象程度进一步探索内在规律。

建立模型：组织经验萃取的最终成果是建模，这样易于复制与传播。将找到的规律进行优化，形成体系化的工具、模型、方法等。

第四步，应用成果（use）

经验萃取的终点是实践的起点，所以我们需要把萃取出来的经验以实操话术、SOP 操作手册、电子微课、精品课程、辅助工具、知识文档等形式进行沉淀，并制定有针对性的经验推广策略（见表 9–2）。

表 9-2　推广策略计划表

名称					
起始时间		截止时间		时间跨度	
目标					
参与人员					
具体操作					
参与前描述					
参与后描述					
评估维度					
人员反馈					

案例

保险业的经验萃取

某保险公司组织经验萃取大赛，请我们团队给予技术指导，其中学员黄老师的萃取主题是“如何做好个体增员”。

黄老师根据学习到的 FOCU 经验萃取技术的赋能，做出了初稿。

第一步，聚焦问题。

由于主题聚焦，就直接开始业务分解（见图 9-15）：

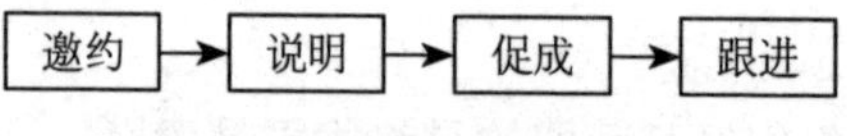

图 9-15　业务分解

并在各业务节点找到了关键问题，锁定焦点（共 7 个）：

1. 增员邀约比较困难。

2. 增员对于保险的认识不到位。

3. 增员对行业的认同度有待提升。

……

第二步，提供材料。

为了收集详尽的资料，黄老师找到在个体增员方面经验丰富的朱老师，采取一对一访谈的方式进行资料收集，访谈问题如下（20个问题）：

1. 请您讲一讲您认为很有价值的个体增员实践。

2. 如果把这次增员分成几个阶段，您认为怎么分比较合适？

3. 在这个阶段中，您觉得决定成败的关键点有哪些？

4. 您当时具体采取了什么行动？为什么这样做呢？

……

第三步，捕获经验。

黄老师通过与朱老师对个体增员访谈的详细分析与提炼，总结出提升个体增员的十句要诀（见图 9–16）：

慧眼 识英才	同行 有话题	顺路 非偶遇	寒暄 拉距离	介绍 明目的
工具 巧对比	营运 有差异	适时 展利器	推拉 易促成	跟进 要及时

图 9–16 十句要诀

第四步，应用成果。

为了及时指导增员人员，提高工作成效，黄老师将“十句要诀”做成了增员辅助工具包，分发给一线增员人员备用。

以上案例因篇幅所限，做了一定删减。

经验萃取的四个要点

在经验萃取过程中，需要在以下几个方面予以重视：

第一，精华才值得萃取。

第二，精华才值得传承。

第三，书籍也值得萃取。

第四，萃取是技术和内容的组合。

“教育不是灌输，而是点燃”揭示了萃取的根本，就是激活旧知，就是“助产”。因此，好的经验萃取，既要有实践经验丰富的内容专家，还要有掌握核心技术的萃取专家，两者结合，互相补充，产生“化学反应”，才能真正萃取精华，产生更大的价值。

基于导师制的深度定制精品课程开发

随着对经验萃取的需求不断变化，企业提出了更多的课程开发模式，其中基于导师制的深度定制精品课程开发模式备受青睐。

深度定制项目的两个要点

在基于导师制的深度定制精品课程开发模式里有两个关键词，分别是“导师制”和“深度定制”。

导师制是指以专业的课程开发专家作为导师，对内容专家进行深度访谈，并系统、全面地把组织的经验萃取出来转化为课程。

什么是深度定制呢？本项目中每门课程都会配备一位专属技术导师，技术导师负责和内容专家进行深度经验萃取，同时采集企业相关资料，完成课程主题、结构的确定，PPT 的制作、以及课程包的制作，真正做到量身定制。

深度定制项目的两个特点

深度定制精品课程开发模式和常规课程开发模式的经验来源相同，都是企业的内容专家，二者主要有以下两方面不同。

第一，经验萃取的方式不同。

常规的课程开发是由内容专家直接对自身实践经验进行萃取，获取课程制作的素材，这些经验主要是一个人的经验。

深度定制精品课程开发是具有丰富课程开发经验的技术导师和内容专家进行经验萃取，同时广泛收集企业相关资料，进行组织经验萃取，然后把萃取到的组织及个人经验转化成课程，并且通过严格的验收。

第二，开发过程中的责任分工不同。

常规的课程开发模式中，企业的内容专家担任内训师，不仅要负责经验的萃取，还要完成课程资料的制作。

深度定制精品课程开发模式中，技术导师负责和内容专家进行访谈，或者对资料加以整理，来完成经验萃取和 PPT 制作；内容专家则主要负责提供经验及案例素材，并对课程资料提出完善建议。

从以上两点来看，深度定制精品课程开发模式中技术导师的参与度更高，工作量更大；内容专家的工作量相应较少，更多是负责提供素材及完善课程的建议。

深度定制项目的四个价值

深度定制项目不同于传统模式，主要有以下四个价值：

第一，减少了对企业内容专家总结提炼能力及教学技术的依赖。

第二，大大减少了内容专家的工作量，节约了内容专家集训产生的交通、差旅、时间成本，可以实现既不影响业务工作，又能开发出精品课程。

第三，技术导师直接进行课程制作，课程的专业度更上一层楼。

第四，深度定制精品课程开发符合企业的最重要需求，能够解决企业实际问题，企业还可以将课程资料申报版权保护，从而获得版权课程。

总之，技术导师和内容专家紧密协作，技术导师对整个建构过程进行引导和把关，保证产出的课程能够精准有效地解决学员的问题。技术导师擅长经验萃取，内容专家有丰富的实践经验，二者强强联合，保证了高质量的课程成果产出。

深度定制项目操作流程

本项目的全流程包括确定课题方向、组建开发团队、召开项目启动会、确定课程基本信息、确定课程结构、收集课程素材、制作课程 PPT 及讲师手册七个步骤。其中很多内容与精品课程开发基本流程和要求一样，就此省略，在此主要针对不同之处进行介绍。

第一步：确定课题方向

我们一般会通过两步来确定要开发的课题方向。

一是梳理出企业具备丰富实践经验的课题方向。本项目中的课程内容的来源是内容专家的实践经验，因而在确定课题方向的时候，必须考虑在这个课题方向，内容专家是否有足够多的实践经验。

二是根据不同的学员对象将待选课题进行筛选。通过上一步，可以找出一些具有丰富实践经验的课题，那这些课题是否都要开发呢？

其实并不是，我们要根据课程目标学员来进一步对课题方向进行筛选。

通过以上两个步骤，我们就可以确定出针对性又强、又能有干货输出的课题方向了。

第二步：组建开发团队

本项目中课程开发团队一般由三类人员构成，分别是内容专家、技术导师和行业专家。

内容专家

内容专家是指在待开发课题方面有丰富实践经验的企业内部人员。每个课题对应的内容专家可以是一个人或者几个人，也可以是一个部门或者是一个公司。如果需要多位内容专家参与，一定要有一位内容专家作为牵头人，负责和其他参与课程开发的人员进行对接。

技术导师

技术导师是指在经验萃取技术及课程开发技术方面有丰富经验的人，可以由咨询机构人员或者企业内部课程开发专家担任。技术导师负责和内容专家一起确定课程相关内容的制作。一般一个课题的技术导师可以有一两位，比如一位负责和内容专家访谈沟通，一位负责课程包的制作。

行业专家

行业专家是指在某个领域有多年研究，能够为课程的专业深度、高度提供建议，提高课程含金量的人，一般来自企业外部。例如某企业要开发一门关于人力资源管理的课程，邀请一位全国知名大学的人力资源教授对该课程进行评审，这位教授就属于行业专家。

另外，项目中还要根据需要配备辅助人员，比如 PPT 制作专家及课程包制作专家等。

第三步：召开项目启动会

在课程主题方向、开发团队人员、课程开发进度安排确定后，要召集项目相关人员召开启动会，项目启动会一般包括以下几项内容：

一是项目组织方介绍项目背景、要求，以及进度安排。

二是技术导师对课程开发团队进行课程开发赋能，为所有团队成员讲解精品课程的标准、精品课程的开发流程等。

三是项目相关人员交流答疑，建立联系。

第四步：确定课程基本信息

在项目启动后，课程开发团队首先需要完成的是确定课程基本信息，包括课程对象、课程标题、课程目标、课程时长。这些信息由项目发起方、技术导师和内容专家共同确定，可以参考以下方法。

课程对象的确定

明确的授课对象是开发出精品课程的前提条件，课程对象一般有两类：一类是外部学员，一类是内部学员。游学类或者交流分享类课程的授课对象侧重于外部学员，而企业内训类课程则侧重于内部学员。

课程标题的确定

课程标题与精品课程的要求一致，也要有“对象 + 内容”。具体优化方法参考本书第七章中的“课程名称的亮点设计”部分。

课程目标的确定

课程目标与精品课程的要求也是一致的，参考本书第二章的相关内容。

课程时长的确定

因为是深度定制的课程，同时要考虑到发展成为版权课程的可能性，本项目的课程时长一般在 3 个小时以上，甚至可以是 6 个小时、12 个小时。

第五步：确定课程结构

确定课程结构的要求及开发流程与本书相关内容是一致的，但是如果是团队共创课程，具体操作起来有些不一样，主要通过深度访谈和沟通实现。

一般会分成以下几步（见图 9–17）：

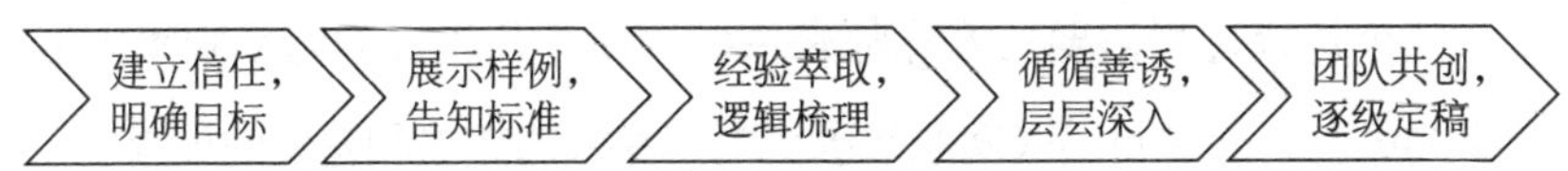

图 9–17 确定课程结构的步骤

建立信任，明确目标

技术导师和内容专家在访谈时的信任关系很重要。首先是项目发起方的背书，提前通过项目发起方和内容专家联系告知访谈事宜；其次是技术导师主动和内容专家建立联系，以内容专家的时间为准进行访谈；最后是技术导师和内容专家见面以后，通过展示过往做过的案例、告知内容专家访谈的时长等体现出专业度。

课程结构确定的访谈在 1 ~ 3 小时，可以实现的目标是输出课程一级到三级大纲，最好能输出三级大纲，这样就可以大大节约结构确定环节的时间。

展示样例，告知标准

对于课程结构的要求，内容专家是不太清晰的，不知道好的课程结构是什么样的，所以需要技术导师告知课程结构标准，最好能展示出好的课程结构案例。如果有该企业其他部门做得好的课程结构案例就更好了，这样内容专家可以很快明白课程结构的要求，从而高效配合技术导师完成课程结构梳理。

经验萃取，逻辑梳理

技术导师和内容专家就访谈目标达成共识后，便可以进行课程逻辑的梳理。在梳理时要结合学员希望解决的问题和内容专家的经验，把学员希望解决的问题和内容专家的经验重叠的部分找出来，作为课程的核心内容。这样做的好处在于课程的内容是学员想要的，而且不会超出内容专家的实践经验。

循循善诱，层层深入

整个访谈过程需要技术导师来主导，通过开放式问题来收集内容专家的经验，通过封闭式问题来确认内容专家的想法和输出的成果。

例如要开发一门关于混合所有制改革的课程，技术导师可以提出开放式问题“咱们这门课程的主题是关于混合所有制改革，那么咱们公司的混合所有制改革是怎么做的呢？分成了哪几步？”内容专家在回答的时候，技术导师及时记录下来，然后通过封闭式问题：“× 总，您刚刚说咱们公司的混改分成了 ×× 这三步，对吗？”进行确认。通过一系列开放式问题和封闭式问题的组合，逐步将内容专家的经验逻辑梳理出来，其实也就得到了课程的大纲。

团队共创，逐级定稿

技术导师对内容专家访谈的同时进行课程结构信息的记录，随时和内容专家确认，先梳理一级大纲，然后梳理二级、三级大纲。每个环节梳理完都需要和内容专家确认是否需要修改，确定以后再继续下一步梳理。待课程结构梳理完成后，技术导师和内容专家可以共创课程的主标题、一级大纲的主标题。

接下来的素材收集以及相关内容的编写跟精品课程开发是一样的。

总之，基于导师制的深度定制关键在于团队共创，分工明确又互相协作，是企业内部的内容专家、外部的技术专家与行业专家一起，共同打造出的具有技术含量的精品课程，可以作为企业的组织经验及知识管理的重要成果。

五线谱混合式学习项目设计

7D 小贴士

本节采用建构主义经典模型 PRM 结构，从三个角度来阐述。P（现象）是传统学习项目设计中常见的问题，R（原理）是有意义学习五要素，M（解决方案）是五线谱混合式学习项目设计。篇幅所限，只介绍其中部分核心内容，希望对读者有用。

基于翻转课程的五线谱混合式学习项目设计本身就是建构主义教学设计的最典型方式，受“新冠”肺炎疫情的影响，在线学习掀起热潮，也促进了五线谱混合式学习项目的发展。

前文谈到的微课开发、经验萃取，以及深度定制的精品课程，如何组织成一个整体呢？这就需要混合式设计。

传统学习项目设计中的常见问题

传统的学习项目设计中，常见以下五个问题。

第一，整体缺乏系统设计

学习项目只有时间上的规划，没有内容上的设计。项目每个阶段之间、每个内容之间、学习项目交付方式之间，以及各个要素之间缺少关联或者系统性。

第二，内容之间缺乏关联

传统学习项目设计在内容上存在不足，主要表现在两点：一是学习内容与学员之间没有关联，二是各个老师讲的内容之间缺乏关联。如果参与项目的老师没有在一起共同开发项目，那么解决方案实际上是不完整的。

第三，缺乏场景化的运营

人们的学习需要场景和学习氛围，学习项目时间较长，靠学习者自主学习，持续性将很难保证，所以需要设计一个完整有效的运营场景来助力内容专家交付，促使学习者更好地投入到学习中。

第四，缺乏持续有效的激励措施

很多企业组织的培训只是一种“行政任务”，要求员工必须参加，虽然说成人的学习有自主性，但是普遍存在的工学矛盾会让员工在繁忙的工作和难得的休假中做出取舍，导致员工对培训出现精神上的抵触和怠慢。成人学习也需要进行适度的激励，而且激励手段要持续有效。

第五，没有学习互动和共创

这一点在线上学习中尤其明显，无论是线上微课还是老师直播、录播，企业组织员工学习时，员工们遇到了什么困惑？遇到困惑以后找谁沟通呢？这样的学习往往是单向的，直接影响到员工的学习热情，老师也无法了解员工的学习情况，缺少互动和师生共创。

综上，传统学习项目设计中常见的问题也会直接影响到项目的实施和结果，造成项目花费了大量的人力、物力、财力，但是往往成了无意义学习。

关于戴维•乔纳森提出的有意义学习五要素，在不同的学习场景有不同的运用，本书曾从多个角度阐述过，这里仅从学习项目设计角度进行分析。

有意义学习的五要素

本书在“3D 内容设计”“建构主义 5M 精品微课开发”部分都引入了戴维•乔纳森的思想，这里从另一个角度阐述有意义学习五要素在学习项目设计中的指导意义。

第一，建构性

学习项目设计是以学习者解决问题，产生建构为基础的系统设计。一切以学习者为中心，要让学习者掌握解决问题的思路。

第二，真实性

学习项目设计中的学习内容应该是与学习者紧密联系的、真实的、切合实际的。只有学习内容和学习者之间有关联，学习者才能将学习内容运用到实际工作中。

第三，意图性

学习项目设计的交付过程应该是基于场景的，这能促使学习者有意图地持续学习。

第四，主动性

学习项目设计需要激发学习者主动学习，让他们真正参与到学习中。内容和形式一定要相匹配，不能单靠某一方面激发主动性。

第五，协作性

整个学习项目设计中学习者之间、教师与学习者之间需要协作学习，共同促进。老师与学员之间要形成团队协作关系，建成学习共同体。

五线谱混合式学习项目设计

湛卢坊研发团队在有意义学习五要素的指导下开发出“五线谱混合式学习项目设计”。包括建构性——流程线、真实性——内容线、意图性——运营线、主动性——激励线、协作性——辅助线。五条线相互串联，形成一个整体，助力学员进行有意义的学习（见图 9–18）。

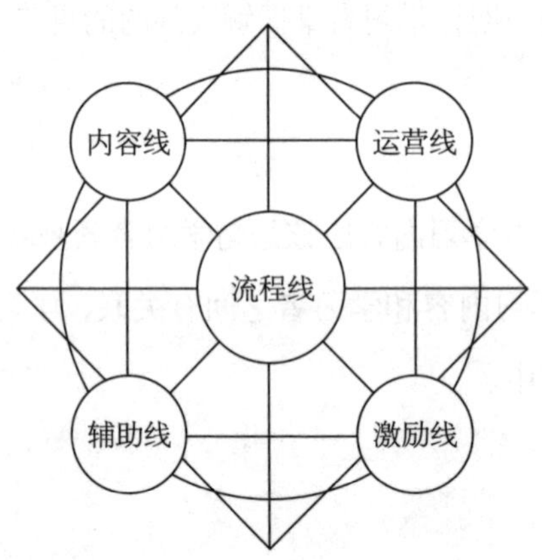

图 9–18　五线谱混合式学习项目

第一条线：建构性——流程线

基于 GROWAY 模型，流程线的价值是以解决问题为核心的系统性的流程设计，能够按照规范化的完整流程，促进学习者完成建构，达成学习目标。这是五条线中最重要的内容，可以说是主线。

学习项目设计的 GROWAY 模型具体如图 9–19 所示。

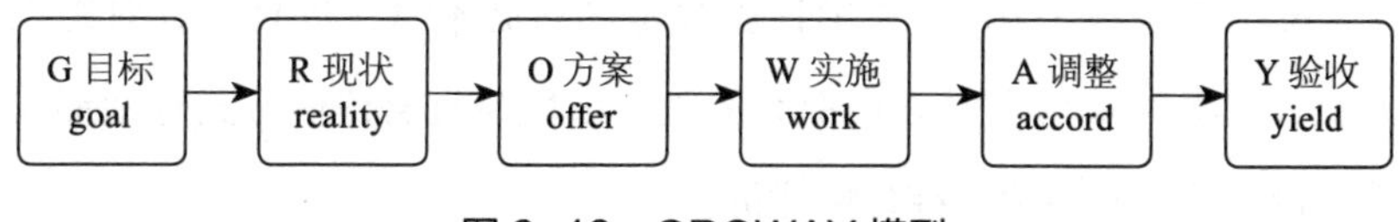

图 9–19　GROWAY 模型

1. 确定项目目标（goal）：以学习者解决问题、产生学习成效作为项目设计的根本目标。

2. 现状分析（reality）：这与课程开发的流程是一样的，只不过更有整体性和全局性。分析现状的具体流程是明确方向—收集问题—整理问题—分析问题—确定项目主要内容。

3. 方案提供（offer）：制定方案的原则跟好课程的标准是一样的，就是“三效”——效果好、效益高、效用长。当然这里是从项目角度出发的，制定方案的主要模块如图 9–20 所示。

图 9–20　主要模块

4. 实施（work）：学习项目实施流程包含项目启动、项目实施、项目验收。项目实施的“铁三角”为项目经理、产品经理、交付经理。这三个角色形成了一个项目组，三者各负其责，确保项目的完整性。

5. 调整（accord）：项目把控类型分为常规把控和应急处理。项目把控要遵循三个原则，即及时性、有效性、全局性。项目经理要做好充分的准备，遇到问题不要逃避，要积极去解决。

项目调整主要有内容的调整、交付方式的调整、交付人员的调整、学员的调整、进度的调整和其他调整。调整的过程中除非万不得已，否则尽量不调整目标。

6. 项目验收（yield）：项目验收是项目必不可少的环节，对组织方、学习者和项目交付人员都有价值。项目验收及评估方式包括形成性评价、终结性评价和综合性评价。

第一条线是“五线谱”中最重要的内容，属于主线，贯穿始终。

第二条线：真实性——内容线

在内容设计上以戴维•梅里尔五星教学原理为指导，分别是聚焦问题、激活旧知、示证新知、试用新知、融会贯通（见图 9–21）。

聚焦问题	•学习者面临的真实问题
激活旧知	•激活学习者背景、阅历、经验
示证新知	•讲解、示范、论证新的知识点
试用新知	•学习者练习、思考、实操
融会贯通	•实际运用、创新、改良、建构

图 9–21 梅里尔五星教学原理

内容线要确保真实有效，就要与学员连接。要做前期调研，将问题收集起来并进行分析，如此才能提供切合实际的学习内容，促进学习者激活旧知，建立新知。

内容包括微课开发和精品课程开发，各种内容的开发都要求契合学习者的需求。详细内容参见本书第一章到第七章。

第三条线：意图性——运营线

基于任务驱动的场景化交付设计，运营线的价值在于激发学习者的学习意图，在一个真实的场景中持续、深入地学习。场景化设计能够激活旧知、激活持续的学习。场景化设计的原则有聚焦主题、关注学员、注重实效三个方面（见图 9–22）。

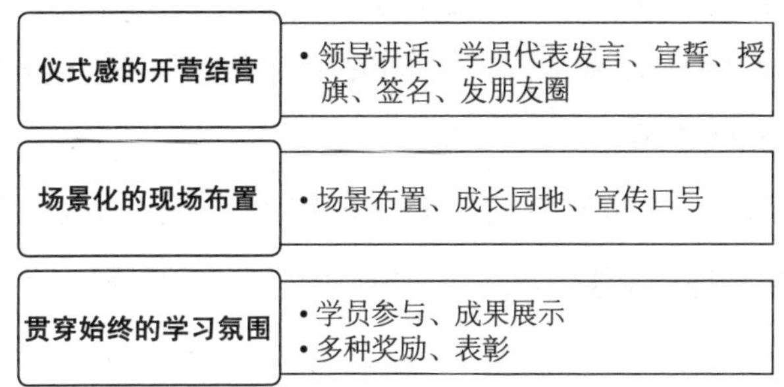

图 9–22 场景化设计的三个维度

线上交付和线下交付都需要设计场景，场景的设计包括交付的流程、交付场地、学习氛围的营造等。

运营线中很重要的一个内容就是建立“学习共同体”，也就是学习小组。同时利用竞争性要素，鼓励学员积极参与到学习中。

第四条线：主动性——激励线

以学习者为中心的激励措施设计，就是在学习的过程中不断给予学习者持续激励和干预。激励的原则有多样性、参与性、实效性三个方面。激励有五种结合方式（见图 9–23）。

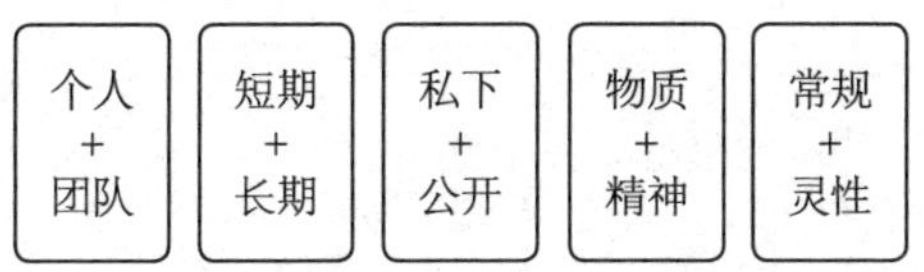

图 9–23 激励的五种组合

针对不同的项目可以有不同的激励手段和措施，但是原理都是一样的。本书前文提到的“笑脸贴”就是一种激励方法。湛卢坊还设计出了一种虚拟货币——“湛卢币”来激励学员。

第五条线：协作性——辅助线

学习的过程是团队共创、协作共进的过程，导师的辅导能够促进学习成果的落地转化。

学习要遵循 70/20/10 法则：70% 的实践操作经验，20% 向他人学习，10% 教育培训等课堂学习。在学习项目中，应专门配置一个导师角色，由导师对学员进行辅导，以确保项目落地（见图 9–24）。

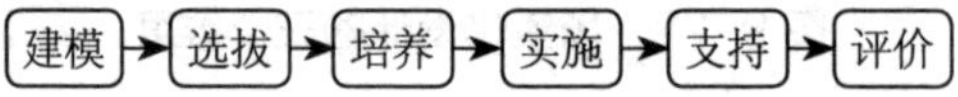

建模 → 选拔 → 培养 → 实施 → 支持 → 评价

图 9–24　建立企业导师制的六个步骤

“新冠”肺炎疫情期间，我们的项目大多采用“现场集训 + 导师”一对一辅导的方式，尤其是精品课程开发项目，形成了一套完整的操作流程，达到了很好的学习效果。

以上就是关于五线谱混合式学习项目设计的整体框架介绍，更多内容还需进一步深入学习和实践。

参考文献

1.［美］R. M. 加涅，W. W. 韦杰等．教学设计原理（第五版修订本）［M］．王小明等，译．上海：华东师范大学出版社，2000.

2.［美］W. 迪克，L. 凯瑞，J. 凯瑞．系统化教学设计（第六版）［M］．庞维国等，译．皮连生，审校．上海：华东师范大学出版社，2007.

3. 陈琦，刘儒德主编．当代教育心理学［M］．北京：北京师范大学出版社，2007.

4.［美］戴维·乔纳森，简·豪兰，乔伊·摩尔等．学会用技术解决问题：一个建构主义者的视角（第2版）［M］．任友群，李妍，施彬飞译．高文，审校．北京：教育科学出版社，2007.

5.［美］艾伦·贾纳斯泽乌斯基，迈克尔·莫伦达主编．教育技术：定义与评析［M］．程东元，王小雪，刘雍潜，主译．张祖忻，审校．北京：北京大学出版社，2010.

6. 冯卫东主编．情境教学操作全手册［M］．南京：江苏教育出版社，2010.

7. 王维臣主编 . 现代教学：理论和实践［M］. 上海：上海教育出版社，2012.

8.［美］芭芭拉 · 明托 . 金字塔原理：思考、表达和解决问题的逻辑［M］. 汪洱，高愉，译 . 海口：南海出版公司，2013.

9. 段烨 . 培训师 21 项技能修炼（上下册）［M］. 北京：北京联合出版公司，2014.

10. 王星 . 技能形成的社会建构：中国工厂师徒制变迁历程的社会学分析［M］. 社会科学文献出版社，2014.

11.［美］布鲁斯 · 乔伊斯，玛莎 · 韦尔，艾米莉 · 卡尔霍恩 . 教学模式（第八版）［M］. 兰英等译 . 北京：中国人民大学出版社，2014.

12. 段烨 . 建构主义学习设计与课程开发［M］. 北京：电子工业出版社，2015.

13.［美］戴维 · H. 乔纳森 . 学会解决问题：支持问题解决的学习环境设计手册［M］. 刘名卓，金慧，陈维超，译 . 上海：华东师范大学出版社，2015.

14.［美］PJ. 开普希，托德 · 威特克尔 . 以学生为中心的翻转教学 11 法［M］. 赵娜，译 . 北京：中国青年出版社，2015.

15. 盛群力，魏戈主编 . 聚焦五星教学［M］. 福州：福建教育出版社，2015.

16.［美］约瑟夫 · D. 诺瓦克 . 学习、创造与使用知识：概念图促进企业和学校的学习变革［M］. 赵国庆，吴金闪，唐京京等译 . 北京：人民邮电出版社，2016.

17. 陈家刚 . 认知学徒制理论与实践［M］. 上海：华东师范大学出版社，2017.

18. 高文，徐斌艳，吴刚主编 . 建构主义教育研究［M］. 北京：教育科学出版社，2018.
19. 谭福河，阚雅玲，门洪亮等 . 现代学徒制项目实施方法［M］. 广州：广东高等教育出版社，2019.
20.［美］阿兰·柯林斯，理查德·哈尔弗森 . 教育大变局：技术时代重新思考教育［M］. 陈家刚，译 . 上海：华东师范大学出版社，2020.